Active Office®

Josef Glöckl • Dieter Breithecker

Active Office®

Der Arbeitsplatz als Bewegungsraum

Josef Glöckl
Haar, Deutschland

Dieter Breithecker
Wiesbaden, Deutschland

Produkthaftung: Für die Ratschläge in diesem Buch können vom Verlag und von den Autoren keine Gewähr übernommen werden. Eine Haftung der Autoren beziehungsweise des Verlags- und seiner Beauftragten für Personen-, Sach- und Vermögensschäden ist daher ausgeschlossen.

ISBN 978-3-658-18477-3   ISBN 978-3-658-18478-0 (eBook)
DOI 10.1007/978-3-658-18478-0

Die Deutsche Nationalbibliothek verzeichnet diese Publikation in der Deutschen Nationalbibliografie; detaillierte bibliografische Daten sind im Internet über http://dnb.d-nb.de abrufbar.

Springer Gabler
© Springer Fachmedien Wiesbaden GmbH 2018

Gedruckt auf säurefreiem und chlorfrei gebleichtem Papier.

Springer Gabler ist Teil von Springer Nature.
Die eingetragene Gesellschaft ist Springer Fachmedien Wiesbaden GmbH.

Vorwort

Wenn Sie zu sich selbst ehrlich sind und von sich uneingeschränkt behaupten können, dass Sie trotz vieler Stunden Büroarbeit Ihren Gesundheitszustand und damit Ihre Lebensqualität nicht mehr verbessern können, dann legen Sie dieses Buch zur Seite. Geben Sie es jemandem, der es nötiger hat als Sie.

Gehören Sie jedoch zu der weitaus größeren Gruppe von Menschen, die aus einem gewissen Leidensdruck heraus zu diesem Buch gegriffen hat, beispielsweise

- wegen Ihrer vielfältigen Rücken- oder sonstigen Beschwerden,
- wegen Ihrer ständigen Abgeschlagenheit, gegen die auch die nächste Tasse Kaffee nichts mehr nützt,
- wegen mangelnder Lebensfreude,
- wegen des ständigen Chaos auf Ihrem Schreibtisch, dem damit einhergehenden Stress und Ihrer Unzufriedenheit mit der eigenen Leistung,

dann ist es nicht ausgeschlossen, dass Ihnen während der Lektüre ein Licht aufgeht und Sie erkennen, dass Sie dringend an Ihrer Situation etwas ändern müssen (und zwar am besten sofort).

Seit mehr als 20 Jahren lässt mich dieses Thema nicht mehr los. Ich hatte damals fürchterliche Rückenschmerzen, versuchte es erst mit einem Sitzball, entwickelte dann, angeregt durch die Idee meiner Frau, einer begnadeten Osteopathin, den mittlerweile weltweit verbreiteten „swopper" und weitere ergonomische Sitzmöbel. Aber mit der Zeit habe ich erfahren, dass das „gute Sitzen" allein nicht genügt. Wir müssen Büroarbeit vielmehr ganz neu denken! Das habe ich in den vergangenen Jahren getan. Das Ergebnis ist das Konzept ACTIVE OFFICE®. Es lässt Sie, entsprechend Ihren Genen aus der Steinzeit, mit intuitiven, spontanen und komplexen Bewegungen Ihre Büroarbeit verrichten. Der Sportwissenschaftler und Leiter der Bundesarbeitsgemeinschaft für Haltungs- und Bewegungsförderung e. V., Dr. Dieter Breithecker, hat in Teil III Einsichten aus seiner langjährigen Forschung zum „Enriched Environment – Büroräume als heimliche Bewegungsverführer" beigesteuert.

Und schließlich habe ich noch einige Fakten zum Thema Ernährung angefügt. Das wird Sie vielleicht auf den ersten Blick überraschen. Aber unser Essen sollte ebenso zu unseren ererbten Genen passen wie die Bewegung im Büro. Schauen Sie sich an, was davon zu Ihrem

Leben passt. Nach jahrelangem Arbeiten im Prototyp des ACTIVE OFFICE®* garantiere ich Ihnen: Je mehr Sie davon umsetzen, desto besser werden Sie sich fühlen!

Cabarete, 29. Juli 2017
Josef Glöckl

* Ein kleiner Zusatz am Rande: „ACTIVE OFFICE®" ist eine registrierte Marke der **aeris** GmbH und ist als diese geschützt. Um den Lesefluss jedoch nicht zu beinträchtigen, wird in der Folge auf die konstante Nennung des „®" verzichtet.

Danksagung

Ohne meine Frau wäre dieses Buch nicht entstanden. Ihr Aufruf: „Warum erfindest Du nicht was, damit sich die Leute im Büro nicht kaputt sitzen?", vor mehr als 25 Jahren, war der Initialzünder, mich mit der „nicht artgerechten Haltung des Menschen im Büro" zu beschäftigen. Durch sie und ihre Leidenschaft für die Osteopathie begriff ich auch die Zusammenhänge im menschlichen Körper und dass man kein Symptom isoliert betrachten darf. Ihr gilt mein allergrößter Dank.

Vertieft wurde mein Verständnis für die Evolution des Menschen und seine Physiologie durch die KPNI-Seminare (Klinische Psycho-Neuro-Immunologie) bei meinem Freund Prof. Leo Pruinboom und durch die jahrelangen Diskussionen, meist beim Abendessen, mit Jürgen Gröbmüller, der einige Jahre bei uns wohnte. Dafür bin ich beiden dankbar.

Seit vielen Jahren verbindet mich eine Freundschaft mit Dr. Dieter Breithecker, der mir durch seine lebendigen Vorträge und sein großes Wissen über Bewegung und die Bedürfnisse des Menschen nach abwechslungsreicher sensorischer Kost, viele wertvolle Impulse gegeben hat.

Durch die zahlreichen Studien die wir in den letzten 20 Jahren in Zusammenarbeit mit verschiedenen Universitäten und Fachhochschulen im In- und Ausland durchgeführt haben, hat sich unser Wissen über die Probleme des Arbeitens in einem konventionellen Büro vertieft. Gleichzeitig hat sich dabei erwiesen, dass der Ansatz „Bewegung in die Büroarbeit zu integrieren" der einzig richtige und zielführende ist. Da die Liste der Professoren, denen ich für die wertvolle Zusammenarbeit zu Dank verpflichtet bin, zu lange ist, möchte ich mich hiermit pauschal, aber nicht weniger herzlich, bei allen bedanken. Eine Liste der durchgeführten Studien bekommen Sie bei Interesse gern von unserer Firmenzentrale (s. www.aeris.de).

Schließlich möchte ich mich noch bei unseren Fachhändlern und Kunden bedanken, die mir durch ihre Rückmeldungen über die Verwendung unserer Produkte wertvolle Hinweise für die Weiterentwicklung und Verbesserung gegeben haben.

Den Mitarbeitern in unserer Firma gebührt ebenso mein Dank, denn sie haben als erste Versuchskaninchen in einem „ACTIVE OFFICE" gearbeitet und durch ihre Rückmeldungen wichtige Verbesserungen in die Wege geleitet. Ganz besonders möchte ich mich bei unserer Produktentwicklung bedanken, denn ohne Dietlind Walger-Hutter, der Leiterin der Abteilung, und Tobias Caratiola, unserem Designer, wäre das „ACTIVE OFFICE" nicht Realität geworden.

Für die Überarbeitung des Textes und die wertvollen Tipps zur Gestaltung des Buches möchte ich mich bei Iris Röll herzlich bedanken sowie bei meiner Lektorin Stefanie Teichert. Dem Verlag und Maria Akhavan, die mich vorbildlich betreut hat, gilt ebenso mein herzliches Dankeschön!

München, im August 2017
Josef Glöckl

Einführung

Der moderne Büromensch stammt von den Menschenaffen ab. Seine Vorfahren lebten in den Bäumen und ernährten sich von Früchten, Blättern und fallweise kleinen Insekten. Dann haben sich vor etwa acht Millionen Jahren die Entwicklungslinien der Schimpansen und des homo sapiens getrennt.

Der Mensch lernte aufrecht zu gehen und Fleisch zu essen. Vom Sitzen, Schreiben und Bedienen einer Computer-Maus war er noch Lichtjahre entfernt. Auch wenn er ein Durchhaltevermögen besaß, das jedem Chef leuchtende Augen zaubern würde. Denn unsere Vorfahren waren Ausdauerjäger. Sie hetzten ein Tier und stöberten es immer wieder auf, bis es aufgrund von Erschöpfung oder Hitze zusammenbrach.

Die frühen Menschen – Achtung, vielleicht kommt Ihnen das bekannt vor – haben sich dabei nicht freiwillig bewegt, sondern nur dann, wenn es einen zwingenden Grund dafür gab. Die Befriedigung aller Grundbedürfnisse erforderte Bewegung: Hunger, Durst, Schutz/Sicherheit, Wärme, soziale Kontakte, Liebe, Sex und Neugier.

Die Notwendigkeit sich zu bewegen wurde so zu einem Teil des Menschen, der in seinen Genen abgespeichert ist. Was hat das mit mir und meinen Rückenschmerzen zu tun fragen Sie sich jetzt vielleicht? Viel. Denn die gleichen Gene besitzen wir noch heute. Die Veränderung des menschlichen Genoms um etwa ein Prozent durch Mutation und natürliche Selektion, bedarf nämlich eines Zeitraums von ungefähr einer Million Jahre. Genetisch sind wir also immer noch auf dem Stand der Ausdauer-Jäger und Sammler. Unsere Umwelt hat sich dagegen vergleichsweise rasant verändert. Vor 10.000 bis 12.000 Jahren wurde der Mensch sesshaft und ja: Diese Wortwahl ist schon relativ nah dran am Bürostuhl.

Zunächst bedeutete das aber, dass unsere Vorfahren Felder bestellten und Tiere züchteten. Jetzt war es nicht mehr nötig Jagdglück zu haben, um den Hunger zu stillen. Sondern es reichte der Gang in den Stall oder zum Getreidespeicher, um Essbares vorzufinden.

Wie jedes Lebewesen, das sich nur bewegt, wenn es sich davon einen Nutzen (Freude ist auch eine Art von Nutzen) verspricht, ist der Mensch von Natur aus faul. Das hat seine guten Seiten, denn so erfand er Werkzeuge und Vorrichtungen, die ihm das Leben erleichterten – es entstand Fortschritt und Entwicklung. Körperliche Arbeit – früher überlebensnotwendig – trat Ende des letzten Jahrtausends immer mehr in den Hintergrund. Der evolutionäre Vorteil, sich gut, ausdauernd und geschickt bewegen zu können, ist seit sehr kurzer Zeit nicht mehr so wichtig. Mit Ausnahme von wenigen Akrobaten und Spitzensport-lern, die noch mit dieser Fähigkeit ihr Geld verdienen, ist dies für den Wissensarbeiter von heute nicht mehr von Bedeutung. Er hat mit seinem Computer, Laptop, Smartphone, Tablet und Telefon den körperlich tätigen Menschen in weiten Bereichen des Lebens abgelöst. Die Gene, die Bewegung zum Erhalt unserer Gesundheit fordern, hat er jedoch noch immer, denn er hat sie geerbt. Die meisten metabolischen Funktionen unseres Körpers sind darauf abgestimmt, durch Bewegung unterstützt oder sogar erst in Gang gesetzt zu werden. Unser Stoffwechsel arbeitet nur mit Bewegung optimal. Deshalb muss diese Bewegung wieder ein integraler Bestandteil unseres Alltags werden. Denn wer gegen seine genetische Ausprä-gung – also gegen die Natur – lebt, büßt dramatisch an Lebensqualität ein, wird früher oder später krank und stirbt schließlich frühzeitig. Genau das passiert derzeit in der industriali-sierten Welt in ständig wachsendem Ausmaß. Die horrend zunehmende Zahl der Zivilisa-tionskrankheiten ist die Quittung dafür, dass sich die Menschen nicht mehr ihrer Natur entsprechend verhalten.

Die Weltgesundheitsorganisation WHO hat dies schon vor Jahren erkannt und gibt als Richtlinie aus: 10.000 Schritte soll der Mensch pro Tag tun. Aber selbst wenn wir das schaf-fen: Reichen denn Schritte für ein aktives Leben aus? Unsere Vorfahren, deren Gene wir in uns tragen, hätten mit Spazierengehen wohl kaum ausreichend Nahrung erbeutet um zu überleben. Was wir vielmehr brauchen, sind spontane, intuitive und abwechslungsreiche Bewegungsmuster. Solche, die den Zweck haben, ein Ziel zu erreichen, zum Beispiel den roten Apfel am Baum zu pflücken. Spontan und intuitiv kletterten unser Vorfahren hinauf, benützten dabei abwechslungsreiche Bewegungsmuster und aßen den reifen Apfel mit Genuss. Solche Bewegungsmuster ins Büro zu integrieren ist das Ziel des ACTIVE OFFICE Konzepts. Den modernen Arbeitsalltag wollen wir so mit unseren Steinzeit-Genen in Ein-klang bringen, uns im guten Sinne „unzivilisierter" verhalten. Denn die Erkenntnis, dass exzessives Sitzen uns krank macht, hat sich in den vergangenen zehn Jahren immer mehr durchgesetzt. Die Forderung nach mehr Bewegung im Büro wird inzwischen von vielen Organisationen und Gesundheitsexperten erhoben. Doch niemand weiß, wie man das in der Praxis bewerkstelligen soll.

Außer gut gemeinten Empfehlungen, wie:

- den Drucker weiter weg zu stellen (was wenig bringt, weil immer weniger ausgedruckt wird)
- zum Kollegen zu gehen, statt ihn anzurufen (was wegen der räumlichen Entfernungen meist zu viel Zeit in Anspruch nimmt)

- die Treppen zu nehmen, statt den Aufzug (was nur bis maximal zum 3. Stock wahrgenommen wird),

hat die Fachwelt und die Industrie bisher keine brauchbaren Konzepte geliefert, um mehr Bewegung ins Büro zu bringen. Vor allem: Die bisher präsentierten Bewegungsansätze beziehen sich allesamt auf die Bewegung zwischen den Arbeitsplätzen, aber nicht auf die Bewegung am Arbeitsplatz selbst! Dabei ist gerade diese am wichtigsten, denn hier verbringt man die meiste unbewegte Zeit im Büro. Nichts gegen die gut gemeinte Tischtennisplatte im Pausenraum, aber den größten gesundheitlichen Nutzen verspricht der bewegte Arbeitsplatz selbst. Das ist der Anspruch und das Ziel des ACTIVE OFFICE Konzepts. Sehen Sie es als Tribut an unsere ausdauernden Vorfahren oder auch einfach an Ihre Gesundheit.

Inhaltsverzeichnis

Inhaltsverzeichnis

Teil I

Die Arbeit in einem konventionellen Büro

Autor: Josef Glöckl

1.1. Der vorschriftsmäßig eingerichtete Arbeitsplatz

Frisch und energiegeladen betreten Sie früh morgens Ihr Büro. Dann müssen Sie sich setzen. Denn Ihr Arbeitsplatz ist so eingerichtet, dass Sie gar nicht mit der Arbeit beginnen können, wenn Sie sich nicht hinsetzen.

Alle Arbeitsmittel sind in Griffweite angeordnet, sodass keine überflüssige Bewegung die Arbeit verzögert. Refa-Fachleute[1] haben auf die Zehntelsekunde gestoppt, wie viel Zeit Sie benötigen, um den Hefter in die Hand zu nehmen und wieder abzulegen, und Ihren Arbeitsplatz daraufhin optimiert.

80 Prozent der Fläche Ihres Schreibtisches sind bedeckt (Abb. 1.1.1). Hier stapeln sich Akten, Dokumente oder sonstige Gegenstände, die Sie mehr oder weniger oft benötigen. Maximal 20 Prozent dienen Ihnen als Arbeitsfläche. Bildschirm, Tastatur, Maus und Telefon sind griffbereit, die Arbeit kann beginnen.

Abb. 1.1.1 Konventioneller Arbeitsplatz

---

1 Der REFA-Verband wurde 1924 in Berlin als „Reichsausschuss für Arbeitszeitermittlung" gegründet und ist damit Deutschlands älteste Organisation für Arbeitsgestaltung, Betriebsorganisation und Unternehmensentwicklung.

Büroarbeit

Der übliche Arbeitstag eines im Büro arbeitenden Menschen ist erfüllt von:

- Arbeit am Computer,
- Besprechungen,
- Telefonaten und
- Essenspausen.

Alle Tätigkeiten werden im Sitzen erledigt. Der Arbeitsplatz ist so organisiert, dass sich in einer Art „Cockpit" alle Dokumente und Utensilien, einschließlich Tastatur und Maus, in Reichweite befinden, sodass ein Aufstehen aus dem Bürostuhl nicht nötig ist. Dies wird als ineffiziente Zeitverschwendung angesehen.

Büroeinrichtung

Büros werden nach wirtschaftlichen Effizienzkriterien eingerichtet. Die Fläche pro Mitarbeiter wird minimiert. Die Büroeinrichtung ist genormt und gleichartig. Sie variiert lediglich in Abhängigkeit von der hierarchischen Stellung im Betrieb. Auf die Spitze getrieben wird dies in den USA und in vielen anderen industrialisierten Ländern, wo „Cubicles" (Abb. 1.1.2) die gängige Büroeinrichtung für Mitarbeiter aller Hierarchiestufen darstellen, mit Ausnahme des Topmanagements.

Abb. 1.1.2   Großraumbüro bei Devex, Manila

Außer den zum Gehen vorgesehenen Flächen zwischen den Arbeitsplätzen steht den Mitarbeitern kein Bewegungsraum zur Verfügung. Eine Abgrenzung der Arbeitsbereiche findet oft nicht statt, das Licht ist künstlich, die Luft klimatisiert und der Lärmpegel hoch. "Bench System Arbeitsplätze sind beliebt, denn sie sind: platzsparend, kostengünstig und sauber" (aus der Werbung eines Anbieters). An den Menschen wurde dabei nicht gedacht (Abb. 1.1.3).

Abb. 1.1.3 Bench System

Es drängt sich förmlich auf, diese Art der Haltung von Menschen mit der Käfighaltung bei Tieren zu vergleichen (Abb. 1.1.4). Die Effizienzkriterien sind die gleichen: Optimierung der Fläche pro Individuum. Dabei ist schon seit 50 Jahren wissenschaftlich nachgewiesen, dass Versuchstiere (meist Ratten und Mäuse) ein bis zu 20 % geringeres Gewicht des Gehirns

Abb. 1.1.4 Ein-Etagen-System bei der Legehennenhaltung – Eierproduktion auf einer Ebene

aufweisen gegenüber Versuchstieren in einem „Enriched Environment". Dass dies auch für Menschen zutrifft ist anzunehmen, wird aber nicht berücksichtigt.

Die Normen

Für deutsche Büros sind die Anforderungen an die Gestaltung eines Arbeitsplatzes unter anderem in der Deutschen Industrienorm (DIN) festgelegt (Abb. 1.1.6). Die Einhaltung dieser regelmäßig veralteten Vorgaben der DIN[2] wird durch die Berufsgenossenschaften überwacht, die noch eigene Empfehlungen hinzufügen. Damit ist die Ausgestaltung eines deutschen Büroarbeitsplatzes ziemlich genau definiert. Das gilt dann per Definition als ergonomisch (Abb. 1.1.5).

Abb. 1.1.5   Der Mensch als Maß der Dinge
Bei dem nach DIN genormten Büroarbeitsplatz ist Bewegung nicht vorgesehen, sondern nur Höhen-, Tiefen-, Breiten- und Abstandsmaße sowie Winkel. Das wird den Mitarbeitern dann als „Ergonomie" verkauft.

Jeder Einkäufer oder Facility Manager eines deutschen Unternehmens wird es peinlichst vermeiden, gegen diese Normen und die Vorgaben der Berufsgenossenschaft zu verstoßen. Schließlich müsste er sich im Fall des Falles wegen seines Fehltritts rechtfertigen. In vorauseilendem Gehorsam wird deshalb in deutschen Unternehmen stur die DIN angewandt, obwohl der Arbeitgeber im Prinzip frei in seiner Entscheidung ist, welche Arbeitsmittel er seinen Mitarbeitern zur Verfügung stellt. Er muss dies nur unter sorgfältiger Abwägung des Für und Wider, der Gefährdung und des Nutzens für die Arbeitnehmer, gemeinsam mit den

---

2   Die Norm ist deshalb regelmäßig veraltet, da es meist mehr als 20 Jahre dauert, bis sich neue Erkenntnisse in einer Norm wiederfinden. Eine Erneuerung der Norm findet daneben zumeist nur auf Druck der Industrie statt, die sich damit vor unliebsamen Wettbewerbern schützt. In letzterem Fall kann es auch schneller gehen, bis die Norm aktualisiert wird.

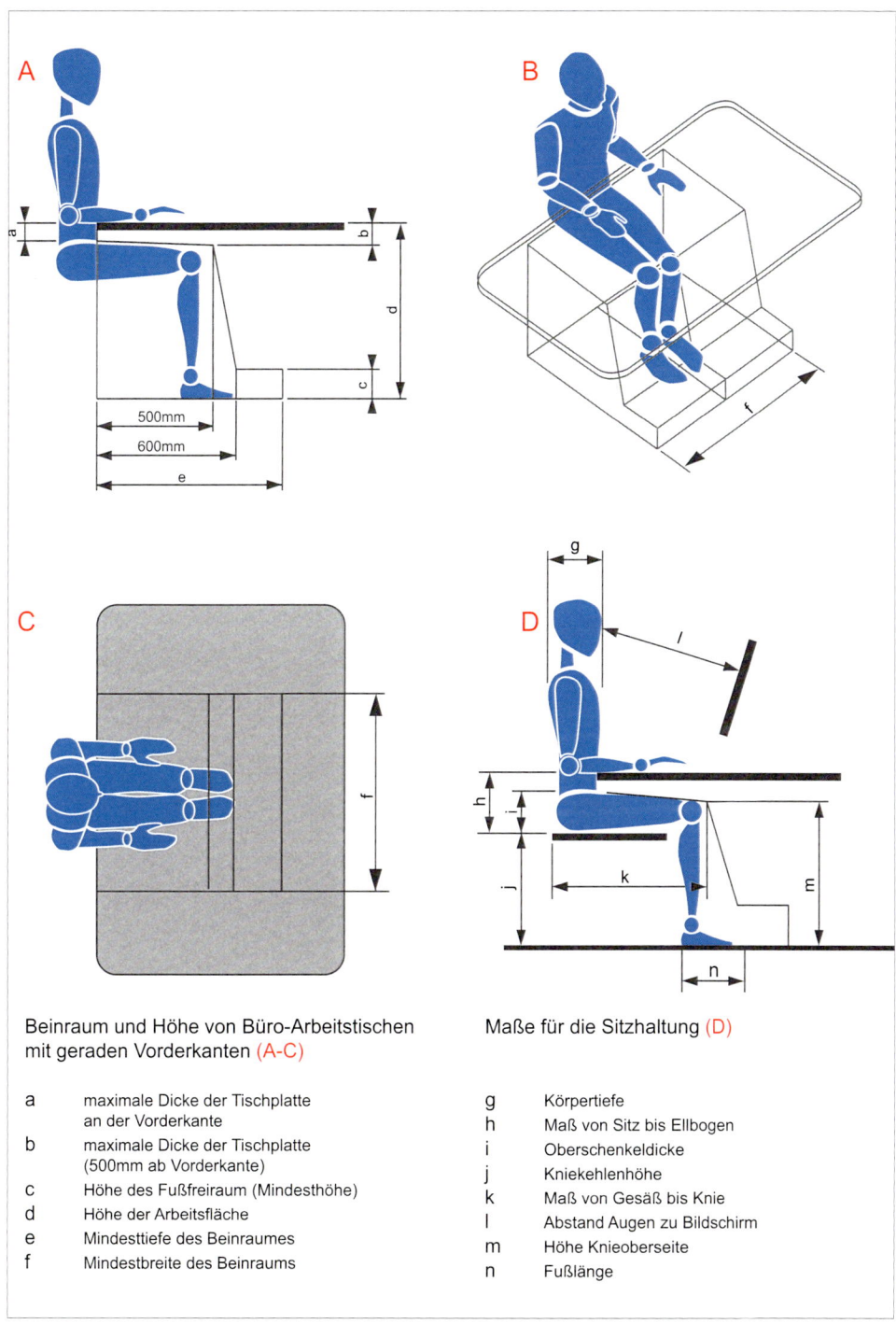

A

B

C

D

Beinraum und Höhe von Büro-Arbeitstischen mit geraden Vorderkanten (A-C)

a	maximale Dicke der Tischplatte an der Vorderkante
b	maximale Dicke der Tischplatte (500mm ab Vorderkante)
c	Höhe des Fußfreiraum (Mindesthöhe)
d	Höhe der Arbeitsfläche
e	Mindesttiefe des Beinraumes
f	Mindestbreite des Beinraums

Maße für die Sitzhaltung (D)

g	Körpertiefe
h	Maß von Sitz bis Ellbogen
i	Oberschenkeldicke
j	Kniekehlenhöhe
k	Maß von Gesäß bis Knie
l	Abstand Augen zu Bildschirm
m	Höhe Knieoberseite
n	Fußlänge

Abb. 1.1.6 Schematische Darstellung eines normgerechten Arbeitsplatzes

Gesundheitsbeauftragten (zum Beispiel dem Betriebsarzt), Sicherheitsingenieur, Betriebsrat oder sonstigen für das Wohl der Mitarbeiter verantwortlichen Gremien entscheiden. Die DIN stellt dabei lediglich eine Mindestanforderung dar.

Im Prinzip ist der Arbeitgeber also frei in seiner Entscheidung und kann auch beschließen, dass alle Mitarbeiter Sitzbälle erhalten oder Stühle ohne GS-Zeichen. Dies wird natürlich kein Arbeitgeber tun, denn er haftet ja, wenn etwas passiert. Der einfachste Weg ist also, Büromöbel anzuschaffen, die der DIN entsprechen, auch wenn diese völlig veraltet ist und bereits wiederholt nachgewiesen wurde, dass ihre Anwendung mittel- bis langfristig zu vielfältigen gesundheitlichen Schäden führen kann.

Fortschrittlichere Unternehmen haben aber inzwischen erkannt, dass es sich nicht lohnt bei der Gesundheit ihrer Mitarbeiter zu sparen und nur die Minimalanforderungen zu erfüllen. Arbeitnehmer, die krank werden, kosten das Zigfache gegenüber der Anschaffung einer menschengerechten Büroausstattung – durch Arztbesuche, Krankentage, Kuren, nicht verfügbares Know-how während ihrer Abwesenheit und vor allem durch den Leistungsverlust, der sich durch ständige Beschwerden einstellt. Ganz abgesehen von dem Verlust an Lebensqualität für den Mitarbeiter selbst.

Höhenverstellbare Schreibtische

In Skandinavien und immer mehr auch in Deutschland stellen Unternehmen, die sich um die Gesundheit ihrer Mitarbeiter Gedanken machen, höhenverstellbare Schreibtische zur Verfügung. Dies ist gut gemeint. Die zugrunde liegende Idee ist, dass ständiges, konventionelles Sitzen schädlich ist, Rückenschmerzen verursacht und ursächlich verantwortlich ist für zahlreiche andere Beschwerden und Krankheiten und man deshalb zwischendurch auch im Stehen arbeiten soll.

Das Ergebnis ist dann, dass abwechselnd zwei statische Haltungen eingenommen werden: eine im Sitzen, eine im Stehen. Das ist zwar besser als nur zu sitzen, hilft aber nicht gegen das Problem der Bewegungsarmut im Büro. Zu langes unbewegtes Stehen ist auch ungünstig. Die Beine können anschwellen („Verkäuferinnen-Krankheit"), und die Bildung von Krampfadern wird begünstigt, man wird schnell müde.

Das beabsichtigte Ergebnis, dass sich der Mitarbeiter mehr bewegt, wird nicht erreicht, weshalb die erhofften positiven gesundheitlichen Auswirkungen ebenso ausbleiben. Außerdem hat die Praxis gezeigt, dass die Schreibtische meist tief eingestellt sind – und auch bleiben. Bei meinem Besuch bei einer bekannten, neu eingerichteten bayerischen Bank vor ein paar Wochen war von 44 höhenverstellbaren Arbeitsplätzen ein einziger auf Stehhöhe eingestellt. Es war derjenige der Mitarbeiterin, die unsere Besichtigung geleitet hat. Ein Wechsel findet entweder gar nicht oder nur äußerst selten statt.

Nur sehr wenige, äußerst disziplinierte Menschen, betätigen die Höhenverstellung der Tische tatsächlich regelmäßig. Um einen signifikanten gesundheitlichen Nutzen zu erzielen, reicht das Verstellen der Schreibtischhöhe mehrmals pro Tag auch nicht aus. Dazu muss sich der Mensch deutlich mehr bewegen. Die in den letzten Jahren getätigten Investitionen in höhenverstellbare Schreibtische haben deshalb den beabsichtigten Nutzen, die Gesundheit und die Lebensqualität der Mitarbeiter zu steigern, nicht gebracht. Die Investitionen waren zum größten Teil ohne signifikante Wirkung, also leider nutzlos.

1.2   Was passiert mit unserem Körper bei konventioneller Büroarbeit?

Die Zunahme der gesundheitlichen Schäden, die auf die nicht „artgerechte Haltung" des Menschen im Büro zurückgehen, zeigt sich in den jährlichen Statistiken der Krankenkassen. Immer mehr Menschen leiden an Zivilisationskrankheiten, die durch ständiges unbewegtes Sitzen hervorgerufen werden. Wo sind eigentlich die „Menschenschutz-Gruppen", die mit ihren Plakaten vor unseren Bürohäusern gegen diese Quälerei protestieren? Tierschützer wären schon längst auf der Straße!

Auch die von den Rückenschulen, Orthopäden und anderen Ärzten empfohlenen, gut gemeinten Ausgleichsübungen werden nur vereinzelt durchgeführt und haben lediglich einen begrenzten Nutzen. Man versucht damit den Schaden wieder gut zu machen, den man seinem Körper vorher durch stundenlanges Verharren in der gleichen Arbeitshaltung zugefügt hat. Dieser Ansatz, im Nachhinein zu reparieren, statt die Entstehung des Schadens zu vermeiden, ist prinzipiell falsch. Er entspricht der mittlerweile eigentlich überholten Vorgehensweise in der Schulmedizin, die Symptome zu lindern, statt die Ursache zu beseitigen!

Im Einzelnen passiert an jedem Arbeitstag folgendes im Körper eines typischen Büro-Menschen:

Skelett

Die Knochen des Körpers sind, vor allem in jungen Jahren, extrem beweglich (eine Elastizität bis zu 30 Grad ist möglich). Sie bestehen vorwiegend aus Wasser. Bewegung löst Flüssigkeitsverschiebungen und einen Flüssigkeitsaustausch aus. Der Knochen wird unter anderem auch über Druck und Entlastung versorgt. Die Knochenbälkchen (Abb. 1.2.1) formen sich entsprechend der aufgebrachten Druck- und Zugbelastung.

Warum erzählen wir das? Ohne Belastung reagiert der Knochen mit Demineralisierung. Die Folge ist Osteoporose. Das beste Gegenmittel gegen Osteoporose ist also Belastung in Form von Bewegung. Auch bei der Arbeit im Büro muss deshalb das Skelett be- und entlastet werden.[3]

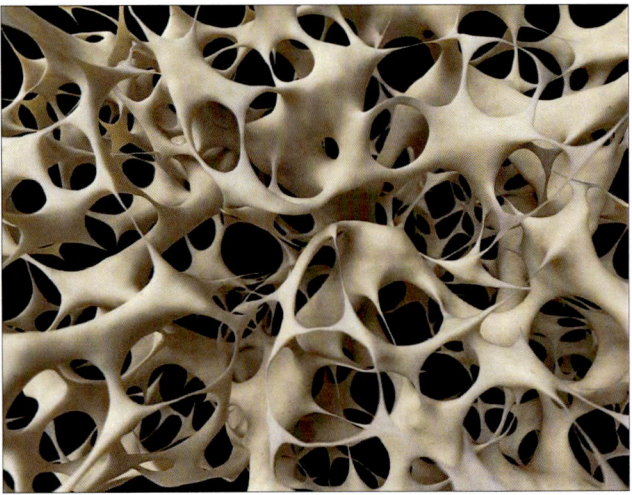

Abb. 1.2.1   Knochenbälkchen – die innere Struktur eines Knochens

---

3   Gerade im Alter tendiert man dazu, sich weniger zu bewegen. Das Skelett wird weniger belastet und die Knochendichte nimmt ab (Osteoporose). Schon relativ geringe Bewegungsanreize genügen jedoch, um diesen Prozess zu entschleunigen, wie eine Studie aus Finnland zeigt: Die Frauen, die regelmäßig einen Schaukelstuhl nutzten, wiesen eine höhere Knochendichte auf als diejenigen, die das nicht taten (Niemelä et al. 2011). Offensichtlich reichte die geringe, aber regelmäßige Gewichtsverlagerung beim Schaukeln und die damit einhergehende Belastung des Skeletts dafür aus, die Demineralisierung der Knochen zu reduzieren.

Gelenke

Jedes Gelenk, das über eine längere Zeitspanne nicht bewegt wird, degeneriert. Generell müssen alle (großen und kleinen) Gelenke möglichst frei bewegt werden können. Auch während des Sitzens muss dies möglich sein. Nur dann wird ausreichend Gelenkschmiere gebildet, die sogenannte Synovia[4] (Abb. 1.2.2). Sie wird durch Belastung des Gelenks in den Knorpel gepresst und sorgt dadurch für seine Ernährung. Degenerativen Veränderungen der Gelenke (Arthrosen) wird damit vorgebeugt.

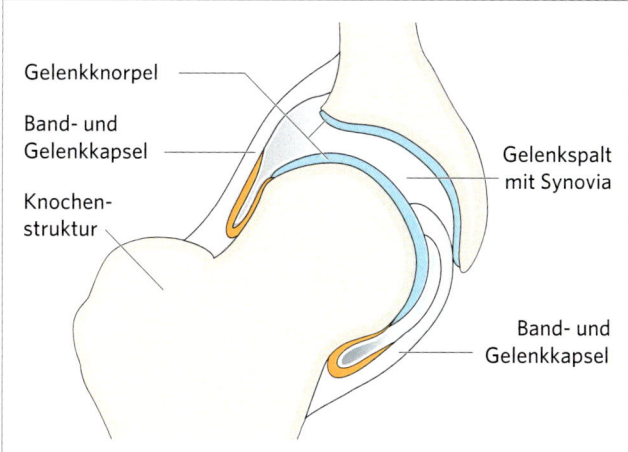

Abb. 1.2.2 Die Synovia (Gelenk-schmiere, Gelenkflüssigkeit)

Gelenkknorpel

Band- und Gelenkkapsel

Knochen-struktur

Gelenkspalt mit Synovia

Band- und Gelenkkapsel

Die Synovia zwischen den Gelenkflächen ermöglicht ein nahezu reibungsloses Gleiten der Gelenkflächen, ernährt und schützt diese. Die Bildung von Synovia wird durch Bewegung angeregt.

Durch die „Natürliche Selektion" die den Menschen über Millionen von Jahren geformt hat, sind unsere Gelenke perfekt dazu ausgebildet, ein aktives Leben – vorwiegend im Freien – zu führen, mit Belastungen, die beim Sammeln und Jagen auf die Gelenke wirken. Das sind Beanspruchungen wie beim Laufen, Klettern, Springen und Gehen, auch über längere Entfernungen, aber genauso kurzfristige, intensive Anstrengungen, etwa um die Jagdbeute aus einer Grube zu ziehen. Definitiv sind es keine Belastungen wie beim Marathonlaufen oder dem Stemmen schwerer Gewichte. Spitzensport war unseren Vorfahren fremd, auch wenn sie sich von Zeit zu Zeit mächtig anstrengen mussten um zu überleben. Ebenso unvorstell-

---

4   Die Synovia (Gelenkflüssigkeit) befindet sich in den Gelenken und stellt als „Schmiermittel" deren Beweglichkeit sicher. Ihr kommt außerdem eine wichtige Funktion bei der Ernährung und dem Abtransport von Abbauprodukten des Gelenkknorpels zu. Gemeinsam mit dem Knorpel wirkt die Synovia bei Bewegungen als Stoßdämpfer.

bar war es unseren Ahnen natürlich, längere Zeit ohne nennenswerte Bewegung auf einem Stuhl zu verharren.

Warum erzählen wir das? Unsere Büroeinrichtung bietet im Allgemeinen höchsten Komfort. Je bequemer der Bürostuhl, desto höher aber die Wahrscheinlichkeit, dass der Besitzer stundenlang darauf sitzen bleibt und damit die für seine Gelenke notwendige, ständige leichte Bewegung vernachlässigt. Je länger der Mensch sitzt, umso wahrscheinlicher drohen ihm Arthritis (entzündliche Gelenkserkrankung) und Arthrose (Deformation des Gelenks).

Übrigens sind unsere Gelenke auch nicht für gleichförmige, ständig wiederholte Bewegungen gedacht, wie sie zum Beispiel beim falschen Gebrauch von Fitnessgeräten vorkommen oder bei der Bedienung der Computermouse sowie der Tastatur. Das erklärt die Überlastungserscheinungen, die nach solchen Tätigkeiten oft auftreten.

Muskulatur

Durch das Beibehalten einer bestimmten Körperhaltung über einen längeren Zeitraum muss die Muskulatur statische Haltearbeit leisten, wofür sie von der Natur nicht geschaffen ist. Die Folge sind Verspannungen. Ein verspannter Muskel bekommt im Vergleich zu einem bewegten, gut durchbluteten Muskel nur zehn Prozent der Sauerstoffzufuhr. Und die Verspannungen verursachen Schmerzen! Etwa 80 Prozent der Rückenschmerzen im Büro sind darauf zurückzuführen. Untrainierte Muskulatur verspannt schneller als gut trainierte.

Bewegungsmangel ist der Untergang der Muskulatur. Muskeln müssen aktiv benutzt werden, sonst degenerieren sie. Die Weltgesundheitsorganisation (WHO) schätzt, dass in Europa jährlich 600.000 Menschen an den Folgen von Bewegungsmangel sterben. Bekanntestes Beispiel für den Muskelabbau bei mangelnder Bewegung ist ein eingegipster Körperteil. Schon nach kurzer Zeit hat sich der Muskeldurchmesser reduziert, und der Gips sitzt locker.

Warum erzählen wir das? Der gleiche Effekt tritt auf bei der Ruhigstellung des Rückens durch eine Lehne. Rücken- und Bauchmuskeln werden abgebaut, weil sie ja nicht aktiv benützt werden. Der Rücken beginnt zu schmerzen, da die geschwächte Muskulatur durch die fehlende Bewegung schlecht versorgt wird und die Dauerspannung nicht mehr halten kann. Es kommt zu Verspannungen. Das sind die typischen Folgen konventioneller, mit Bewegungsmangel einhergehender Büroarbeit.

Bandscheiben

Die Bandscheiben machen unsere Wirbelsäule erst zu einer soliden Stütze, gepaart mit einer unglaublichen Flexibilität. Sie befinden sich zwischen den Wirbelkörpern, verbinden diese und erlauben es ihnen, sich gegeneinander zu bewegen. Dadurch ist die Krümmung der Wirbelsäule zur Seite, nach vorne und rückwärts sowie ihre Drehung möglich. Zusätzlich federn sie perfekt Vertikalbelastungen ab, die beim Springen, Laufen, Heben, aber auch beim Gehen entstehen.

Eine Bandscheibe ist ein Faserring (anulus fibrosus) aus konzentrisch angeordneten Bindegewebsfasern. Sie haften an den Wirbelkörpern an und umschließen einen gallertartigen Kern (nucleus pulposus), der zum größten Teil aus Wasser besteht (Abb. 1.2.3).

Die Flüssigkeit aus der Bandscheibe wird durch ständigen Druck mit der Zeit ausgepresst. Abends ist der Mensch um 1,5 bis 2,0 cm kleiner durch den Flüssigkeitsverlust in jeder der 23 Bandscheiben. Deshalb müssen viele Menschen wenn sie vom Büro im Auto nach Hau-

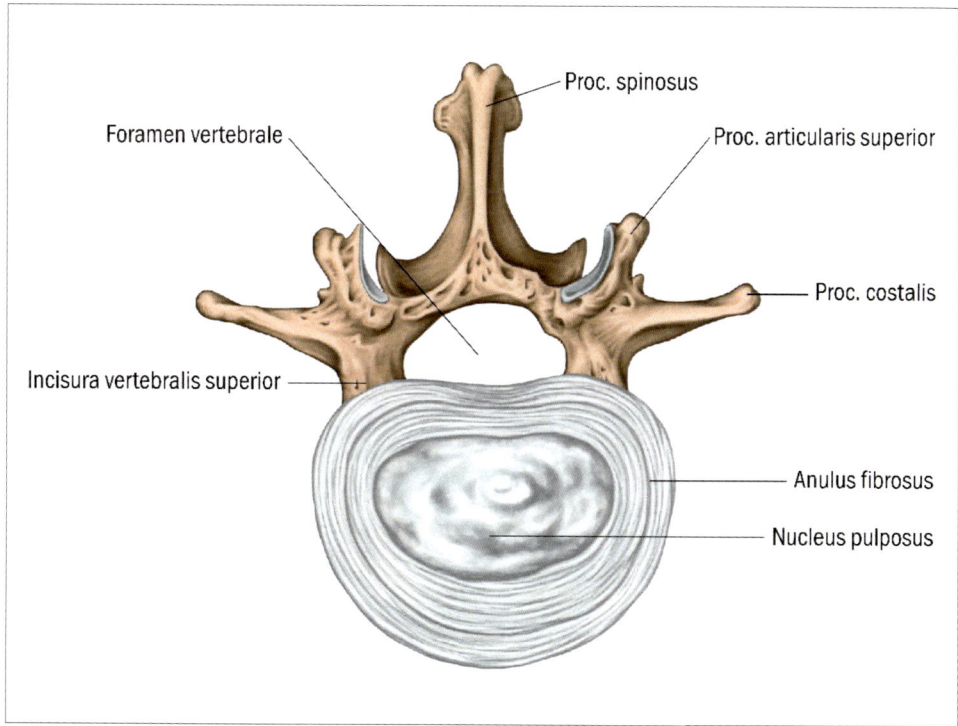

Abb. 1.2.3 Aufbau einer Bandscheibe mit Faserring (anulus fibrosus) und galertartigem Kern (nucleus pulposus)

se fahren, den Rückspiegel umstellen – und morgens zurück, denn nachts saugt die Bandscheibe wieder Flüssigkeit an und morgens hat man weder seine „normale" Größe erreicht.

Warum erzählen wir das? Damit die Bandscheibe ihre Elastizität behält und gut versorgt wird, ist eine regelmäßige Be- und Entlastung der Wirbelsäule unerlässlich, wie dies bei jedem Schritt beim Gehen erfolgt, beim Laufen oder Springen. Eines der größten Probleme bei konventioneller Büroarbeit ist das stundenlange Verharren in ein und derselben vornüber gebeugten Haltung. Dadurch werden die Bandscheiben an der Vorderseite (ventral) gequetscht und auf der Rückseite (dorsal) auseinander gezogen – und das über lange Zeiträume. Das ist nicht die Art der Belastung, für die sich eine Bandscheibe im Laufe der Evolution gebildet hat.

Abb. 1.2.4   Konventionelle, vorgebeugte Sitzhaltung

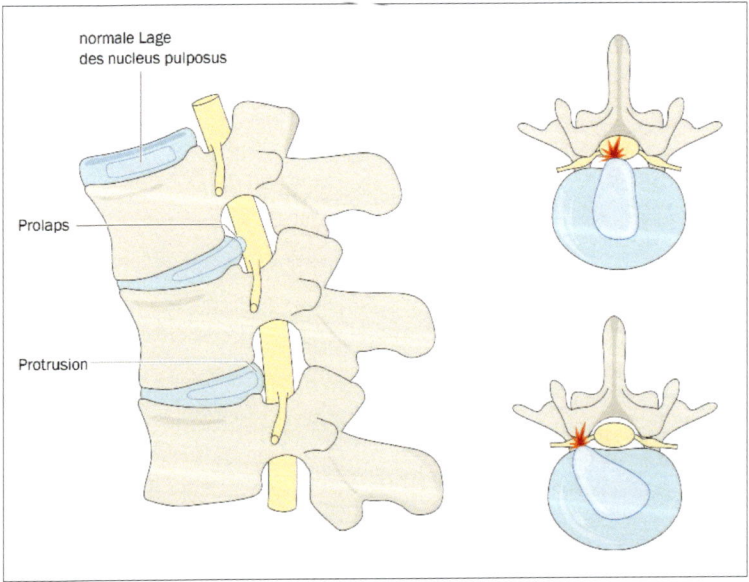

Abb. 1.2.5   Belastung der Bandscheiben bei vorgebeugtem Sitzen auf einem konventionellen Bürostuhl (schematische Darstellung). Durch den Druck auf der ventralen (vorderen) Seite der Bandscheibe und den Zug auf der dorsalen (rückwärtigen) Seite drückt der gallertartige Kern rückwärts auf den Faserring.

Die beiden Bilder rechts zeigen jeweils einen Bandscheibenvorfall (Prolaps), bei dem der Faserring schon gerissen ist. Bei einer Bandscheibenvorwölbung (Protrusion) ist er lediglich vorgewölbt und drückt auf Nervenausgänge oder Rückenmark.

Der Druck auf der ventralen Seite der Bandscheibe führt dazu, dass der galertartige Kern (nucleus pulposus) rückwärts geschoben wird und dort auf den Faserring (anulus fibrosus) drückt. Die enorme Zugbelastung auf der dorsalen Seite der Bandscheibe führt langfristig zu Rissen und schwächt den Faserring, sodass er sich dort leicht auswölben (Protrusion) oder sogar reißen (Prolaps) kann. Die Bandscheiben-Vorwölbung oder der –Vorfall können große Schmerzen verursachen, wenn der Faserring auf das Rückenmark oder die seitlich austretenden Nerven drückt – eine typische Berufskrankheit sitzender Büro-Arbeiter.

Faszien

Faszien sind die Weichteilkomponenten des Bindegewebes. Sie bilden ein körperweites Netzwerk, das die Struktur unseres Körpers aufrechterhält. So sind zum Beispiel unsere inneren Organe von faszialen Strukturen gehalten und die Muskulatur von Faszien umschlossen, die dann in Sehnen und Bänder übergehen. Faszien müssen aneinander gleiten können.

Warum erzählen wir das? Durch mangelnde Bewegung wird die in den Faszien eingelagerte Flüssigkeit zuerst gelartig, später kommt es zu Fibringerinnung[5] und damit zu Verklebungen. Diese behindern die Bewegung und verursachen Schmerzen, denn Faszien besitzen viele Nozizeptoren[6], die für die Schmerzübertragung verantwortlich sind. Durch Lösen der Verklebungen (eine sehr schmerzhaften Prozedur, zum Beispiel durch eine osteopathische Behandlung nach Typaldos) können Faszien wieder mobilisiert werden. Osteopathen beschäftigen sich zu einem großen Teil mit der Wiederherstellung einer guten Funktion der Faszien.

---

5   Unter Fibringerinnung ist die Umsetzung von Fibrinogen, einem Blutgerinnungsfaktor, zu Fibrin zu verstehen. Dieser Mechanismus dient eigentlich dem Wundverschluss.

6   Die meisten Nozizeptoren (freie sensorische Nervenenden) befinden sich in den Bänderstrukturen.

Zwerchfell

Das Zwerchfell ist eine Muskel-Sehnen-Platte der Säugetiere, welche die Brust- und die Bauchhöhle voneinander trennt. Es hat eine kuppelförmige Gestalt und ist der wichtigste Atemmuskel. Etwa zwei Drittel des Luftvolumens wird durch die Bewegung des Zwerchfells in die Lungen transportiert. Man bezeichnet dies als Bauchatmung (Abb. 1.2.6).

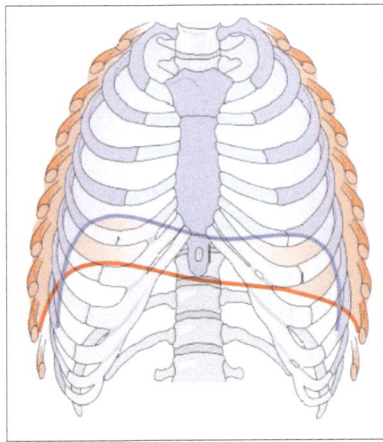

Abb. 1.2.6   Brustkorbansicht von vorne. Zwerchfellstand und Rippenstellung in Abhängigkeit von der Atemlage. Die blaue Linie bezeichnet die Lage des Zwerchfells bei tiefer Ausatmung, die rote Linie bei tiefer Einatmung. Das Zwerchfell verlagert sich dabei um 4 bis 6 cm nach oben und unten

Warum erzählen wir das? Um den Unterdruck im Brustraum und den Überdruck im Bauchraum zu regulieren, benötigt das Zwerchfell Bewegung. Wird diese Bewegungsfreiheit eingeschränkt, zum Beispiel durch vorgebeugtes Sitzen bei der Arbeit, behindert dies die Bauchatmung. Die Folge ist eine verminderte Sauerstoffversorgung des Körpers. Dies hat besondere Auswirkungen auf unser Gehirn, das allein etwa ein Viertel des Sauerstoffs des gesamten Körpers benötigt. Fällt die Sauerstoffsättigung im Blut ab, so sind unsere kognitiven Leistungen beeinträchtigt. Das kann nicht im Sinne eines Arbeitgebers sein.

Gefäße

Zwei weit verbreitete Gefäßerkrankungen werden durch ausgedehntes Sitzen begünstigt oder sogar hervorgerufen: Venenprobleme in den Waden (Krampfadern) und Hämorrhoiden. Durch den Druck der Vorderkante des Stuhls auf die Unterseite der Oberschenkel wird der Rückfluss venösen Blutes aus den Beinen behindert, manchmal sogar unterbrochen. Die abgeklemmten Gefäße reagieren mit Stauungen in den Waden und im Beckenboden.

Nachdem unser Blutkreislauf nicht nach dem Prinzip der kommunizierenden Gefäße funktioniert, hat die Natur für den Rücktransport von venösem Blut aus den Beinen zum Herzen ein eigenes System entwickelt, die Beinmuskelpumpe, auch Venen- oder Wadenpumpe genannt (Abb. 1.2.7).

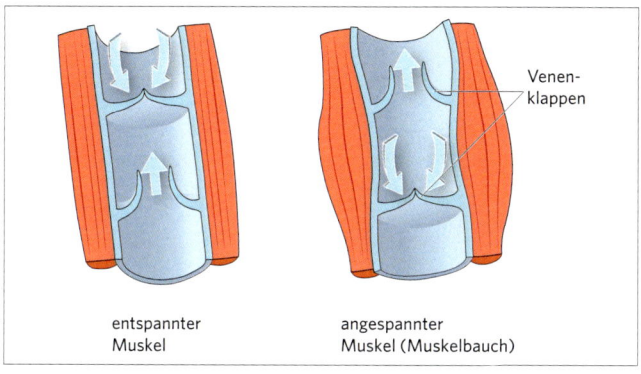

entspannter Muskel

angespannter Muskel (Muskelbauch)

Venen- klappen

Abb. 1.2.7 Funktion der Beinmuskelpumpe, auch Venen- oder Wadenpumpe genannt

Bei Anspannung der Wadenmuskulatur (in Abbildung 1.2.7 rechts), zum Beispiel beim Gehen, Laufen, oder dem Stehen auf den Zehenspitzen, verkürzt sich der Muskel, während sein Querschnitt zunimmt. Dadurch werden die zwischen den Muskeln verlaufenden Beinvenen des tiefen Systems zusammengedrückt und das Blut zum Herzen gepresst. Durch den Druck der Muskelfasern öffnet sich die obere Venenklappe, sodass Blut in Richtung Herz strömt, während sich gleichzeitig die untere Venenklappe schließt und verhindert, dass das Blut wieder zurückfließen kann.

Lässt die Spannung des Muskels nach (in Abbildung 1.2.7 links), vergrößert sich der Querschnitt der Vene, es entstehen ein Unterdruck und eine Sogwirkung. Die oberen Venenklappen schließen sich und die unteren öffnen sich. Blut aus tieferen Regionen wird angesaugt und bei der nächsten Muskelkontraktion wieder zum Herzen gepumpt.

Warum erzählen wir das? Die Wadenpumpe funktioniert bei exzessivem Sitzen nur eingeschränkt, da die Wadenmuskulatur dann kaum betätigt wird. Die Folge sind dicke Beine und die oben beschriebenen Stauungen in den venösen Gefäßen (Abb. 1.2.8). Menschen mit kurzen Beinen sind beim Sitzen auf zu hohen Stühlen davon besonders oft betroffen.

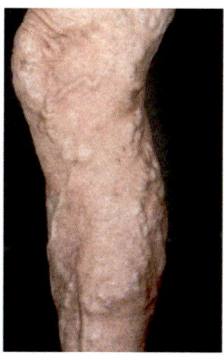

Abb. 1.2.8 Oberflächliche Venen können zu Krampfadern werden. Der Rücktransport des venösen Blutes zum Herz erfolgt jedoch zum größten Teil über die Venen des tiefen Systems (tiefe Venen)

In Bezug auf unsere Gefäße kommt der Hämodynamik[7] eine besondere Bedeutung zu. Sie ist essenziell wichtig für das Überleben der Gefäße. Wenn die hämodynamischen Reize wegfallen oder auch nur der Blutstrom unstetig wird, so sterben in der innersten Schicht des betroffenen Gefäßes aufgrund der Minderversorgung nämlich Zellen ab. Glücklicherweise setzt dieser Prozess nicht unmittelbar, sondern erst nach einem gewissen Andauern des gestörten Zustandes ein. Damit die Hämodynamik nicht gestört ist, muss die Flexibilität der Gefäße zu ihrer Umgebung gewährleistet sein. Exzessives Sitzen schädigt also unsere Gefäße. Ein großer Teil der Venenerkrankungen der Beine und auch Hämorrhoiden gehen auf die Arbeitsweise in konventionellen Büros zurück.

Mikrozirkulation

Unsere Gefäße gewährleisten, dass die entferntesten Bereiche des Körpers mit Nährstoffen versorgt und Stoffwechselabfallprodukte abtransportiert werden. Der in den kleinsten Verästelungen stattfindende Stoffaustausch wird als Mikrozirkulation[8] bezeichnet (Abb.1.2.9).

Warum erzählen wir das? Zug und Druck, ausgelöst durch Bewegung, fördern diese Mikrozirkulation. Dafür sind keine körperlichen Höchstleistungen erforderlich. Schon leichte, aber kontinuierliche Bewegung reicht aus. Das Verharren in ein- und derselben Position

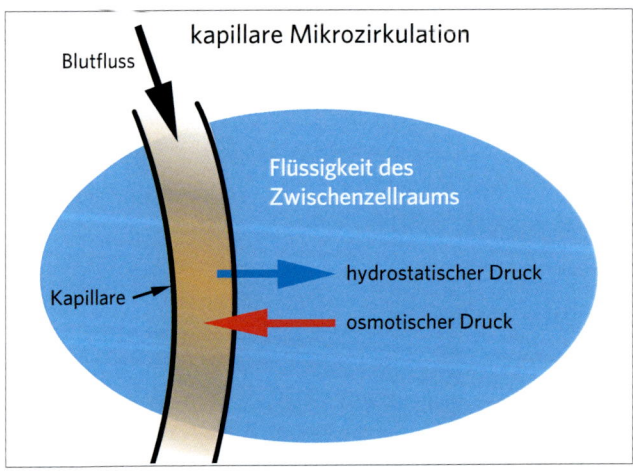

Abb. 1.2.9   Ohne eine gut funktionierende Mikrozirkulation kann unser Immunsystem nicht an entfernte Entzündungsherde gelangen, Antigene auffinden und seine lebenswichtigen Aufgaben erfüllen. Eine intakte Mikrozirkulation ist damit ein elementarer Bestandteil für einen gesunden Körper. Sie findet über osmotischen Druckausgleich in den Kapillaren statt und wird vor allem durch Bewegung gefördert

---

7   Hämodynamik beschreibt die Bewegung des Blutes im Gefäßsystem. Für die Strömungsdynamik sind verschiedene Parameter entscheidend, unter anderem die Geometrie des Gefäßes, die Elastizität, das Blutvolumen und seine Zusammensetzung.

8   Mikrozirkulation bezeichnet die Durchblutung und den Stoffaustausch in den kleinsten Verästelungen der Gefäße wie Kapillaren, Arteriolen, Venolen.

über Stunden, wie beim Sitzen auf konventionellen Bürostühlen am Schreibtisch, ist für die Mikrozirkulation aber besonders abträglich.

Bindegewebe

Der feste Teil unseres Körpers besteht zum größten Teil aus Bindegewebe. Es wird schon früh nach der Befruchtung der Eizelle gebildet und stellt das Stützsystem für die Entwicklung unseres Körpers dar. Nach und nach übernehmen die einzelnen Zellen des netzartigen Gewebes Sonderfunktionen. Es bleibt aber als stützende, alles zusammenfassende, tragende Einheit erhalten und beträgt beim Kleinkind 80 Prozent, beim Erwachsenen 60 Prozent seiner Körpermasse. Es verbindet und umhüllt alles in unserem Körper, auch jeden Muskel und die Organe. Sie werden über den interzellulären Raum des Bindegewebes, das sogenannte Interstitium, versorgt.

Durch den osmotischen Druckunterschied zwischen den Kapillaren und dem sie umgebenden Interstitium[9] mit der Zwischenzellflüssigkeit, treten aus den Kapillaren die im Blut gelösten Gase, Mineralien, Spurenelemente, Substrat-, Informations- und Abwehrmoleküle in das Bindegewebe aus, in dem die Versorgungsbahnen der Organe verlaufen. Von dort gelangen sie in die Organe. Der Abtransport von Stoffwechselendprodukten erfolgt auf die gleiche Art und Weise (Abb. 1.2.10).

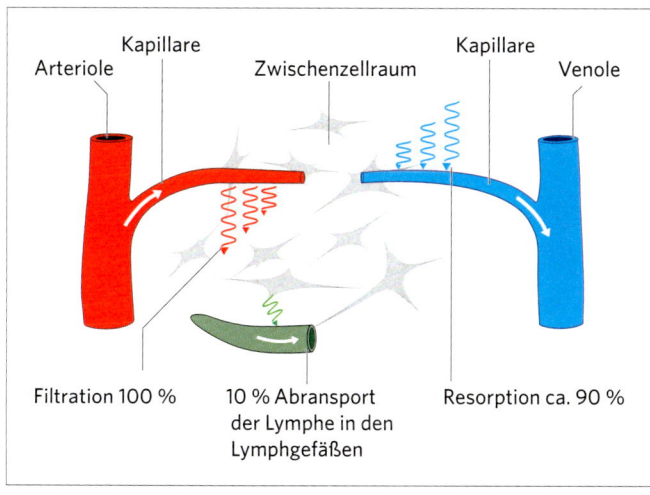

Abb. 1.2.10 Organisation der Mikrozirkulation: Neben den Kapillaren der Arteriolen und der Venolen sind noch die Lymphkapillaren an der Mikrozirkulation beteiligt. Sie nehmen Flüssigkeit, Makromoleküle und Zellen, durch Spalten zwischen den Endothelzellen der Lymphkapillaren, aus dem Interstitium auf

9   Als Interstitium oder Zellzwischenraum, bezeichnet man das Organe durchziehende und untergliedernde Zwischengewebe. Darin verlaufen die Versorgungsbahnen (Blutgefäße, Lymphbahnen, Nerven) des Organs.

Warum erzählen wir das? Wird ein Organ durch das Bindegewebe nicht mehr ausreichend mit Nährstoffen versorgt oder werden Stoffwechselendprodukte nicht abtransportiert, erkrankt das Organ. Das ist durch konventionelle Büroarbeit vorprogrammiert. Denn bei der Bewegungsarmut in „normalen" Büros kann die Mikrozirkulation gar nicht optimal funktionieren.

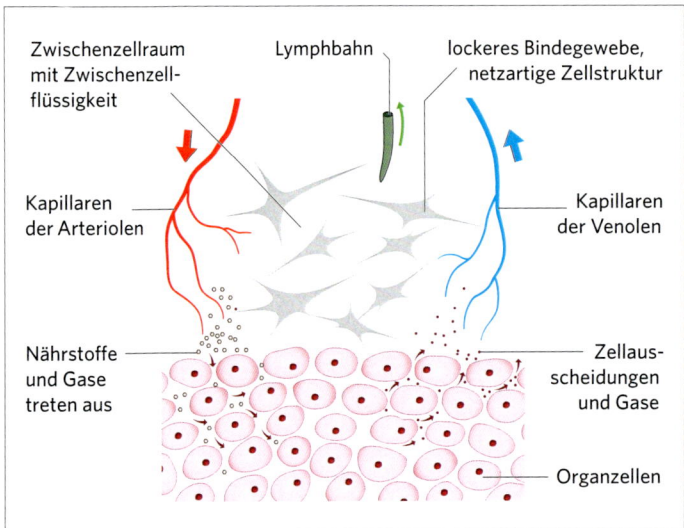

Abb. 1.2.11   Schema der Versorgung der Organzellen mit Nährstoffen und Abtransport der Zellausscheidungen über das Bindegewebe: Die Kapillaren und Arteriolen enden in der Zwischenzellflüssigkeit des lockeren Bindegewebes. Aus den Kapillaren treten Nährstoffe und Gase aus, die über die Zwischenzellflüssigkeit zu den Organzellen sickern. Der Abtransport erfolgt, indem die Zellausscheidungen und Gase in die Zwischenzellflüssigkeit abgegeben werden und von dort in die Kapillaren der Venolen und die Lymphkapillaren gelangen

Lymphsystem

Das Lymphsystem nimmt die Flüssigkeit, die nicht in die Gefäße zurückresorbiert wird, aus dem Zwischenzellraum auf (Abb. 1.2.11, Abb. 1.2.12). Dabei handelt es sich vor allem um Proteine die zu groß sind, um die Zellwand der Venolen zu passieren. Sie werden dann über die Lymphkapillaren in den Blutkreislauf zurückgeleitet.

Der Lymphkomplex gehört zu unserem Immunsystem. Er schützt uns gegen Krankheitserreger, Fremdpartikel und krankhaft veränderte Körperbestandteile wie Tumorzellen. Neben den Lymphbahnen gehören die lymphatischen Organe dazu: Milz, Thymus, Rachen-, Gaumen- und Zungenmandeln, die Lymphfollikel im Dickdarm und zahlreiche Lymphknoten.

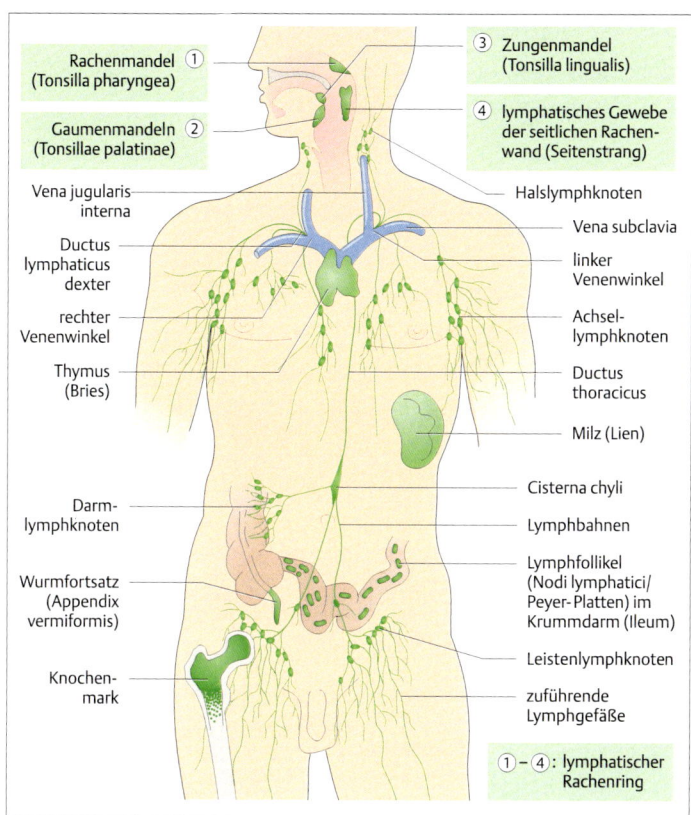

Abb. 1.2.12 Das Lymphgefäßsystem des Menschen mit den lymphatischen Organen und Sammellymphknoten

Warum erzählen wir das? Exzessives Sitzen und Mangel an Bewegung kann zu Stauungen im lymphatischen System führen, wodurch es in seiner Funktion unterdrückt wird. Gleichzeitig funktioniert unsere Immunabwehr bei Inaktivität schlechter.

Innere Organe

Wenn unsere inneren Organe einwandfrei arbeiten sollen, brauchen sie Bewegungsraum, wie im Folgenden beispielhaft an Leber und Nieren beschrieben:

Die Leber schließt als zentrales Stoffwechselorgan die über das Blut transportierten Nährstoffe aus der Nahrung auf. Das Blut gelangt über die Pfortader aus Milz, Darm und Magen ins Organ. Dabei gleicht die Leber einem Blutschwamm, der seine Aufgabe nur dann richtig erfüllen kann, wenn er durch Druck und Zug bewegt wird. In eingeengtem Zustand, etwa durch vorgebeugtes Sitzen bei der Büroarbeit, findet dies nur unzureichend statt.

Unsere beiden Nieren gleiten auf faszialen Strukturen des Lendenmuskels (M. psoas major) (Abb. 1.2.13). Immer wenn sich dieser bewegt, bewegen sich auch die Nieren. Der Bewegungsspielraum der Niere zwischen den Strängen des Lenden-Darmbein-Muskels (M. iliopsoas) und dem Zwerchfell beträgt sogar bis zu 15 Zentimeter.

Warum erzählen wir das? Durch die Mobilität wird die Filterfunktion der Niere verbessert. Bei konventionellem, starrem Sitzen ist dies jedoch nicht möglich. Denn dann ist der Lendenmuskel (Hüftbeuger) in einer verkürzten Position ruhiggestellt. Auch der Lenden-Darmbein-Muskel (M. iliopsoas) bleibt dann über längere Zeiträume in einer verkürzten Stellung. Steht man nun auf, wodurch er gestreckt wird, setzt er dieser Dehnung Widerstand entgegen. Er zieht die Wirbelsäule zum Bauchraum hin. Dies sind die typischen Schmerzen, die man beim Aufstehen „im Kreuz" verspürt, zum Beispiel nach längerem Sitzen auf einer bequemen Couch oder auch auf einem konventionellen Bürostuhl.

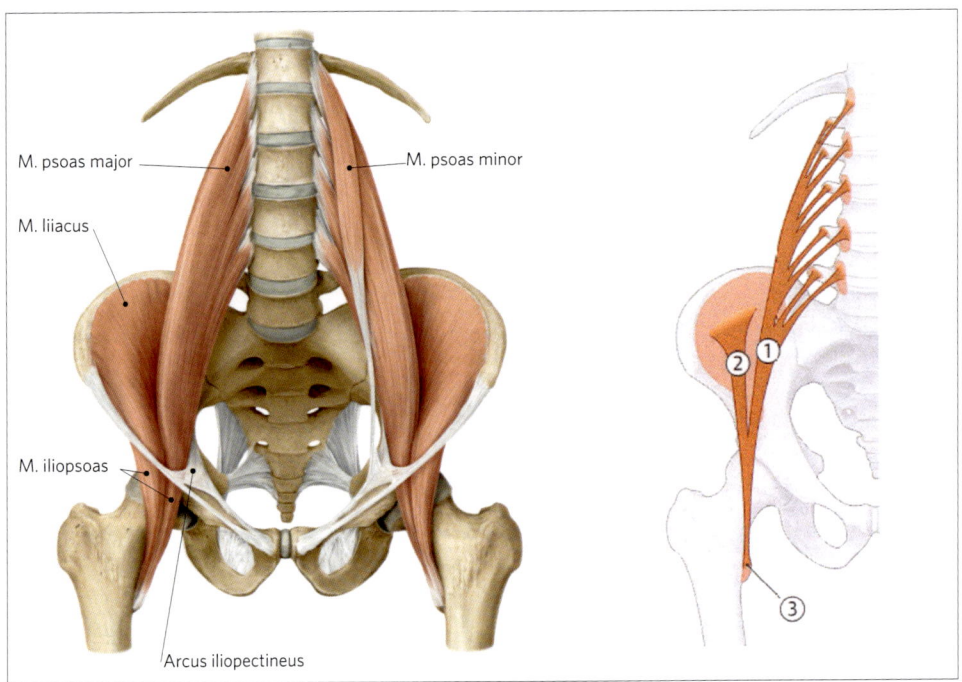

Abb. 1.2.13   Der große Lendenmuskel 1 (M. psoas major) und Darmbeinmuskel 2 (M. iliacus) vereinigen sich auf Höhe des Leistenbandes zum Lenden-Darmbein-Muskel 3 (M. iliopsoas), der am kleinen Rollhügel (Trochanter minor) des Oberschenkelknochens ansetzt und bei Kontraktion den Oberschenkel anhebt

Auch alle übrigen inneren Organe benötigen für ihre Funktion ausreichend Freiraum und Mobilität zu den angrenzenden Strukturen, damit ihr Gewebe gut versorgt wird. Dies erreicht man durch Bewegung, denn diese bewirkt Be- und Entlastung, beziehungsweise Druck- und Zugkräfte, die die Mikrozirkulation fördern und damit die Versorgung der inneren Organe.

Stoffwechsel

Der Stoffwechsel oder Metabolismus ist die Gesamtheit der Prozesse in einem Organismus, die zur chemischen Umwandlung von Stoffen führen – beginnend mit der Aufnahme und dem Transport über ihre chemische Umsetzung bis hin zur Abgabe von Endprodukten. Dadurch ist der Mensch in der Lage, über Nahrung und eingeatmete Luft in den vielen Billionen Körperzellen Leben zu erhalten.

Der gesamte Stoffwechsel ist ein komplexes Netzwerk von einzelnen biochemischen Reaktionen, die in Millivolt messbar sind. Einer der zentralen Prozesse ist dabei die Energiegewinnung aus Glukose und Fett. Glukose, ein wichtiger Kohlenhydratbaustein, dient als schneller Energielieferant für unsere Zellen. Sie kann aber nur begrenzt in Form von Glukoseketten, vor allem in der Leber und der Muskulatur, als Glykogen, gespeichert werden. Als Langzeit-Energiespeicher, zur Überbrückung von Hungerperioden, dienen aber die Fettreserven im Körper. Übersteigt die Zufuhr an Kohlenhydraten und damit von Glukose den Bedarf unseres Körpers, können die Glukosespeicher in den Zellen nichts mehr aufnehmen. Die Leber wandelt die überschüssige Glukose in Fett um.

Abb. 1.2.14   Versorgung mit Lebensmitteln früher

Abb. 1.2.15   Versorgung mit Lebensmitteln heute

Warum erzählen wir das? Ein Mensch, der vorwiegend am Schreibtisch sitzt, braucht vorwiegend Glukose für sein Gehirn, nicht aber für seine Muskelzellen. Wenn nun trotzdem vor allem Kohlenhydrate mit einem hohen Glykämischen Index, die also schnell ins Blut übergehen, zugeführt werden, können die vollen Glukosespeicher diese nicht mehr aufnehmen – mit der Folge, dass sich der Büromensch Fettpölsterchen anlegt (s. Teil IV).

So wichtig die Anlage von Fettreserven in früheren Zeiten für das Überleben in Perioden mit geringem Nahrungsangebot war, so wenig benötigt sie der in industrialisierten Ländern lebende Mensch heute. Meist ist das Nahrungsmittelangebot übermäßig reichlich und der Aufwand, Nahrungsmittel zu besorgen, gering.

Ging man früher zur Jagd und baute dabei Fettreserven ab (Abb. 1.2.14), so geht man heute in den Supermarkt oder auch nur zum Kühlschrank, ohne sich großartig anzustrengen (Abb. 1.2.15). Da ist es nicht verwunderlich, dass der Anteil an Körperfett bei vielen Menschen ständig ansteigt.

Deshalb muss für Büroarbeiter gelten: Vermeiden Sie Kohlenhydrate, zumindest diejenigen, die schnell ins Blut übergehen, und bewegen Sie sich ausreichend.

Bewegung beeinflusst aber auch alle anderen Funktionen unseres Stoffwechsels günstig, denn sie fördert ganz allgemein den Ablauf der biochemischen Reaktionen in unserem Körper. Dr. Andrew Taylor Still, der Begründer der Osteopathie, sagte sinngemäß: „Leben zeigt sich in Form von Bewegung. Wo Bewegung verhindert wird, macht sich Krankheit breit. Das gilt nicht nur für den ganzen Körper, sondern auch für jede einzelne Zelle." Für eine gute Funktion des Stoffwechsels ist also regelmäßige Bewegung, die über einen gelegentlichen Gang zum Kühlschrank hinausgeht, unerlässlich.

Vestibuläres System

Ein entscheidender Schritt in der Evolution des Menschen war der Wechsel von der Fortbewegung auf vier Beinen zum aufrechten Gang. Dies war nur möglich, indem sich das Gehirn und das vestibuläre System, unser Gleichgewichtssinn im Innenohr (Abb. 1.2.16), gleichzeitig entwickelten; sie sind immer noch eng miteinander verbunden. So haben zum Beispiel Kinder, die von zusätzlichen Bewegungsangeboten profitieren, bessere Noten in der Schule.

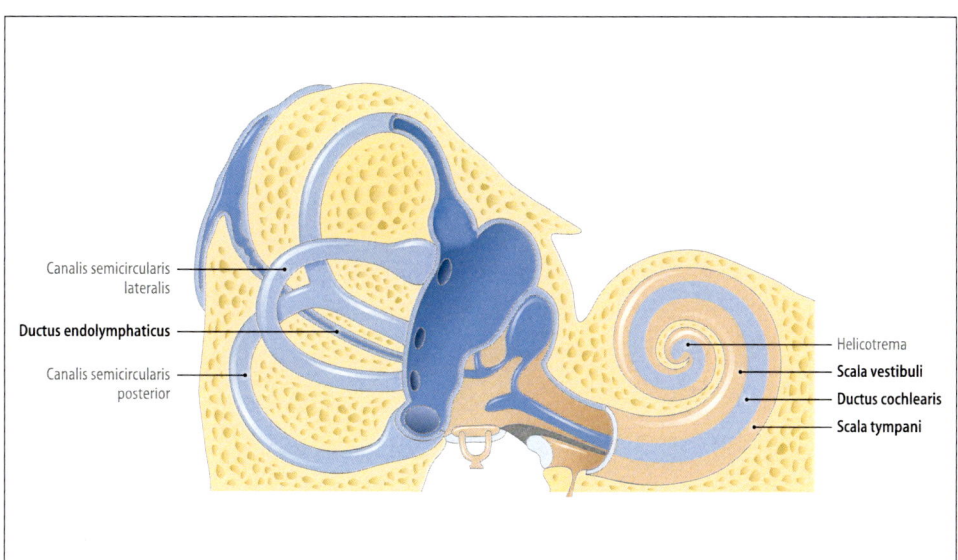

Abb 1.2.16   Schematische Darstellung des vestibulären Systems

Warum erzählen wir das? Ein Training des vestibulären Systems erhöht die kognitiven Leistungen. Dies gilt auch für die Arbeit im Büro. Unsere konventionelle Büroumgebung bietet dafür allerdings keine Anreize. Ganz im Gegenteil: sie vermeidet und behindert Bewegung und damit die Aktivität des vestibulären Systems. Fähigkeiten wie das Halten des Gleichgewichts, eine gute Reaktion auf eine unerwartete Gefahrensituation, das Vermeiden von Stürzen etc. verkümmern deshalb beim Büroarbeiter.

Tiefensensibilität (Propriozeption)

Vor allem über die Augen erhalten wir ständig Informationen über die Haltung unseres Körpers und darüber, wie wir Bewegungen ausführen sollen. Doch auch mit geschlossenen Augen wissen wir, welcher Körperteil sich wo im Raum befindet und auf welche Art und Weise er sich wohin bewegt. Dafür sind die sogenannten Propriozeptoren[10] zuständig, die laufend Informationen über die Stellung der Körperteile im Raum, die Muskelspannung, Muskellänge, Gelenkstellung und Bewegung an das Gehirn melden. Dieser Vorgang erfolgt unbewusst. Die Propriozeptoren befinden sich überall im Körper, besonders viele in den Muskeln, Bändern, Faszien und Gelenkkapseln.

Ohne sie ist eine kontrollierte Bewegung nicht möglich, denn schon vorher muss das Gehirn darüber Bescheid wissen, in welcher Stellung sich das Gelenk befindet und welchen Tonus die Muskulatur aufweist, um die Bewegung mit der richtigen Intensität und Richtung steuern zu können. Zur Vermeidung von Stürzen und Unfällen ist die gute Funktion der Propriozeption unerlässlich.

Warum erzählen wir das? Wie jede Fähigkeit des Körpers, die nicht genutzt wird, verkümmert auch die Funktion der Propriozeption und damit die Eigenwahrnehmung beim Büroarbeiter, wenn er ständig nur am Schreibtisch sitzt, statt sich zu bewegen. Stürze und Verletzungen sind vorprogrammiert.

Das Gleiche gilt auch für alle übrigen Sensoren (Rezeptoren) des menschlichen Körpers, die Informationen aufnehmen, diese in elektrische Erregung umwandeln und an das Zentralnervensystem zur Verarbeitung weiterleiten. In der Neurologie sagt man: „Keine Motorik, ohne Sensorik". So muss die Büroarbeit zum einen sensorischen Stress vermeiden beziehungsweise nach Möglichkeit minimieren, da sich sonst Empfindlichkeitsveränderungen

---

10   Zu den Propriozeptoren gehören in den Muskeln: die Muskelspindeln, in den Sehnen: die Golgi-Sehnenorgane und in den Gelenken: die Ruffini- und Vater-Pacini-Körperchen.

oder sogar Schäden einstellen können. Zum anderen muss sie sensorischer Unterforderung entgegenwirken, die zu Monotonie und geistiger Erschlaffung führt.

Stressbewältigung

Auf eine Stresssituation reagiert der Mensch mit der plötzlichen Ausschüttung von Adrenalin und Noradrenalin aus den Nebennieren in den Blutkreislauf. Diese Hormone sorgen für eine schnelle Bereitstellung von Brennstoffen wie Glukose und Fettsäuren. Blutdruck und Herzfrequenz steigen an, es kommt zu einer Verengung bestimmter Gefäßgebiete (Vasokonstriktion). Beide Hormone aktivieren den Sympathikus. Die natürliche Reaktion darauf ist entweder Kampf oder Flucht – aber auf jeden Fall Bewegung! Durch diese wird der Adrenalinspiegel wieder abgebaut. Deshalb ist eine Sport-(Bewegungs-) Einheit nach einer Stresssituation besonders wichtig.

Warum erzählen wir das? Kann der hohe Adrenalinspiegel nicht durch Bewegung abgebaut werden, da der konventionelle Büroarbeiter an seinen Schreibtischstuhl gefesselt ist, begünstigt das Bluthochdruck und in der Folge eine Arteriosklerose. Im Büro muss also so viel Bewegungsmöglichkeit gegeben sein, dass ein hoher Adrenalinspiegel, der sich von Fall zu Fall nicht vermeiden lässt, auch wieder abgebaut werden kann.

Aufmerksamkeit/Ermüdung

Der Mensch braucht Abwechslung, um nicht zu ermüden und seine Aufmerksamkeit hoch halten zu können. Dies gilt sowohl für den Geist als auch für den Körper. Je bequemer ein Bürostuhl ist, je weniger sich der Besitzer bewegt, desto früher ermüdet er, desto mehr steigt seine Fehlerquote (Aufmerksamkeitsdefizit) und desto geringer ist seine Leistungsfähigkeit.

Was hilft dagegen? Geistige Ermüdung kann man dadurch vermeiden, dass man sich mit immer wieder neuen intellektuellen Herausforderungen beschäftigt, also Gleichförmigkeit und Eintönigkeit bei der Arbeit vermeidet. Körperliche Ermüdung kann man dadurch vermeiden, dass man sich bewegt. Das Verharren in einer Position wie beim bewegungsarmen, konventionellen Sitzen ermüdet, weil Kreislauf, Atmung und Stoffwechsel heruntergefahren werden. Kein Wunder, es liegt nicht in unserer Natur, starr und unbewegt zu sitzen. Unsere Vorfahren wären bei einer derartigen Verhaltensweise verhungert.

Warum erzählen wir das? Beide Ebenen, die geistige und körperliche, müssen gleichermaßen aktiviert werden, sonst überlagert eine die andere, und wir werden trotzdem müde und unaufmerksam. Büroarbeit an herkömmlichen Büroarbeitsplätzen, mit stundenlangen Perioden ununterbrochenen Sitzens fördern jedoch beides: geistige und körperliche Ermüdung!

Eine Studie an der Johannes Guttenberg Universität in Mainz, die am Institut für Sportwissenschaften von Prof. Dr. Wolfgang Schöllhorn und Dr. Diana Henz durchgeführt wurde, hat nachgewiesen, dass die Gehirnaktivität deutlich höher ist, wenn man „in Bewegung sitzt", zum Beispiel auf einem „swopper", auf dem man ständig Gleichgewicht halten muss, gegenüber einem konventionellen Bürostuhl. Bewegung steigert also die Aktivität des Gehirns, der Muskulatur und der Atmung und vermeidet damit Ermüdung.

Verletzungsprävention

Wer nach einem langen, unbewegten Büroarbeitstag oder nach einer langen Fahrt im Auto noch schnell eine Stunde auf den Tennisplatz geht, hat ein wesentlich höheres Verletzungsrisiko als jemand, der sich während des Tages vorwiegend leicht bewegt und damit seine Muskulatur, Propriozeption, Faszien, Sehnen und Bänder stetig angesprochen hat.

Warum erzählen wir das? Je flexibler und dynamischer Strukturen arbeiten, desto besser funktioniert das neuromotorische System. Abwechslungsreiche Bewegung während des Tages reduziert das allgemeine Verletzungsrisiko deutlich – nicht nur beim Feierabend- oder Ausgleichssport, sondern auch während des Tages, wenn schon während der Arbeitszeit die propriozeptiven Fähigkeiten des Benutzers trainiert werden. Herkömmliche Büroarbeit gewährleistet das nicht.

Alterungsprozess

Man schätzt, dass jede Sekunde im Körper etwa vier Millionen Zellen neu gebildet werden. Es handelt sich dabei vor allem um Blut-, Darm- und Hautzellen. Unser Körper wird so ständig erneuert. Die Neubildung von Zellen wird durch Reibung und Druck aktiviert, also durch Bewegung. Deshalb sind wir der Überzeugung: Bewegung hält jung.

Ein anderes Beispiel: Woran erkennen Sie, ob jemand alt ist? An seinen grauen Haaren? An den Falten seiner Haut? Man kann schon mit 40 graue Haare besitzen und auch Falten. Dies sind eher vererbte Faktoren. Woran Sie aber mit Sicherheit erkennen, ob jemand biologisch jung geblieben ist, sind seine Bewegungen. Schleppt er sich mühsam dahin, mit kleinen Schritten, so ist er biologisch alt, auch wenn er erst 50 Jahre zählt. Springt er jedoch mit Elan die Treppen hoch und nimmt zwei Stufen auf einmal, so haben Sie den Eindruck der Mensch ist jung, auch wenn er schon 70 Jahre auf dem Buckel hat.

Warum erzählen wir das? Büroarbeit macht alt. Wir haben oben gesehen, dass sie die Mikrozirkulation behindert. Dadurch werden unsere Organe und sonstiges Gewebe nicht mehr optimal mit Sauerstoff und Nährstoffen versorgt. Aber auch die Entsorgung von Stoffwechselabfallprodukten über die Zwischenzellflüssigkeit wird behindert. Die Folge: Zellen sterben früher ab und werden nicht so schnell erneuert, wie bei einer guten Ver- und Entsorgung. Dadurch wird der Alterungsprozess beschleunigt.

Und am Abend…

… kommt der durchschnittliche Büroarbeiter total geschafft nach Hause. Er hat keine Energie mehr, etwas für seine Gesundheit zu unternehmen und setzt sich erschlafft vor den Fernsehapparat. Er hat sich kaputt gesessen.

Kann man nichts machen? Doch, kann man: Schon leichte Bewegung im Büro ändert viel, wie eine australische Studie mit 4800 Probanden gezeigt hat. Sie hat die Blutwerte von typischen Büroarbeitern über einen längeren Zeitraum hinweg gemessen und miteinander verglichen[11]:

- Gruppe 1:   Typische Büroarbeiter, die sich während des Tages im Büro nicht bewegt haben.
- Gruppe 2:   Typische Büroarbeiter, die sich während des Tages im Büro nicht bewegt, aber abends zwei bis drei Mal pro Woche Sport betrieben haben.
- Gruppe 3:   Typische Büroarbeiter, die sich während des Tages im Büro leicht bewegt, aber keinerlei Sport betrieben haben.

Die Auswertung ergab erwartungsgemäß, dass die Gruppe 1 die schlechtesten Blutwerte und die Gruppe 2 deutlich bessere Blutwerte als die Gruppe 1 aufwies. Überraschend war aber, dass die Blutwerte der Gruppe 2 und 3 gleich gut waren. Die leichte Bewegung wäh-

---

11   Healy et al. 2008

rend des Tages reichte bei Gruppe 3 bereits aus, die Qualität der Blutwerte auf das gleiche Niveau zu bringen wie bei der Gruppe, die mehrmals pro Woche Sport trieb.

Leider wurde eine vierte Gruppe nicht mit in die Studie einbezogen, nämlich diejenigen, die sich im Büro leicht bewegt und zusätzlich Freizeitsport betrieben haben.

Interessant sind in diesem Zusammenhang auch die Ergebnisse mehrerer internationaler Studien, wonach man die negativen Auswirkungen ständigen konventionellen Sitzens durch Ausgleichssport am Abend nicht wieder wettmachen kann[12]. Der Schaden, den man seinem Körper zugefügt hat ist schon entstanden. Zellen sind schon abgestorben oder nicht neu gebildet worden, Hormone und Botenstoffe nicht produziert, Sauerstoff und Nährstoffe nicht transportiert worden. Diese Versäumnisse lassen sich nicht einfach kompensieren, indem man abends noch schnell eine Stunde Sport treibt. Der Mensch ist keine Maschine, bei der man problemlos ein defektes Teil austauschen oder den fälligen Service einfach später nachholen kann.

Zum Abschluss eine Frage: Wann haben Sie das letzte Mal „Freude an ihrer eigenen Fitness" verspürt? Beim Sitzen im Büro auf einem konventionellen Bürostuhl? Gibt Ihnen das zu denken?

Fazit – in zwei Teilen

Die negative Schlussfolgerung: Konventionelle Büroarbeitsplätze werden den grundlegenden Bedürfnissen des Menschen nach einer seiner Evolution entsprechenden „artgerechten Haltung" nicht gerecht – allen einschlägigen Vorschriften zum Trotz, seien es die DIN EN[13] oder die Empfehlungen der Berufsgenossenschaften. Das Defizit an Bewegung während des Arbeitstages führt zu einer reduzierten Leistungsfähigkeit, da es den gesamten Stoffwechsel des Menschen und seine Selbstregulation beeinträchtigt. Die Folge sind zahlreiche Zivilisationskrankheiten.

Die positive Schlussfolgerung: Diese Zivilisationskrankheiten können wir durch eine dem Menschen und seinen genetischen Grundlagen entsprechende Gestaltung des Büroarbeitsplatzes vermeiden. Bewegung ist ein Urbedürfnis, das über Millionen von Jahren den menschlichen Körper geprägt hat. Diesem Bedürfnis müssen wir nachkommen, vor allem im Büro, wo der moderne Wissensarbeiter den größten Teil seines (beruflichen) Lebens verbringt.

---

12   vgl. Ekblom-Bak et al. 2010

13   Europa Norm

1.3 Die Folgen – Sitzen gefährdet Ihre Gesundheit

„Risiko Büro – wer den ganzen Tag sitzt, lebt gefährlich", „Wer viel sitzt, riskiert den frühen Herztod", „Wer zu viel sitzt, altert deutlich schneller", „Sitzen ist das neue Rauchen" – das ist nur eine kleine Auswahl an Schlagzeilen aus den vergangenen Jahren. Ein ganz neuer Wissenschaftszweig hat sich entwickelt: Die Immobilitätsforschung. Forscher beschäftigen sich mit den Auswirkungen des exzessiven Sitzens auf die Gesundheit unserer Gesellschaft. Sie haben die vielfältigen negativen Folgen unter der Bezeichnung „Sedentary Death Syndrome", kurz SeDS, zusammengefasst. Das SeDS wird als (mit)verantwortlich angesehen für

- zahlreiche Zivilisationskrankheiten wie Diabetes mellitus Typ 2, Adipositas, Herz-Kreislauf-Erkrankungen, Bluthochdruck, niedriggradige Entzündungen („low grade inflammation"), Arthritis und Arthrosen, Rheuma, Muskel- und Skeletterkrankungen, Osteoporose, verklebte Faszien, Alzheimer, frühzeitige Alterung, bis hin zu Krebs (insbesondere Darmkrebs korreliert sehr hoch mit einer ständig im Sitzen ausgeführten Tätigkeit),
- Millionen frühzeitiger Todesfälle pro Jahr,
- hohe Kosten des Gesundheitswesens und
- eine dramatisch verminderte Lebensqualität.

Die Notwendigkeit für den Menschen, sich zu bewegen, ist genetisch bedingt. Eine Untergruppe von Genen, die in früheren Zeiten für unser Überleben wichtig war und körperliche Bewegung unterstützt hat, verlangt, dass sich der Mensch täglich bewegt, um langfristig gesund und vital zu bleiben. Tut er dies nicht, verhält er sich also gegen seine genetische Natur (Prägung), so stellen sich früher oder später die unterschiedlichsten Krankheitsbilder ein, die unter dem SeDS zusammengefasst sind.

Eine breit angelegte australische Studie[14] kam übrigens zu dem Ergebnis, dass lang andauernder Fernsehkonsum die Lebenserwartung reduzieren und – vergleichbar mit Bewegungsmangel und Übergewicht – als Risikofaktor für schwere chronische Erkrankungen gelten kann. Ihren Daten zufolge verkürzte sich die Lebensspanne der Studienteilnehmer durch jede Stunde Fernsehen um durchschnittlich 22 Minuten! Es ist gut vorstellbar, dass Fernsehen noch schädlicher ist als das Sitzen im Büro, denn beim Fernsehen bewegt man

---

14   Veerman et al. 2012

sich noch weniger und sieht oft stundenlang gebannt zu, während man bei der Büroarbeit doch von Zeit zu Zeit aufsteht. Wenn man dann die Werbepausen ebenfalls nicht dazu nutzt sich zu bewegen, sondern ruft: „Schatz, bring mir noch ein Bier!", scheint dieses Studienergebnis mehr als plausibel zu sein.

Übermäßig langes Sitzen gefährdet besonders das Herz, denn es vermindert die Bildung von Enzymen, die Cholesterin oder Triglyzeride abbauen[15]. Auch die Verbindung zu Diabetes mellitus Typ 2 ist einleuchtend, weiß man doch, dass diese Krankheit durch ausreichend Bewegung in Verbindung mit einer bewussten Ernährung, effektiv vermieden werden kann.

Ebenso besteht ein Zusammenhang zwischen niedriggradigen Entzündungen, die durch einen hohen Anteil an innerem (viszeralem) Bauchfett begünstigt werden, und dem SeDS. Das viszerale Fett zeichnet sich dadurch aus, dass es sehr stoffwechselaktiv ist und verstärkt entzündungsfördernde Substanzen freisetzt, die das Immunsystem des Organismus aktivieren[16].

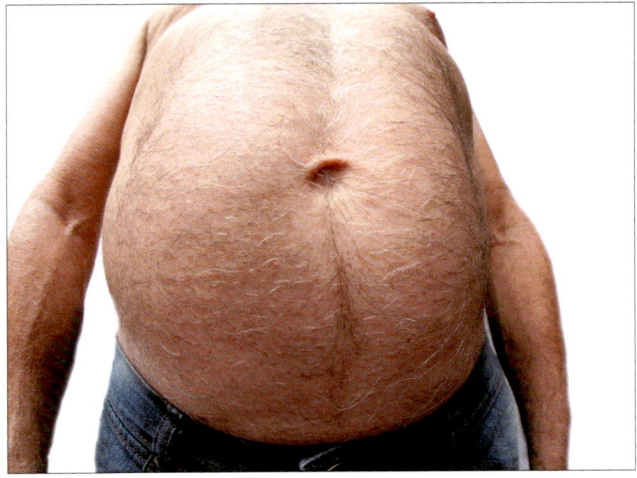

Abb. 1.3.1   Mensch mit Adipositas

Gerade die straff vorgewölbten Bier- und Getreidebäuche übergewichtiger Menschen (Abb. 1.3.1) bilden ein großes Reservoir von entzündungsfördernden Stoffen, die Immunzellen wie Makrophagen anlocken, wodurch die Entzündungsneigung weiter ansteigt. Sie sind somit eine stete Quelle leichter Entzündungen (low grade inflations), die die Eigentümer dieser Bäuche jahrelang mit sich herumtragen. Mit der Zeit bleiben die Entzündungen nicht auf das viszerale Fettgewebe beschränkt, sondern verbreiten sich im übrigen Körper und greifen auch Arterien und Organe an.

---

15   Dunstan et al. 2012

16   Schuster 2009

Die Energiezuteilung in unserem Körper erfolgt nach den Prioritäten für das Überleben. Das Gehirn wird mit Vorrang versorgt, dann das Immunsystem und die lebenswichtigen Organe, zum Schluss die Muskulatur. Dort wird zuerst Energie abgezogen. Deshalb fühlen wir uns zum Beispiel bei einer Grippe ständig schlapp. Der gleiche Vorgang findet statt, wenn das Immunsystem mit „low grade inflamations" und – bei übergewichtigen Menschen zusätzlich – mit der Beseitigung abgestorbener Fettzellen beschäftigt ist. Die dabei verbrauchte Energie steht unserer Muskulatur nicht mehr zur Verfügung. Wir fühlen uns schlapp, auch schon morgens nach dem Aufstehen und würden lieber im Bett liegen bleiben. Es geht uns Lebensenergie verloren.

Ein weit verbreitetes Maß zur Beurteilung des Gefährdungsrisikos übergewichtiger Menschen ist die Bestimmung des BMI[17]. Denn der gefährliche Anteil des Körperfettes ist das viszerale Bauchfett. Um diesen zu bestimmen, kann man eine aufwendige Computertomografie anfertigen lassen oder einfach den Taillenumfang messen.[18]

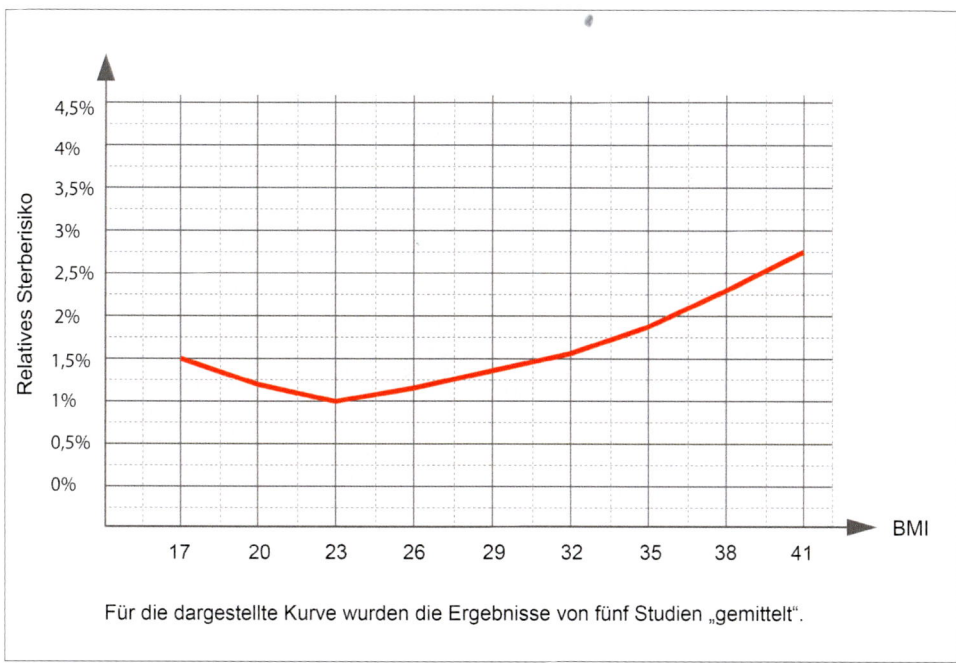

Für die dargestellte Kurve wurden die Ergebnisse von fünf Studien „gemittelt".

Abb. 1.3.2   Relatives Sterblichkeitsrisiko in Abhängigkeit vom BMI

17 Der Body-Mass-Index (BMI) wird folgendermaßen berechnet: Körpergewicht in kg geteilt durch die Körpergröße in Metern zum Quadrat

18 Eine verlässliche Bestimmung des Anteils an viszeralem Bauchfett durch Blutwerte wird gerade entwickelt, steht derzeit aber noch nicht zur Verfügung.

Nach Angaben der Deutschen Adipositas Gesellschaft[19] ergibt sich ein erhöhtes Risiko bei einem BMI > 27 und einem Taillenumfang bei Männern von über 88 cm, bei Frauen von über 80 cm.

Die Liste der Leiden ist lang, die das Bauchfett (mit-)verursachen kann – von Herz-Kreislauf-Krankheiten und Diabetes bis hin zu einem höheren Risiko für Alzheimer oder Krebs. Das Risiko viszeraler Entzündungsprozesse haben aber nicht nur Menschen mit großem Taillenumfang. Es gibt auch sogenannte „dünne Dicke". Diese haben, obwohl sie einen moderaten Taillenumfang aufweisen, einen hohen Anteil an viszeralem, potenziell gefährlichem Bauchfett. In erster Linie hängt dies mit der Art der Ernährung zusammen und betrifft oft Menschen, die große Mengen an schnellen Kohlenhydraten, vor allem Zucker, zu sich nehmen, trotzdem aber nicht an Gewicht zulegen. Eine moderat geformte Taille ist also nicht immer ein Garant für Gesundheit.

Hauptsache bequem?

Die Industrie entwickelt immer mehr bequeme Sitzgelegenheiten, ja Bequemlichkeit ist das vorherrschende Schlagwort im Marketing. Ganz offensichtlich hat sie einen höheren Stellenwert als Gesundheit und lässt sich auch viel leichter verkaufen! Denn Sitzen wirkt sich ja nicht unmittelbar nachteilig aus, verursacht anfänglich auch keine akuten Schmerzen, die körperliche Degeneration setzt schleichend ein und unbemerkt für den Sitzenden. Sitzen tötet langsam!

Adipositas gehört zu den führenden, vermeidbaren Todesursachen weltweit. Über das Sitzen, eine der Ursachen für Adipositas, sagte deshalb die US-Managerin Nilofer Merchant[20] auf der TED Konferenz 2013 in Long Beach, Kalifornien: „In that way, sitting has become the smoking of our generation."

---

19 http://www.adipositas-gesellschaft.de/fileadmin/PDF/Leitlinien/S3_Adipositas_Praevention_Therapie_2014.pdf. (Stand: 19. April 2017)

20 Im Interview mit Ryan Tate (2013).

Eine neue Zivilisationskrankheit

Naturvölker kennen keine Zivilisationskrankheiten und auch kein SeDS. Dies ergibt sich schon aus dem Begriff „Zivilisationskrankheit". Sobald sie jedoch die westliche Lebens- und Arbeitsweise übernommen haben, einschließlich dem lebenslangen Sitzen und der in industrialisierten Ländern üblichen Ernährung, entwickeln sie zunehmend die gleichen Krankheitsbilder wie die Menschen in den industrialisierten Gesellschaften. Der westliche, von der Industrie geprägte Lebensstil macht krank – eine stille, aber überaus ansteckende Seuche.

SeDS ist eindeutig ein durch den Lebensstil in industrialisierten Ländern geprägtes Syndrom und gehört damit zu den Zivilisationskrankheiten. Die beiden Hauptfaktoren, die die Entwicklung des SeDS seit dem Zweiten Weltkrieg besonders gefördert haben, sind:

Faktor 1: Geringerer Energiebedarf

- durch die ständig abnehmende körperliche Belastung des Menschen bei der Arbeit (im Durchschnitt nur noch ein Drittel gegenüber der Mitte des letzten Jahrhunderts)
- die rapide Zunahme sitzender Tätigkeiten (Computerarbeit) mit dem damit einhergehenden geringeren Energieverbrauch und Bewegungsarmut

Faktor 2: Höhere Energieaufnahme

- Überangebot an Nahrungsmitteln zu günstigen Preisen (meist industriell verarbeitet)
- ständige Verfügbarkeit – Tag und Nacht, an jeder Ecke und im vollen Kühlschrank – in Verbindung mit der Gewohnheit, während des ganzen Tages zu essen, statt zu maximal drei Tageszeiten
- Zunahme des Nährstoffgehalts unserer Nahrungsmittel, vor allem der industriell hergestellten Fertig-Produkte. Diese enthalten, um sich gut zu verkaufen, übermäßig viel Zucker, Salz und Geschmacksverstärker
- Drastische Änderung unserer Ernährungsgewohnheiten von:
  - Gemüse, Proteinen und Fett hin zu:
  - in erster Linie kohlenhydratreichen Nahrungsmitteln, Fett und Proteinen.

Dies führt dazu, dass ein großer Teil der Bevölkerung dem eigenen Körper regelmäßig mehr Energie zuführt, als dieser verbraucht. Die Folge ist eine Reihe von Krankheitsbildern, die in vorindustrieller Zeit überhaupt nicht bekannt waren. Sie werden durch unseren heutigen Lebensstil und von der Werbung der Industrie begünstigt („... bringt verbrauchte Energie zurück", auch wenn man diese gar nicht verbraucht hat).

SeDS – ein Fall für die Politik?

Das SeDS ist also ein verhängnisvoller Irrweg, den die Entwicklung der Menschheit genommen hat, nicht ein Problem einzelner bedauernswerter Menschen, sondern eines von gesellschaftlichem Ausmaß. Ständiges Sitzen zieht – wie zuvor ausgeführt – ein erhebliches Gesundheitsrisiko nach sich und stellt einen beträchtlichen Kostenfaktor für das Gesundheitswesen dar. Damit sollte es eigentlich großes öffentliches Interesse in der Politik, bei den Lenkern unserer Gesellschaft hervorrufen. Tut es aber nicht. Warum? Sitzen ist in unserer Gesellschaft zu einer nicht mehr hinterfragten Selbstverständlichkeit geworden. Alle sitzen. Deshalb kommen wir gar nicht auf die Idee, dass es vielleicht nicht in Ordnung sein könnte.

Jahrhundertelang hat der Mensch daran gearbeitet, sein Leben bequemer, körperlich weniger anstrengend zu gestalten. Darin war er sehr erfolgreich. Körperliche Arbeit war negativ besetzt (malochen, sich kaputt arbeiten, etc.). Keiner wollte sich die Hände schmutzig machen, körperliche Arbeit galt es zu vermeiden, „White collar"–Jobs waren gefragt – die von Büroarbeitern mit gestärkten weißen Hemdkragen. Physische Arbeit zu vermeiden war positiv besetzt. Bequemlichkeit war Trumpf. Nichtstun (im Urlaub, in der Freizeit) erstrebenswert.

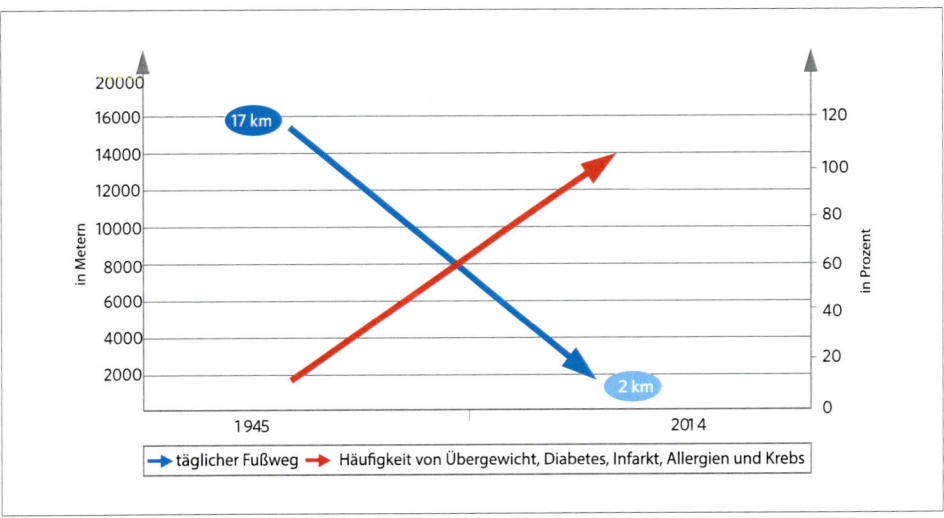

Abb. 1.3.3   Der Manager von heute verbraucht 600 Kilokalorien pro Tag weniger als vor 70 Jahren. 20.000 Stunden unseres Berufslebens verbringen wir sitzend im Stau. 100.000 bis 120.000 Stunden unseres Berufslebens verbringen wir bei sitzender Tätigkeit

Auf diesem Weg haben wir ganze Arbeit geleistet: Heute sitzen wir beim Frühstück, im Auto oder in der Bahn, am Schreibtisch, in Besprechungen, beim Mittagessen, wieder am Schreibtisch, in der nächsten Besprechung, am Computer, am Flughafen, im Flugzeug, beim Abendessen und vor dem Fernsehapparat: Jeder sitzt – oft stundenlang! Der moderne Mensch hat nur noch zwei Haupttätigkeiten: Sitzen und Schlafen, wobei die sitzend verbrachte Zeit bei Weitem die Schlafzeit übersteigt. Das bisschen Bewegung zum Fahrstuhl oder zum Auto kann man fast vernachlässigen.

Eine in den Niederlanden durchgeführte Untersuchung hat gezeigt, dass ein Sachbearbeiter mit Bürotätigkeit durchschnittlich nur zwischen 400 und 700 Meter pro Tag außerhalb seiner Wohnung zu Fuß geht. Sitzen ist bequem, und der Mensch neigt von Natur aus zur Bequemlichkeit (Effizienzprinzip der Natur), sonst hätte er nicht die unzähligen Werkzeuge und Hilfsmittel erfunden, die ihm die Arbeit und Fortbewegung erleichtern.

Inaktivitätsforschung

Erst seit relativ kurzer Zeit sind der Wissenschaft die negativen Auswirkungen eines bewegungsarmen Verhaltens bewusst. Die Wissenschaftler selbst sind, mit wenigen Ausnahmen, die ganze Zeit gesessen, während sie geforscht haben. Jetzt hat sich ein neuer Forschungszweig entwickelt, die „Inaktivitätsforschung". Sie untersucht explizit die negativen Auswirkungen bewegungsarmen Verhaltens. Das ist neu – aber extrem wichtig.

Jede Sekunde werden in unserem Körper etwa vier Millionen neue Zellen gebildet, meist Blut-, Darm- und Hautzellen. Wir nehmen Nahrung und Atemluft auf und stellen daraus eigene Zellen her. Kaskaden von elektrochemischen Vorgängen finden dabei ständig in unserem Körper statt. Jede Zelle hat an ihrer Zellwand eine elektrische Spannung zwischen 70 und 90 mV. Diese muss aufrechterhalten werden, sonst bricht das System zusammen und die Zelle(n) stirbt(sterben) ab. Bei einem sitzenden Lebensstil finden diese Vorgänge nur noch eingeschränkt oder gar nicht mehr statt. Hormone, Enzyme, Neurotransmitter, etc. werden nicht mehr in einem erforderlichen Umfang gebildet, ganz allgemein wird die Bildung neuer Zellen durch Reibung und Druck gefördert. Die bestmögliche Funktion unseres Metabolismus ist dadurch nicht mehr gewährleistet. Lebensqualität, Leistungsfähigkeit und Gesundheit sind eingeschränkt. Das sind die Forschungsschwerpunkte der „Inaktivitätsforschung".

Epigenetische Anpassungen

Erst seit relativ kurzer Zeit weiß man, dass sich die Aktivität eines Gens und damit die Funktion der betroffenen Zelle, auf eine Art und Weise verändern kann, die nicht auf Mutation beruht. Die Veränderungen finden an den Chromosomen statt, wo einzelne Gene- oder ganze Genabschnitte in ihrer Aktivität beeinflusst werden. Dies kann durch Methylierung geschehen, oder durch eine dichte Wicklung der Desoxyribonukleinsäure (DNA) um einen Histonkern, wodurch Abschnitte des Gens nicht mehr abgelesen werden können. Dieser Prozess ist reversibel.

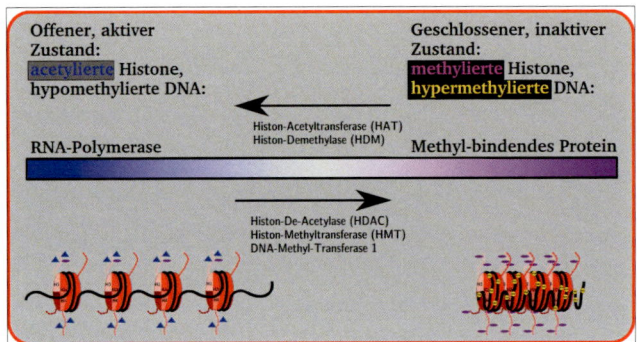

Abb. 1.3.4   Histone und ihre Rolle bei der epigenetischen Fixierung

Die Gene selbst bleiben dadurch unverändert. Sie werden lediglich stumm geschaltet oder wieder aktiviert. Diese sogenannte epigenetische Veränderung wird auch vererbt. Dadurch kann der Mensch in sehr kurzer Zeit auf Umweltveränderungen oder sonstige Einflüsse (auch psychische) reagieren. Nur etwa fünf Prozent unserer Gene in einer Zelle sind tatsächlich aktiv, der Rest ruht in Wartestellung.

Ohne diese erstaunliche Fähigkeit, die unglaubliche Flexibilität verleiht, wäre die Menschheit vermutlich schon längst ausgestorben. Epigenetische Veränderungen an unserem Genpool finden laufend statt, denn sie sind das Ergebnis unseres Verhaltens, unseres Denkens und unserer Überzeugungen. Dadurch haben wir eine hohe Verantwortung für unsere Kinder und Enkel. Unser Lebenswandel, ob wir rauchen, uns gesund ernähren, ausreichend viel schlafen und uns bewegen, kann entscheidend sein – nicht nur für unsere Gesundheit, sondern auch für die unserer Nachkommen, denn er zieht epigenetische Veränderungen nach sich.

Wie praktisch, könnte man nun meinen, dann können sich unsere Jäger- und Sammler-Gene ja rasch an unsere heutigen Lebensbedingungen anpassen. Das kann aber nicht funktionieren, denn unsere Gene stammen aus der Vergangenheit und sind an die Lebensbedingungen aus der Steinzeit angepasst.

Epigenetische Veränderungen können ja nur vorhandene Gene stumm oder aktiv schalten. Für ein Leben auf der Couch und mit übervollem Kühlschrank besitzen wir aber definitiv keine Gene.

In der Medizin hat diese (eigentlich triviale) Erkenntnis bereits Einzug gefunden, indem das Wissen über die Entwicklung des Menschen bei der Vermeidung und Behandlung von Krankheiten immer mehr im Mittelpunkt steht. Die „Evolutionsmedizin", die auf schulmedizinischen Kenntnissen basiert, hat damit die Perspektive für Diagnose und Therapie enorm erweitert und schon zu erstaunlichen Einsichten und auch Behandlungserfolgen geführt, denn „unser Körper ist das Resultat der Evolution!"[21]

Die Problemstellung

Auf den Punkt gebracht kann man die Situation des heutigen Wissensarbeiters wie folgt beschreiben:

„Das Arbeiten in einem modernen, vorschriftsmäßig eingerichteten Büro macht uns krank. Das SeDS betrifft potenziell alle, die mit konventioneller Büroarbeit beschäftigt sind."

Dafür sind, kurz zusammengefasst, folgende Umstände verantwortlich:

- Büroarbeit beinhaltet lange Phasen, in denen man ununterbrochen und unbewegt sitzt.
- Die Büroeinrichtung legt „Sitzen" als einzig vorgesehene Arbeitshaltung fest.
- Die Arbeitsplatzausstattung orientiert sich an Maschinen (Computern) und ihren Bedürfnissen, aber nicht am Menschen.
- Ein hoher Anteil Arbeit findet am Bildschirm statt.
- Kommunikation findet im Sitzen statt, als persönliche Besprechung oder über Telefon, E-Mails, Facetime, Skype, WhatsApp, SMS, etc.
- Fortbewegung findet im Sitzen statt (Auto, Bahn, Flugzeug).
- Lange Arbeitszeiten lassen wenig Raum für Freizeitsport. (Außerdem fühlt man sich abends nach einem langen Büroalltag wie gerädert und hat keine Energie mehr, um sich zu bewegen).
- Übermäßige, kohlenhydratreiche Ernährung provoziert ein Insulin–Jo-Jo (siehe Teil IV) und immer wieder neue Unterzuckerung und damit Erschöpfungszustände und Heißhunger.

---

21 Prof. Detlev Ganten im Interview mit Sophie von Glinski in der SWR Sendung „Planet Wissen", ausgestrahlt am 05. Juli 2011

- Ständige Zwischenmahlzeiten und Snacks erhöhen das Gewicht und den Anteil an gesundheitsgefährdendem Bauchfett.
- Werbebotschaften für gesundheitsschädliche Verhaltensweisen wie fehlgeleitetes Sitz- (Bequemlichkeit) und Essverhalten (Zuckerkonsum) machen uns glauben, das sei gesund.
- Die Anforderung an die Arbeitsleistung steigen, in immer kürzerer Zeit muss immer mehr bewältigt werden (das verlängert die Sitzzeiten).

Andererseits besteht die Notwendigkeit, seine „persönlichen Ressourcen", Körper und Geist, auf Dauer fit und leistungsfähig zu erhalten, denn der Wettbewerb um den besten Arbeitsplatz ist hart und die Konkurrenz lauert um die Ecke.

Das soll jetzt nicht nach alarmistischer Panikmache klingen. Probleme zu erkennen birgt immer auch einen großen Hoffnungsschimmer. Denn sobald man diesen Schritt getan hat, gibt es auch einen Weg das Problem zu lösen. Unserer führt zu einer Änderung der Verhaltensweisen im Büro – hin zu einem Leben, das unseren Steinzeitgenen wieder gerecht wird.

Wie dies möglich ist, erfahren Sie in den folgenden Kapiteln.

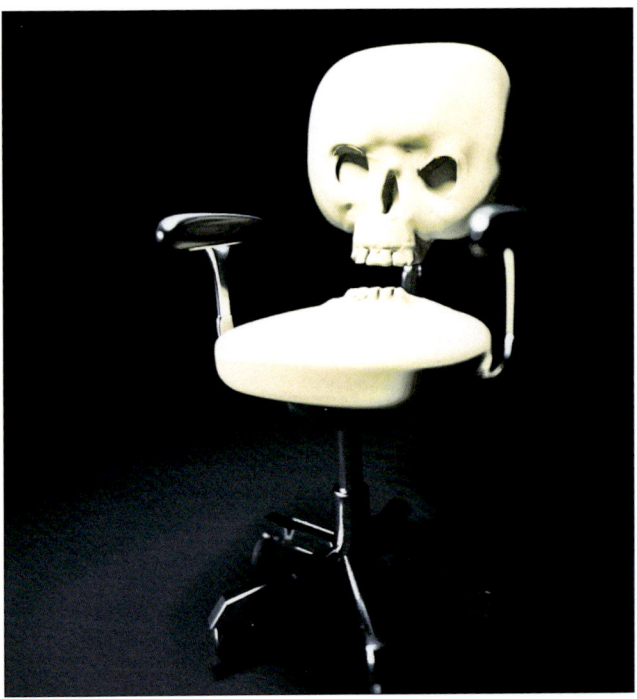

Abb. 1.3.5 The Sedentary Death

Teil II

ACTIVE OFFICE –
Arbeiten im Bewegungsraum

Autor: Josef Glöckl

2.1 Die Anforderungen

In den vergangenen Jahrzehnten wurden Büroarbeitsplätze nach technischen und wirtschaftlichen Gesichtspunkten eingerichtet, manchmal auch nach ästhetischen Überlegungen. Die Arbeitsumgebung des Menschen nach den Bedürfnissen seiner genetischen Prägung zu gestalten, sind neu und werden in diesem Buch erstmals in den Mittelpunkt gestellt.

Das ACTIVE OFFICE Konzept will nichts weniger, als die Gesundheit der Mitarbeiter im Büro zu verbessern, indem es Zivilisationskrankheiten hervorgerufen durch exzessives Sitzen vermeidet, die Leistungsfähigkeit steigert und die Lebensqualität erhöht. Das funktioniert durch ein Verhalten im Büro, das der Natur des Menschen, also seiner genetischen Prägung entspricht.

Wie aber sieht diese genetische Prägung genau aus? Dafür müssen wir in die Vergangenheit blicken, um herauszufinden, wie unsere Vorfahren gelebt haben.

Evolution des Menschen – Lebensweise in der Steinzeit

Wie haben unsere Vorfahren gelebt?

In der Mittelsteinzeit, von ca. 8.000 bis 4.000 v. Chr., waren unsere Vorfahren in Mitteleuropa als Jäger und Sammler ständig unterwegs auf Nahrungssuche. Sie zogen den Jahreszeiten hinterher und legten dabei oft große Entfernungen zurück. Wenn sie Durst hatten, gingen sie im Schnitt drei Kilometer weit, um Wasser zu finden. Für die Nahrungssuche legten sie täglich durchschnittlich 17 Kilometer zurück. Sie sammelten Vorräte für den Winter und Brennmaterial für kalte Tage. Neben der Nahrungssuche war auch die Beschaffung und Herstellung der Werkzeuge eine zeitraubende Aufgabe. Der Faustkeil war das gebräuchlichste Werkzeug der Steinzeit (Abb. 2.1.1).

Es gibt Hinweise, dass Faustkeile, Schaber, Klingen, Stichel, Speerspitzen und andere Werkzeuge als begehrte Handelsgüter bis zu 100 km weit transportiert wurden, denn an manchen Orten mit besonders geeigneten Steinvorkommen hatten sich sozusagen industrielle Fertigungsstätten für Werkzeuge entwickelt.

Neben der Herstellung von Werkzeugen waren die Fertigung von Kleidungsstücken, der Unterhalt der Behausung und der Feuerstelle aufwendige Tätigkeiten. Um den Wanderun-

Abb. 2.1.1   Faustkeil

gen der Wildtiere zu folgen und Kaltperioden zu entgehen, legten unsere Vorfahren oft lange Wegstrecken zurück. Dabei mussten die Waffen zum Jagen und Fischen, der Hausrat (Utensilien zum Kochen), die Werkzeuge und die Behausungen (Zelte) mitgenommen werden, sofern man nicht in einer Höhle wohnte.

Die Nahrung bestand zu einem großen Teil aus erbeuteten Tieren, gefangenen Fischen, Kleintieren und Insekten, aus Knollen, Blättern, Wurzeln, Nüssen und Früchten. Oft mussten längere Perioden ohne frische Beute überbrückt werden, dafür wurde dann wieder ausgiebig gegessen, wenn ein Tier erlegt worden war.

Unsere Vorfahren waren deshalb gut daran angepasst, längere Zeit ohne Nahrung und Trinken auszukommen. Sie verwendeten weder Salz oder Zucker zum Kochen, noch standen ihnen Gewürze zur Verfügung, lediglich Kräuter aus der regionalen Umgebung.

Anlass für Bewegung

Keiner unserer Vorfahren hat sich freiwillig bewegt und unnütz Energie verschwendet. Das entspricht auch nicht den Effizienzkriterien der Natur. Bewegung erfolgte nur dann, wenn dies notwendig war, um zu überleben und Grundbedürfnisse zu befriedigen. Diesen Zielen war alles andere untergeordnet. Folgende Grundbedürfnisse lösten Bewegung aus:

●   *Hunger:* Die häufigste Todesursache in der Vergangenheit war Nahrungsmangel. Der Mensch musste also Beute machen und sammeln oder betrieb später, nachdem die

Auswirkungen der Neolithischen Revolution[1] ab etwa 5.600 v. Chr. bis nach Mitteleuropa vorgedrungen waren, Landwirtschaft und Vorratshaltung.

- *Durst:* Wenn unsere Vorfahren Durst hatten, gingen sie zu einer Quelle, um zu trinken oder Wasser zu holen, oder später zu einem Brunnen.
- *Wärme:* Zum Feuer machen musste man Holz und Zweige sammeln, zerkleinern, nach Hause transportieren und das Feuer unterhalten.
- *Sicherheit:* Der Bau von Behausungen zum Schutz vor der Witterung und vor wilden Tieren erforderte große Anstrengung. Um zum Beispiel Äste abzuschneiden, große Tiere zu häuten und die Lagerstelle zu errichten standen nur einfachste Werkzeuge zur Verfügung.
- *Kontakt zu Mitmenschen:* Wollte man sich mit Nachbarn oder Freunden treffen, so musste man oft weite Strecken zurücklegen.
- *Sexualtrieb:* Ohne dieses elementare Grundbedürfnis wäre die Menschheit schon längst ausgestorben. Um einen Sexualpartner zu treffen, musste man ihn suchen und finden. Dazu war Bewegung nötig. Ohne Bewegung kein Sex, dies gilt auch noch heute.
- *Neugier:* Um Informationen zu erlangen, musste man sich an einen Ort bewegen, wo man diese erhalten konnte. Vermutlich ist auch ein Großteil der Migrationsbewegungen durch Neugierde initiiert und durch den nicht versiegenden Glauben des Menschen, dass es woanders besser ist. Ohne Neugier gäbe es keinen Fortschritt. Neugier gehört zu den Grundbedürfnissen des Menschen und hat immer auf die eine oder andere Art Bewegung ausgelöst.

Der Mensch hat sich also immer bewegt, um seine grundlegenden Bedürfnisse zu befriedigen, die gleichzeitig der Anlass für Bewegung waren. Solche Bewegungen nennt man „spontan". Sie wurden „intuitiv" durchgeführt und jeder entschied eigenverantwortlich, wann er was tat.

Um sie auszuführen war der gesamte Körper gefordert, nicht nur einzelne Muskelgruppen. Solche Bewegungen nennt man „komplex". Diese Art von Bewegungen sind Teil unseres Lebens geworden: „spontane", „komplexe", „intuitiv„ von uns selbstverantwortlich ausgeführte Bewegungen. Durch die natürliche Selektion haben sich Menschen mit Genen durchge-

---

1   Als „Neolithische Revolution" bezeichnet man die Entwicklung von Landwirtschaft und Viehzucht, die in unseren Breiten im „Fruchtbaren Halbmond" ihren Ursprung hatte und die Lebensweise der Jäger und Sammler ablöste. Fast zeitgleich fanden ähnliche Entwicklungen in Südchina und Mittelamerika statt. Die Bezeichnung „Revolution" ist wohl nicht gerechtfertigt, denn es handelte sich um eine Entwicklung die über Jahrtausende stattfand und schließlich über Einwanderer aus dem Osten auch in Mitteleuropa Einzug hielt. Für die Lebensweise der Menschen war diese Entwicklung aber von entscheidender Bedeutung, denn mit ihr einher entwickelten sich: Vorratshaltung, Eigentum, Diebstahlsdelikte, die Bildung von Ansiedlungen, Arbeitsteilung, Handel, soziale Strukturen, Seuchen, Bevölkerungswachstum und die Einführung von Gesetzestexten für das Zusammenleben.

setzt, die diese Bewegungen gut durchführen konnten. Diese Gene sind auch noch heute ein wesentlicher Bestandteil unseres Genoms[2].

Eine Veränderung des Genoms um nur ein Prozent durch die natürliche Selektion benötigt ungefähr den Zeitraum von einer Million Jahre.[3] Die Steinzeit[4] liegt weniger als 5.000 Jahre zurück. Deshalb sind die seither erfolgten genetischen Veränderungen in unserem Genom kaum feststellbar. Wir alle tragen Gene in uns, die Bewegung von unserem Körper fordern, um ihn seiner Bestimmung entsprechend zu gebrauchen.

Anders ausgedrückt: Sich nicht zu bewegen, stellt einen Missbrauch unseres Körpers dar, an dem man in früheren Zeiten gestorben ist: Man ist verhungert oder verdurstet. Heute wird man krank, wie die dramatische Zunahme der Zivilisationskrankheiten zeigt.

Bewegung früher und heute – ein kleiner Ausflug in die jüngere Vergangenheit

Bewegung vor 200 Jahren, Anfang des 19. Jahrhunderts

Im Vordergrund stand die körperliche Arbeit zum täglichen Broterwerb. Neben relativ einfachen Hilfsmitteln stand dem Menschen in der Landwirtschaft zur Unterstützung lediglich ein Ochsen- oder Pferdegespann zur Verfügung. Zu Beginn des 19. Jahrhunderts bewegte man sich am Festland entweder zu Fuß, zu Pferd oder in einer Kutsche fort. Eine Reise von München nach Italien dauerte ungefähr eine Woche, und die Überquerung der Alpen war mit zahlreichen Gefahren verbunden.

Arbeit bedeutete Bewegung, bis auf wenige Ausnahmen. Auch „Büroarbeit" wurde im Stehen an Schreibpulten verrichtet, in den Klöstern beim Kopieren von alten Schriften und in den Handelshäusern. Um den Esstisch standen einfache Holzbänke, vergleichbar den bayerischen Bierbänken, ohne Lehne. Stühle mit Lehnen waren teuer in der Herstellung und

---

2   Als Genom oder auch Erbgut eines Lebewesens bezeichnet man alle vererbbaren Informationen einer Zelle.

3   Das bezieht sich auf die Veränderung des Genoms an sich, nicht aber auf epigenetischen Anpassungen, die von Generation zu Generation weitervererbt werden und nur die Aktivierung oder Stummschaltung gewisser Gene aus dem vorhandenen Genom betreffen.

4   Die Steinzeit hat in den verschiedenen Regionen der Erde unterschiedlich lange gedauert. In Mitteleuropa kann man näherungsweise davon ausgehen, dass die Altsteinzeit bis ca. 8000 v.Chr., die Mittelsteinzeit bis etwa 4000 v.Chr. und die Jungsteinzeit bis ca. 2200 v.Chr. vorherrschend war. Ab 2200 lebte man in Mitteleuropa in der Bronzezeit, die ca. 700 v.Chr. durch die Eisenzeit abgelöst wurde.

deshalb nur höher gestellten Herrschaften vorbehalten. Auch die Kirchenschiffe besaßen lediglich ein Chorgestühl für die Würdenträger. Das einfache Volk stand auf gestampftem Lehmboden, um dem Gottesdienst beizuwohnen.

Die tägliche Arbeit wurde mit den Händen verrichtet, unterstützt durch einfachste Vorrichtungen. Man schätzt, dass die Menschen im Schnitt täglich etwa 20 bis 25 Kilometer zu Fuß zurücklegten.

Bewegung vor 100 Jahren, Anfang des 20. Jahrhunderts

Das hatte sich vor 120 Jahren schon gewaltig geändert: Es gab Lokomotiven, ein ausgebautes Schienennetz, erste Kraftfahrzeuge (Abb. 2.1.2) und öffentliche Verkehrsmittel. Gaslaternen und Telegrafie verbreiteten sich, elektrischer Strom wurde schon technisch genutzt, und die Telefonie lag in ihren Anfängen. Stühle wurden für Arbeiten im Büro und zu Hause, aber auch in der Freizeit genutzt, nachdem Michael Thonet Mitte des 19. Jahrhunderts die kostengünstige Massenproduktion dafür entwickelt hatte (2.1.3).

Abb. 2.1.2 Straßenverkehr um 1900

Abb. 2.1.3 Stuhl von Michael Thonet 1859

Zur Entwicklung der Zivilisationskrankheit „Sitzen" trug die Erfindung des Südtiroler Tischlers Peter Mitterhofer entscheidend bei. Er tippte 1869 den ersten Brief auf der von ihm erfundenen Schreibmaschine aus Holz.

Abb. 2.1.4 Peter Mitterhofer

Abb: 2.1.5 Holz Schreibmaschine

Meine Mutter, Jahrgang 1910, in Wien geboren, musste sich damals täglich noch wesentlich mehr bewegen, als dies in meiner Jugend, den 50er-Jahren des vergangenen Jahrhunderts, der Fall war:

- Die Toilette befand sich im Halbstock des fünfstöckigen Mietshauses, in dessen vierten Stock sie wohnte. Natürlich gab es keinen Aufzug.
- Das Wasser musste sie am Gang holen, es wurde in großen Krügen aus Steingut in die Küche und ins Schlafzimmer getragen. Das Schmutzwasser wurde anschließend wieder zur Toilette im Halbstock gebracht.
- Um zu kochen, mussten Holz und Kohlen aus dem Keller geholt werden, ebenso für den Ofen im Wohnzimmer.
- Zum Einkaufen ging man in viele verschiedene Geschäfte, die oft weit auseinander lagen: zum Gemüseladen, zum Metzger, zum Bäcker, in den Gemischtwarenladen, in die Tabaktrafik[5], zum Milchgeschäft, Eier- und Butterhändler, usw.
- Zu Hause hatte man Petroleumlampen und Kerzen. Man ging normalerweise ins Bett, wenn es dunkel wurde.
- Freunde zu besuchen war mühsam und erforderte oft eine Anreise von mehreren Stunden.

---

5   österreichische Bezeichnung für einen Zigaretten- und Zeitschriftenladen oder -Kiosk

Viele Menschen litten Hunger. Meine Mutter konnte sich erinnern, dass sie als sechsjähriges Mädchen um vier Uhr früh weggeschickt wurde, um einen Laib Brot zu kaufen. Sie musste sich dazu anstellen. Als sie dann um sechs Uhr an die Reihe kam, hatte der Kunde vor ihr den letzten Laib erhalten. An diesem Tag gab es kein Brot zu essen. Das war während des Ersten Weltkrieges. Auch noch viele Jahre danach war Hunger ein täglicher Begleiter.

Wer sich hinsetzte und nichts tat, galt als faul. Arbeit war fast immer mit Bewegung verbunden. Den Wissensarbeiter von heute gab es nur in seltenen Ausnahmefällen.

Bewegung vor 60 Jahren, Mitte des letzten Jahrhunderts

In meiner Jugend hatte ich es schon viel leichter. Wir hatten fließendes Wasser in Küche und Bad, eine eigene Toilette im Badezimmer, einen Gasdurchlauferhitzer für Warmwasser, einen Gasherd und eine elektrische Kochplatte. Jeweils zwei Zimmer wurden durch einen gemeinsamen Ofen beheizt. Kohlen und Holz musste man zwar noch immer aus dem Keller holen, aber wir wohnten nur im ersten Stock.

Mein tägliches Bewegungsprogramm als Schulkind sah ungefähr so aus:

- Der Weg zur Schule betrug etwa 45 Minuten zu Fuß, anschließend nochmals 45 Minuten zurück.
- Einkäufe für meine Mutter und das tägliche Holen frischer Milch waren verbunden mit einem Fußmarsch von 30 Minuten hin und 30 Minuten zurück.
- Nach den Hausaufgaben warteten meine Freunde schon auf mich, um in der nahen Lehmgrube, im Akaziendickicht oder im Kürnbergerwald zu spielen.
- Später fuhr ich mit dem Fahrrad ins Gymnasium, täglich den Berg hinunter und wieder hoch.
- Fernsehen gab es erst, als ich das Haus meiner Eltern verlassen hatte und zum Studieren weggezogen war.
- Ein Auto konnten wir uns nicht leisten.

Das Bewegungsprogramm meiner Schulkameraden sah ähnlich aus. Auch das Leben meiner Mutter war zu meiner Jugendzeit von Bewegung geprägt. Sie hatte im Haushalt genug zu tun: Wäsche waschen (ohne Waschmaschine), Kochen, Putzen, Einkaufen (natürlich zu Fuß), Kohlen aus dem Keller holen, Einheizen usw.

Lediglich mein Vater war als Beamter im gehobenen Dienst, wirklicher Hofrat und Landes-
baudirektor, ein reiner Schreibtischtäter. Er saß den ganzen Tag und war auch am Wochenende meist im Büro oder hatte sich Akten mit nach Hause genommen, die er am Schreibtisch sitzend bearbeitete. Schon bald rächte sich dies: Er litt schon früh an Hüftgelenksar-
throse und hatte große Schmerzen. Künstliche Hüftgelenke wurden erst in den 1960er-
Jahren entwickelt. Ihm blieb keine andere Linderung als magenschädliche Schmerzmittel,
die schließlich zu einer Magenblutung führten.

Bewegung heute

Bewegung ist zum größten Teil aus unserem Leben verschwunden. So sieht der Alltag eines
Durchschnittsbürgers heute aus:

- Zur Arbeit fährt er mit öffentlichen Verkehrsmitteln, meist liegt die nächste Station
  nicht weiter als in zehn Minuten Gehentfernung, oder mit dem Auto.
- Zum Einkaufen für den täglichen Bedarf fährt oder geht er in nur einen Supermarkt, in
  dem man alles erhält, was man für den Tag benötigt.
- Frisch gekocht wird in vielen Haushalten selten, oft gibt es tiefgekühlte oder konservierte Fertiggerichte, Pizza, Hamburger und Würste, in der Mikrowelle oder im Ofen
  aufgewärmt.
- Informationen erhält man über Fernsehen, Radio, Smartphone oder Internet.
- Kommuniziert wird über Internet oder Mobiltelefon. Man ist überall und ständig ver-
  netzt, muss also nirgendwo mehr hingehen, um zu kommunizieren, auch nicht im Büro.
- Zum Einkaufen im Internet bewegt man die Computermaus und lässt sich alles bis vor
  die Haustüre liefern, sogar Lebensmittel und Essen aus dem Restaurant.
- Selbst die Partnersuche funktioniert schon per Internet.
- Sport kommt im Fernsehen, da braucht man sich nicht mehr selbst zu bewegen.
- Wasser kommt aus der Leitung, die Wärme von der Zentralheizung, elektrischer Strom
  kommt aus der Steckdose und ist überall verfügbar. Alles wird automatisch geregelt,
  meist ist es nicht einmal mehr nötig, selbst ein Gerät einzuschalten.

Schwere körperliche Arbeiten werden mehr und mehr von Maschinen verrichtet. Seit Jahrzehnten werden Arbeitsplätze, die körperliche Betätigung erfordern, durch solche an
Schaltwarten oder am Schreibtisch ersetzt. Dieser Wandel betrifft die Produktion (Stich-
wort Industrie 4.0), in der mehr und mehr überwachende und steuernde Tätigkeiten gefragt
sind, genauso wie die Bürotätigkeit, die in immer größerem Umfang mit Bildschirmarbeit

verbunden ist. Der Einzug der IT in alle Bereiche des Lebens, der Arbeit und der Freizeit, hat dies bewirkt. Der Wissensarbeiter, der kommuniziert und koordiniert, hat den körperlich arbeitenden Menschen im Berufsleben großteils abgelöst. Die Bequemlichkeit im alltäglichen Leben nimmt bisweilen groteske Züge an (Abb. 2.1.6).

Nach der Arbeit fahren wir mit dem Auto oder mit öffentlichen Verkehrsmitteln nach Hause. Dort wartet nach dem Essen das bequeme Sofa. Es ist nach dem Fernsehapparat und dem Bett, das beliebteste Möbelstück und darf in keiner Wohnung fehlen. Hat man das Bedürfnis, mit jemandem zu sprechen, so erledigt man dies bequem mit seinem Computer oder Smartphone, per Skype, FaceTime, Viber oder per WhatsApp. Man muss keine Freunde mehr besuchen. Man muss nicht einmal mehr zum Videoverleih, sondern kann sich Filme und Musik bequem aus dem Internet herunterladen.

All diese Veränderungen haben in einer atemberaubend kurzen Zeit stattgefunden, nämlich in den letzten 200, 100, 60 oder gar 20 Jahren, im Vergleich zu der Zeitspanne vor etwa 8 Millionen Jahren, als sich unsere Vorfahren aus der Entwicklungslinie der Schimpansen abspalteten, vor etwa 5 Millionen Jahren, als sich unsere Vorfahren begannen aufzurichten und auf zwei Beinen zu gehen, vor etwa 1,8 Millionen Jahren, als der *Homo erectus* erstmals Afrika verließ um die Welt zu erobern und vor 150.000–180.000 Jahren, als sich der moderne Mensch, der *Homo spaniens sapiens,* aus der heutigen Sahelzone in Afrika aufmachte und alle früheren Entwicklungsstufen des Menschen schnell ersetzt hatte. Er war ein aus-

Abb. 2.1.6   So kommt immerhin der Hund zu seinem Laufpensum

dauernder und geschickter Jäger. Die Ausdauer dieses Jägers besitzen wir in Teilbereichen noch heute, denn wir können stundenlang Fernsehen oder im Internet surfen.

Mit der Bewegung sieht das anders aus. Sich gut und geschickt zu bewegen, ist heute kein unmittelbar entscheidender Überlebensvorteil mehr und außer bei gewissen Sportarten auch nicht mehr nötig. Heute kann man auch überleben, ohne sich zu bewegen.

Bewegung ist nicht gleich Bewegung

Nicht jede Art von Bewegung ist gut für den Menschen. Mit dem Wort „Bewegung" wird oft sehr leichtfertig und oberflächlich umgegangen. Meist wird sie generell positiv bewertet im Gegensatz zu Untätigkeit. Wie bei so vielen Dingen im Leben kommt es aber auch bei der Bewegung sowohl auf die Quantität, als auch auf die Qualität an.

Quantität: Obwohl der Mensch im Laufe der Jahrmillionen zum Ausdauerjäger von der Natur „selektiert" wurde, ist ein Marathonlauf, möglichst noch in der Stadt auf Beton oder Asphalt, der Gesundheit des Menschen abträglich. Dafür hat uns die Natur nicht geschaffen. Auch wenn der Ehrgeiz viele Menschen dazu treibt Marathon zu laufen und unser phantastischer Körper auch dazu in der Lage ist diese Belastung zu ertragen, so ist ein gut 42 Kilometer langer Lauf ein Missbrauch unseres Körpers. Als Jäger und Sammler haben wir uns zwar viel und lange bewegt, aber mal schnell, mal langsam, mal schleichend, mal kletternd. Meist in moderatem Tempo, aber dafür ausdauernd.

Qualität: Die Ausdauerjagd, die oft über Stunden oder sogar Tage dauerte, wenn ein Tier bis zur Erschöpfung gejagt wurde, war geprägt von Phasen schneller und langsamer Bewegung, einem Anschleichen und Aufstöbern, der Jagd über unterschiedliches Gelände, einem schnellen Zupacken und zur Strecke bringen des Tieres oder einem Ausweichen und Flüchten. Die unterschiedlichsten Bewegungsmuster waren erforderlich, um in unwegsamem Gelände, ohne asphaltierte Straßen, zum Erfolg zu kommen.

Monotone, einseitige, unphysiologische Überlastungen von Strukturen des menschlichen Körpers fanden nicht statt, denn ein Mensch aus der Steinzeit hielt inne, wenn er nicht mehr konnte. Das ist natürliches Verhalten. Als Jäger und Sammler haben wir uns zwar viel bewegt, aber spontan, intuitiv, abwechslungsreich und mit komplexen Bewegungsmustern. Nie aber monoton und gleichförmig wie im Fitnesscenter, oder bei bestimmten, von Ehrgeiz und Rekordwahn geprägten Sportarten.

Aktuelle wissenschaftliche Untersuchungen, wie die von Prof. Christian Haas an der Fresenius Hochschule in Idstein[6], kommen zu dem Ergebnis, dass

- „komplexe, spontane Bewegungen" äußerst positiv für den menschlichen Organismus einzustufen sind. Sie regen die Tätigkeit des Gehirns an und erfordern wenig Energie. Sie passieren sozusagen automatisch, um eine Aufgabe zu erfüllen
- im Gegensatz dazu „lineare, erzwungene Bewegungen" eher abträglich für den Menschen sind. Sie müssen oft nach einem vorgegebenen Muster durchgeführt werden, sind also nicht intuitiv. Häufig sind sie auch repetitiv und abstumpfend, manchmal sogar mit hoher Frequenz. Das Gehirn ermüdet dabei schnell, die Fehlerhäufigkeit steigt an.

Ein gutes Beispiel für „komplexe, spontane, intuitive Bewegungen" sind das Klettern oder verschiedene Ballspielarten. Dabei müssen Körper und Geist ständig auf neue Reize und Situationen reagieren. Die Bewegungen erfolgen spontan, um ein Ziel zu erreichen.

„Lineare, erzwungene Bewegungen" gehören zum Beispiel zur Fließbandarbeit, wie sie früher üblich war, bei der wieder und wieder gleichartige Handgriffe durchgeführt werden. In mancher Hinsicht gehören dazu auch Arbeiten am Computer wie etwa Dateneingabe und Tipparbeit.

Den Unterschied zwischen den beiden Bewegungsmustern kann man am besten beschreiben, indem man einen Menschen und einen Roboter Skifahren lässt.[7] Dabei muss der Skifahrer ständig auf neue Reize komplex und in Millisekunden reagieren. Es ist nicht nur die Reaktion eines einzelnen Gelenks erforderlich, sondern einer ganzen Gelenk-, Muskel-, Sehnen- und Faszienkette – vom Sprung- über das Knie- und Hüftgelenk bis hin zum Becken, der Wirbelsäule, den Schultern, den Armen und dem Kopf. Alles gleichzeitig, parallel gesteuert von dem Zentralcomputer des Menschen, dem Gehirn, oder auch über Reflexe im Rückenmark.

Der Mensch kann Skifahren, der Roboter nicht. Die gleichzeitige Erfassung von Anforderungen und Reizen und die daraus abgeleitete, aufeinander abgestimmte Bewegung vieler Gelenke gleichzeitig mit dosierter Reaktion in Millisekunden überfordert den Roboter bei Weitem. Er hat seine Stärken bei linearen, repetitiven Bewegungen. Der Mensch bei spontanen, intuitiven, komplexen, abwechslungsreichen.

---

6   Haas et al. (2012)

7   Mündliche Mitteilung von Herrn Prof. Dr. Christian Haas im Juni 2012.

Der Mensch braucht, um sich wohlzufühlen, solche komplexen, spontanen Bewegungen. Diese machen ihn glücklich, wach und aufnahmefähig. Es sind jene Bewegungsmuster, die wir seit Jahrmillionen benötigt und geübt haben. Sie kosten wenig Energie im Vergleich zu linearen Bewegungen, die uns abstumpfen und müde machen. Verweilt der Mensch hingegen in statischer Haltung, steigt das Risiko von gesundheitlichen Schäden (Abb. 2.1.7).

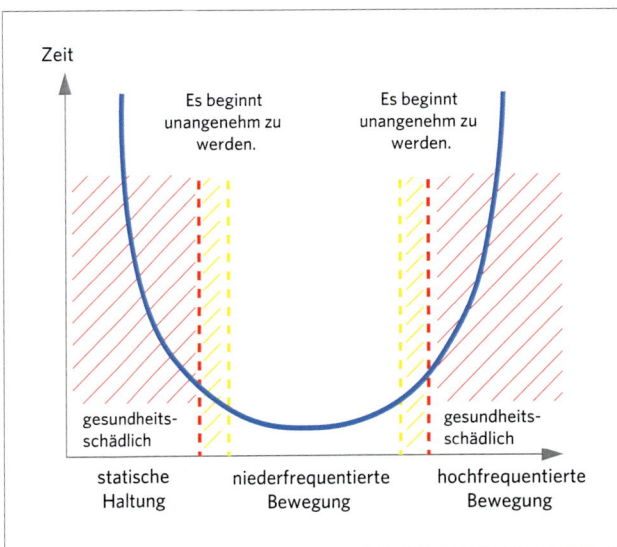

Abb. 2.1.7 Die blaue Kurve beschreibt das Gesundheitsrisiko bei verschiedenen Arten von Bewegung

Durch die schnelle Ermüdung fallen uns auch repetitive, lineare Bewegungen auf Dauer sehr schwer. Wir müssen uns mit viel Disziplin dazu überwinden zum Beispiel einen Marathon zu laufen. Ein Tier würde so etwas Unsinniges nie tun! Oder haben Sie schon einmal einen Wolf Marathon laufen sehen? Oder eine Ratte? Aber diese Tiere können stundenlang in Bewegung sein, um einer Beute nachzujagen oder ein Stück Käse ins Nest zu schleppen. Menschen auch.

Das Gleiche gilt für statische Körperhaltung. Der Informationsdienst des hessischen RKW-Arbeitskreises „Gesundheit im Betrieb" schreibt in seinem „Präventionsportal"[8] zur statischen Körperhaltung[9]:

„Das Verbleiben in der jeweiligen Körperhaltung über einen längeren Zeitraum hinweg ist das Hauptmerkmal aller Zwangshaltungen und wird in der Arbeitswissenschaft als stati-

8 http://www.infoline-gesundheitsfoerderung.de

9 Petry 2009, S. 16 f.

sche Körperhaltung bezeichnet. Die statische Körperhaltung wird definiert als eine Körperhaltung, die länger als 4 Sekunden eingehalten wird (DIN EN 1005-2009), wobei die Bewegung der angespannten Muskeln klein oder gleich null ist und kein Wechsel zwischen Anspannung und Entspannung stattfindet.

Statische Körperhaltungen belasten das Muskel-Skelett-System besonders stark und stellen ein hohes Gesundheitsrisiko dar. Erst durch Bewegung kommen alle physischen Prozesse in Gang, die den Körper optimal aktivieren, regulieren und regenerieren, je nach Bedarf. [...]

Die am häufigsten in der Arbeitswelt vorkommenden Zwangshaltungen sind:

- Lang anhaltendes Sitzen
- Stehen
- Arbeiten in Rumpfbeuge
- Hocken, Knien, Fersensitz, Kriechen, Liegen
- Arbeiten über Schulterniveau."

Das Gehirn bewegt sich mit

Auch unser Gehirn profitiert von spontanen, komplexen Bewegungen, das zeigen zum Beispiel die Ergebnisse des Projektes „Bewegte Schule" an der Fridtjof-Nansen-Schule in Hannover.[10] Bewegungsangebote für Kinder verbessern die schulischen Leistungen, das hat dieses seit mehreren Jahren in Zusammenarbeit mit der BAG[11] durchgeführte Schulprojekt erwiesen.

Dr. Dieter Breithecker, der Leiter der BAG, führt in seinen Vorträgen aus, dass das Training des Gleichgewichtssystems die Intelligenz fördert. In zahlreichen Studien ist inzwischen belegt, dass bei Kindern, die mit Bewegungsanreizen aufwachsen, die Entwicklung der Gehirn-Strukturen wesentlich erfolgreicher abläuft (es werden messbar mehr Synapsen verknüpft) als bei Kindern, die sich wenig bewegen, viel Zeit vor dem Fernsehapparat oder der Spielkonsole zubringen. Daher kommt auch der Slogan: „swoppen macht schlau!"[12].

---

10 http://www.bewegteschule.de/meta/sitemap.php

11 Bundesarbeitsgemeinschaft für Haltungs- und Bewegungsförderung (BAG), http://www.haltungbewegung.de/kontakt.aspx

12 Breithecker 2009

Abb. 2.1.8   Bewegung fördern in der Schule und zu Hause

Wie muss ein menschengerechter Arbeitsplatz aussehen?

Eine „artgerechte Haltung" des Menschen im Büro muss, um unserer genetischen Veranlagung gerecht zu werden, also folgende Kriterien erfüllen:

- Intuitive, abwechslungsreiche, spontane, komplexe Bewegung
  (der Wunsch ein Ziel zu erreichen muss Auslöser für die Bewegung sein)
- Maximales Verharren in einer Arbeitshaltung: 10–20 Minuten[13]
- Eine alle Sinne ansprechende Büroumgebung (s. Teil III)
- Eigenverantwortliche Organisation der Arbeit
- Jeder neue Vorgang muss Bewegung auslösen
- Soziale Kontakte
- Schutz vor Störungen

Ein zusätzlicher Beitrag, den jeder persönlich leisten kann, ist eine Umstellung seiner Ernährung, sofern dies nötig ist (s. Teil IV). Ohne die Ernährung unserer genetischen Prägung anzupassen ist eine Steigerung der Lebensqualität nicht zu erzielen. Jemand, der sich noch so gut und viel bewegt, wird nicht in der Lage sein eine Lebensqualität auf hohem Niveau zu erreichen, solange er sich schlecht, das heißt nicht gemäß seiner genetischen Veranlagung, ernährt.

---

13 Man nimmt an, dass nach 20 Minuten ohne nennenswerte Bewegung, spätestens aber nach zwei Stunden, die Leber damit beginnt, die Produktion eines Enzyms zu reduzieren, das für die Umwandlung von Fett in Kentonkörper mitverantwortlich ist. Deshalb haben Menschen, die während ihrer Arbeit in Bewegung bleiben, z. B. Kellner oder Briefträger, im Durchschnitt wesentlich bessere Blutwerte und sind auch gesünder als diejenigen, die ihre Arbeit hauptsächlich im Sitzen verrichten.

2.2 Die Umsetzung – Das ACTIVE OFFICE Konzept

Wie können spontane, intuitive, komplexe und abwechslungsreiche Bewegungen auch bei der Arbeit in einem modernen Büro durchgeführt werden? Dafür muss man Büroarbeit völlig neu denken. Vergessen Sie bestehende Bürolösungen, Arbeitsempfehlungen, Vorschriften und Normen. Denn wer immer den gleichen Weg geht, wird auch immer am gleichen Ziel ankommen. Er landet dort, wo wir heute sind: bei Konzepten, die von allen möglichen anerkannten Gremien und der Industrie propagiert werden, die aber, was inzwischen zweifelsfrei nachgewiesen ist, immer mehr Zivilisationskrankheiten verursachen.

Das Spannungsfeld der gestellten Aufgabe heißt kurz formuliert:

- Verwendung der zeitgemäßen Arbeitsmittel, bei
- gleichzeitigem Gebrauch unseres Körpers gemäß unseren Steinzeitgenen.

Wir müssen Bewegung und/mit Büroarbeit verbinden, indem wir Bewegung in die Arbeitsvorgänge integrieren. Büroarbeit und Bewegung müssen miteinander „verschmelzen".

Dafür gibt es naturgemäß viele Möglichkeiten. Sie können Ihrer Phantasie freien Lauf lassen und in Ihrem Büro individuelle Lösungen finden. Nehmen Sie sich Zeit darüber nachzudenken.

Zur Anregung möchte ich Ihnen im Folgenden eine von uns entwickelte Lösung vorstellen, die wir während der letzten Jahre in unserem Firmen-Büro bei aeris mit Erfolg verwirklicht haben. Dabei haben wir folgende Kriterien als Vorgabe formuliert:

- die Arbeit soll so organisiert sein, dass sie auf möglichst unterschiedliche, ständig wechselnde Art erledigt wird,
- sie soll möglichst viele, unterschiedliche Bewegungsmuster fordern,
- unterschiedliche Tätigkeiten sollen einander abwechseln (Vorbeugung gegen geistige Ermüdung),
- es soll ein ständiger Wechsel von Körperhaltungen und Bewegungsmustern erfolgen,
- keine Arbeitshaltung soll länger als zehn bis 20 Minuten beibehalten werden,
- dieselbe Tätigkeit soll gleich effizient an der Steharbeitsfläche und an der Sitzarbeitsfläche durchgeführt werden können,
- bodennahes Arbeiten soll zeitweise mit integriert werden,

● bei Aufgaben, die einen längeren Zeitraum beanspruchen, soll eine Erinnerungsfunktion auf einen Positionswechsel hinweisen.

In einem ACTIVE OFFICE soll jeder Wunsch, jedes Bedürfnis des Menschen Bewegung auslösen. Das kann das Holen eines Dokuments sein, das Bearbeiten eines Vorgangs, das Besorgen einer Information, die Herstellung einer Kommunikation, das Organisieren von Büromaterial oder -utensilien etc., kurz gesagt: alle Tätigkeiten, die bei Büroarbeit anfallen.

Dazu findet Büroarbeit nicht mehr an <u>einem</u> Schreibtisch statt, sondern im „Bewegungsraum". Darunter verstehen wir einen, jedem Mitarbeiter zur Verfügung gestellten Bereich, in dem dieser seine Arbeit individuell gestalten kann. Begrenzt ist dieser Bereich durch zwei kleine Arbeitsflächen, eine zum Sitzen und eine zum Stehen, sowie von einer Möglichkeit zur Ablage und Organisation der Büroarbeit, dem ACTIVE OFFICE „Sideboard". Vor dem Steharbeitsplatz liegt eine „ACTIVE OFFICE FLOOR" Bodenmatte.

In diesem Bewegungsraum kann der Mitarbeiter seine Arbeit individuell so gestalten, dass möglichst viel Bewegung in die Arbeitsvorgänge integriert wird. Da die Arbeitsanforderungen je nach der ausgeführten Tätigkeit und den individuellen Vorlieben sehr unterschiedlich sind, ist es nicht möglich ein für alle gültiges Rezept für die Arbeit im Bewegungsraum aufzustellen. Jeder muss seine Arbeitsabläufe selbst überdenken, kritisch bewerten und eine individuelle Lösung für die Gestaltung <u>seiner</u> Arbeit finden.

Ein ACTIVE OFFICE braucht folgende Einrichtungsgegenstände:

1. Die „ACTIVE OFFICE DESKS"
   Das sind zwei gleichberechtigte Arbeitsflächen, eine zum Sitzen und eine zum Stehen. Beide sind nur etwa halb so groß wie übliche Büroschreibtische und mit Bildschirm, Tastatur sowie Maus ausgerüstet. Die Arbeitsflächen sind leer, bis auf den Vorgang, der gerade bearbeitet wird. Diese „clean desk policy" fördert Bewegung, weil man jede beendete Arbeit ablegen und jeden neuen Vorgang erst holen muss.

2. Ein „Sideboard"
   Das ist ein Organisationsmöbel, in dem sich die gesamte Ablage, alle Dokumente, Vorgänge, Termine, Büromaterial, Handy-/Smartphone-Ladestation, Kaffeetasse, Familienfotos, etc. befinden. Die Idee dabei ist, dass man sich immer bewegen muss, um etwas zu holen oder zurückzulegen. Das „Sideboard" ist vertikal angeordnet, die einzelnen

Vorgänge und Utensilien liegen auf unterschiedlichen Niveaus, sodass man in die Knie gehen oder sich strecken muss, um etwas zu holen.

3. Einen „*Bewegungsraum*"
    Dieser befindet sich zwischen den beiden Arbeitsflächen und dem „*Sideboard*". Hier finden die spontanen, komplexen, intuitiven, von der Absicht ein Ziel zu erreichen aus-gelösten Bewegungen statt. Die Befriedigung jedes einzelnen „Wunsches/Bedürfnis-ses" (Ablegen, Nachsehen, Abheften, Lochen, Suchen, etc.) verlangt Bewegung. Hier bewegt man sich beim Telefonieren, vor dem Steharbeitsplatz, bei kurzen Besprechun-gen oder zur Sitzarbeitsfläche. Kurze Besprechungen mit Besuchern oder Kollegen fin-den ebenfalls hier statt.

Abb. 2.2.1 Mögliche Anordnung der Elemente eines ACTIVE OFFICE (gemäß obiger Auflistung)

4. Einen „*ACTIVE OFFICE FLOOR*"
    Ebene, harte Böden ermüden beim Stehen. Sie kommen in der Natur auch nicht vor. Der „*ACTIVE OFFICE FLOOR*" ist eine aktiv dynamische Bodenmatte, die abwechslungsreiche Reize, wie sie sich etwa beim Gehen auf Waldboden ergeben, ins Büro bringt. Der Be-wegungsraum ist mit einer oder mehreren dieser Matten ausgelegt. Auf jeden Fall liegt sie aber vor der Steharbeitsfläche. Beim Stehen auf dem „*ACTIVE OFFICE FLOOR*" fühlt man über die Fußsohlen die eingeschäumte unregelmäßige Struktur der Matte. Diese Reize werden ans Gehirn geleitet, was uns aktiv und aufmerksam hält. Das verlängert die mühelose Arbeitszeit im Stehen um ein Vielfaches.

5. Einen *„aktiv dynamischen Bürostuhl"*

   In ein und derselben Arbeitshaltung, also im Stehen oder Sitzen, sollen maximal zehn bis 20 Minuten zugebracht werden. Deshalb muss ein leichter und schneller Wechsel zwischen Sitz- und Steharbeitsfläche möglich sein. Dies wird durch einen aktiv dynamischen Bürostuhl erreicht, der auf einer Feder gelagert ist, mit bodennahem Drehpunkt und der intuitiv den Bewegungen des Benutzers folgt, wie einem *„swopper"* oder einem *„3Dee"*. Beide besitzen eine Spiralfeder, die beim Einschwingen einen Impuls auslöst, der das schnelle Aufstehen unterstützt. Ebenso spürt man beim Hinsetzen das angenehme Gefühl des weichen Einschwingens auf der Spiralfeder. Die detaillierte Beschreibung der Produkte befindet sich in Kapitel 2.4.

6. Eine *„aktiv dynamische Stehhilfe"*

   Stehen ist besser als Sitzen, denn es erlaubt einen größeren Bewegungs-Freiraum. Außerdem entspricht Stehen und Gehen unseren natürlichen Bewegungsmustern. Sitzen nicht. Wichtig ist aber, dynamisch zu stehen, d.h. nicht in einer Position zu verharren, sondern die Belastung von einem Bein auf das andere zu verlagern, von den Zehen auf die Fersen und umgekehrt, etc. Trotzdem kann Stehen mit der Zeit ermüden. Dann ist die ideale Unterstützung zur Verlängerung der Stehzeiten eine flexible Stehhilfe, wie der *„muvman"*.

7. Eine *„IT-BOX"*

   Diese nimmt den Arbeitsplatzcomputer mit allen Kabeln und Anschlüssen auf. Sie wird zwischen den beiden *„ACTIVE OFFICE DESKS"* positioniert, um das Kabelmanagement zu optimieren. Der gesamte Arbeitsplatz macht einen aufgeräumten Eindruck, weil alle Kabel geordnet geführt und von der *„IT-BOX"* aufgenommen werden.

8. Einen *„ACTIVE OFFICE TRACKER"*

   Manchmal dauert die Bearbeitung eines Vorgangs länger als zehn bis 20 Minuten. Damit Sie trotzdem den Positionswechsel nicht vergessen, gibt es den *„ACTIVE OFFICE TRACKER"*. Er besteht aus einem oder mehreren Sensoren, die die im Sitzen, im Stehen und im Bewegungsraum verbrachte Zeitspanne messen und aufzeichnen. Der Benutzer kann die Zeitspanne wählen, nach der er an einen Positionswechsel erinnert werden möchte. Ist diese abgelaufen, fängt eine kleine Lampe an zu leuchten. Sie leuchtet mit der Zeit immer heller und beginnt nach fünf Minuten zu blinken, wenn man seine Haltung weiterhin nicht geändert hat. Nach einem Positionswechsel erlischt die Lampe.

9. Ein „*ACTIVE OFFICE FOCUS LIGHT*"

   Die Effizienz der Arbeit im Büro leidet oft unter häufigen, unerwünschten Unterbrechungen. Das „*ACTIVE OFFICE FOCUS LIGHT*" informiert deshalb die Kollegen, wann man für eine Kommunikation nicht zur Verfügung steht. Es leuchtet rot, wenn man nicht gestört werden möchte.

   Die Leuchte steht in zwei Versionen zur Verfügung: *Desk* und *Wall*. Die *Desk* Version wird direkt am Schreibtisch oder hinter dem Bildschirm angebracht, die Version *Wall* vor der Eingangstüre zum Büro. Beide Versionen werden über ein kleines Fenster am Bildschirm bedient. Die Leuchtdauer kann in Minuten gewählt werden. Korrekturen der Eingaben sind jederzeit möglich.

10. Eine „*ACTIVE OFFICE Couch*"

    Das ist eine Kreativcouch, die alternative Bewegungsmuster zum Arbeiten anbietet. Sie lädt ein zum Lesen, Schreiben, Korrigieren, Konzipieren, etc., aber auch zu kurzen Besprechungen. Wenn Sie ein Schriftstück durchlesen möchten, tun Sie das auf dieser Couch. Sie bietet sich auch sehr gut für kurze Arbeiten am Tablet, Smartphone oder Laptop an. Durch die unterschiedlich hohen Sitz- und Arbeitsflächen kann man in verschiedenen Positionen an ihr arbeiten, auch im Stehen. Nicht jeder Arbeitsplatz benötigt eine eigene „*ACTIVE OFFICE Couch*". Da man an dieser nie längere Zeiträume verweilt, kann sie von mehreren Mitarbeitern, auch gleichzeitig, benutzt werden.

11. Einen „*ACTIVE OFFICE Palaver*"

    Wer kennt nicht die ermüdenden Besprechungen im Sitzen. Den einen fallen die Augendeckel fast zu, die anderen schreiben SMS unter dem Tisch.

    Im ACTIVE OFFICE benutzt man für Besprechungen mit mehreren Teilnehmern oder solchen mit umfangreichen Unterlagen den „*ACTIVE OFFICE Palaver*", einen organisch geformten Stehbesprechungstisch. Er wird jeweils an die Größe und Form des Besprechungszimmers angepasst. Ergänzt wird er durch aktivdynamische Stehhilfen wie zum Beispiel den „*muvman*" und „*ACTIVE OFFICE FLOOR*" Bodenmatten.

    An einem „*ACTIVE OFFICE Palaver*" finden Besprechungen aktiv, dynamisch und somit besseren Ergebnissen und in wesentlich kürzerer Zeit statt, als im Sitzen. Er sollte deshalb in einem ACTIVE OFFICE Konzept nicht fehlen.

12. Eine „*Fußstütze*"

    Bei der Arbeit im Stehen, sei es am Steharbeitsplatz oder am „*ACTIVE OFFICE Palaver*" ist die Dynamik ungemein wichtig. Um im Stehen abwechslungsreiche Bewegungsmuster auszulösen ist eine Fußstütze ideal. Diese sollte möglichst nicht starr sein, sondern federnd bzw. leicht beweglich, damit afferente und efferente Nervenbahnen und das Vestibuläre System aktiviert werden.

Mit diesen Elementen bietet der ACTIVE OFFICE Arbeitsplatz größtmögliche Flexibilität. Die Verantwortung dafür, ob und wie viel man sich bewegt, liegt aber einzig bei jedem Benutzer. Er hat es in der Hand, seinen Arbeitsablauf aktiv dynamisch zu organisieren oder auch in einem ACTIVE OFFICE den ganzen Tag sitzen zu bleiben.

In Kapitel 2.4 werden die einzelnen Elemente und ihre Verwendung im Detail beschrieben. Nicht alle Elemente müssen immer vorhanden sein um in einem ACTIVE OFFICE und seinem Bewegungsraum zu arbeiten. Die ersten fünf sind jedoch unbedingt erforderlich.

2.3 Organisation der Arbeit im Bewegungsraum

Um Bewegung in die Arbeitsvorgänge zu integrieren, muss man die Organisation der Arbeit verändern. Die beiden wichtigsten Grundsätze dafür sind:

- Alle Arbeiten von kurzer Dauer werden im Stehen erledigt, zum Beispiel Post bearbeiten, E-Mails schreiben, Termine vereinbaren, alle Managementtätigkeiten und kurze Besprechungen
- Für alle Arbeiten, die mehr Zeit in Anspruch nehmen, muss man einen regelmäßigen Positions-Wechsel durch organisatorische Regeln vorsehen.

Solche organisatorischen Regeln können sein:

- ein Wechsel nach jeder erledigten Aufgabe (aufgabenbezogener Positionswechsel)
- ein Wechsel nach jedem Kundenkontakt
- ein Wechsel nach jedem eingegebenen Auftrag
- ein Wechsel nach jedem Telefongespräch
- ein Wechsel nach einer bestimmten Zeitspanne (zehn Minuten, 20 Minuten)
- jedes Mal, wenn Sie Ihr Smartphone checken (im Durchschnitt 46 Mal pro Tag)
- oder ähnliche Regeln (in Abhängigkeit von der individuellen Aufgabenstellung).

Das Arbeiten im Stehen ist immer dem Sitzen vorzuziehen. Einerseits, weil beim Stehen der gesamte Stoffwechsel des Körpers besser aktiviert wird als beim Sitzen, Stehen gehört eben zu den menschengerechten Verhaltensweisen – Sitzen nicht, und man beim Stehen mehr Kalorien verbrennt als beim Sitzen; andererseits, weil es leichter möglich ist dynamisch zu stehen als dynamisch zu sitzen. Das Ziel ist aber nicht, möglichst lange zu stehen, sondern das Credo muss sein:

„Möglichst oft die Position wechseln!"

Nur dieser Wechsel bringt die Bewegung, die wir brauchen, um langfristig gesund und leistungsfähig zu bleiben. Erst durch diese Bewegung kommen alle physischen Prozesse in Gang, die den Körper aktivieren, regulieren und regenerieren – unser Metabolismus kommt in Schwung. „Sich regen bringt Segen", „wer rastet der rostet" und „Schonen schadet" (dem gesunden Menschen). Das sind alles Weisheiten, die schon unsere Eltern und Großeltern zu schätzen wussten.

Die Dynamik des Wechsels bringt den gesundheitlichen Mehrwert!

„Wer sich im Alltag viel bewegt, lebt gesünder als Feierabendsportler" titelte die Süddeutsche Zeitung am 14. Dezember 2016 auf ihrer Internetseite. Kardiologen der Uni Stanford hatten herausgefunden, dass kurze Aktivitätsschübe – vom Sitzen zum Stehen und Gehen – sich besonders positiv auf die Gesundheit auswirken. „Es geht nicht nur um die Gesamtmenge der körperlichen Bewegung, sondern auch um die Abwechslung und Muster", so die Forscherin Anna Shcherbina, die an der Auswertung der Daten beteiligt war.

Wie bringen wir also diese Dynamik in den Arbeitsalltag? Um den größtmöglichen persönlichen Nutzen aus einem ACTIVE OFFICE zu erzielen, starten Sie am besten so:

- Listen Sie all die unterschiedlichen Arten von Aufgaben auf, die bei Ihrer Büroarbeit anfallen.
- Anschließend überlegen Sie, welche davon im Stehen erledigt werden können.

Dann bleiben nur noch wenige Aufgaben übrig, bei denen Sie sich hinsetzen müssen. Der Grundgedanke aller Überlegungen muss sein: „Wie bleibe ich während des ganzen Arbeitstages am besten in Bewegung?" Diese „kreative" Phase vor der Umstellung auf eine Arbeit im Bewegungsraum des ACTIVE OFFICE darf nicht fehlen. Andernfalls droht der Rückfall in alte Gewohnheiten. Denn Vorsicht: Auch in einem ACTIVE OFFICE können Sie wie an Ihrem früheren Arbeitsplatz arbeiten und den ganzen Tag sitzen bleiben. Aber das wollen Sie natürlich nicht.

Ob Sie diesen Wechsel schaffen, liegt einzig in Ihrer eigenen Verantwortung. Die Aussicht auf mehr Gesundheit und Lebensqualität sollte Ansporn genug sein diese Hürde zu nehmen. Aber es gibt natürlich einige Tipps und Hilfsmittel, die Sie auf dem Weg in einen bewegten Arbeitsalltag unterstützen:

Arbeit am Computer

Die Hauptursache für exzessives Sitzen im beruflichen und privaten Bereich ist die Ausbreitung der IT in unseren gesamten Lebensraum. Bei der Arbeit im Büro gibt es kaum eine Tätigkeit ohne Arbeitsplatzcomputer, Laptop, Tablet oder Smartphone. Einmal im Banne des Computers verfliegen die Stunden, und alle guten Vorsätze zwischendurch mal aufzustehen sind vergessen. Die „**Computerstarre**" hat eingesetzt – Sie kennen das wahrscheinlich. Deshalb wollen wir dem Thema Computerarbeit besondere Aufmerksamkeit widmen.

Aufgabenbezogener Positionswechsel

Das Betriebssystem Windows bietet die Möglichkeit den „Extended Screen Modus" einzustellen. Dabei werden auf den beiden Bildschirmen des Steh- und Sitzarbeitsplatzes unterschiedliche Bildschirminhalte dargestellt – zum Beispiel am Bildschirm der Steharbeitsfläche Word und am Bildschirm der Sitzarbeitsfläche EXCEL. Oder im Stehen Outlook, im Sitzen das CRM System. Mit dieser Anordnung wechselt man automatisch vom Sitz- zum Steharbeitsplatz und umgekehrt, wenn man mit einer anderen Aufgabe beginnt und mit einem anderen Softwareprogramm arbeitet.

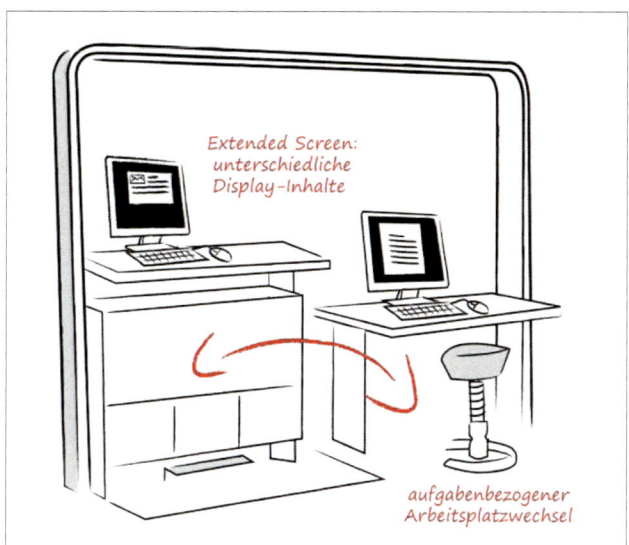

Abb. 2.3.1   Extended Screen

Wenn Sie zum Beispiel grundsätzlich Ihre E-Mails im Stehen bearbeiten, können Sie die Einstellung in Windows so vornehmen, dass Mail-Anhänge immer an der Sitzarbeitsfläche geöffnet werden. Dann schwingen Sie sich auf Ihren *„swopper"* oder *„3Dee"*, sehen den Anhang an, bearbeiten diesen wenn nötig und kehren anschließend mit Schwung wieder an ihre Steharbeitsfläche zurück. So steuern die verwendeten Programme Ihren Haltungswechsel. Der „Extended Screen Modus" ist also für einen **aufgabenbezogenen Positionswechsel** bestens geeignet, da eine neue Aufgabe stets automatisch einen Anlass zum Haltungswechsel generiert.

Positionswechsel mit dem *„ACTIVE OFFICE TRACKER"*

Bei länger andauernder Computerarbeit mit dem gleichen Programm stellen Sie in Windows am besten den „Duplicated Screen Modus" ein. Dadurch wird der gleiche Bildschirminhalt auf beiden Monitoren angezeigt. Sie können dann, zum Beispiel bei der Auftragsbearbeitung, jeden neuen Auftrag zum Anlass nehmen, den Arbeitsplatz zu wechseln, oder jede neue Seite mit Aufträgen. Im Call Center können Sie einen Anruf im Sitzen entgegennehmen und den nächsten im Stehen. Welcher Anlass für Sie am besten geeignet ist die Position zu wechseln, bestimmen Sie selbst. Je öfter Sie wechseln, desto fitter werden oder bleiben Sie.

Arbeiten Sie jedoch an einer Aufgabe die Sie längerfristig in Anspruch nimmt, immer mit dem gleichen Programm, wie zum Beispiel an einer großen EXCEL-Tabelle, an einem langen Text oder an einer Konstruktionszeichnung, dann benötigen Sie einen „Taktgeber". Dazu dient der „*ACTIVE OFFICE TRACKER*, der Sie daran erinnert, wieder einmal aufzustehen und sich zu bewegen. Die Zeitspanne, nach der dies geschieht, lässt sich individuell einstellen.

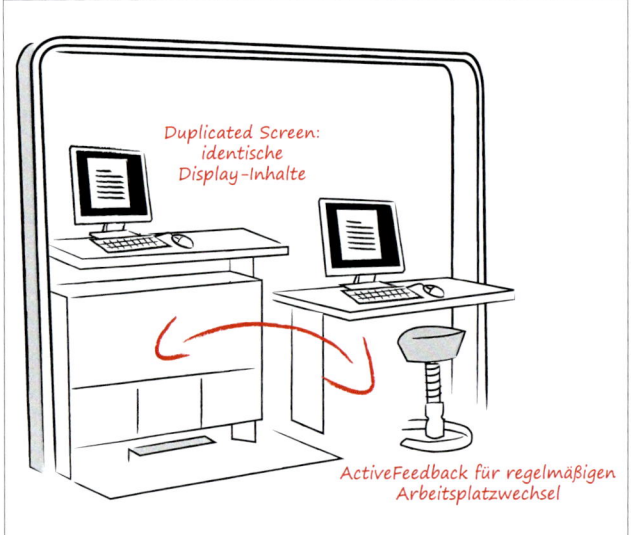

Abb.2.3.2   Duplicated Screen

Der „*ACTIVE OFFICE TRACKER*" ist ein kleines Computerprogramm, das über zwei Sensoren erfasst ob Sie sitzen oder stehen und ein „Bewegungsprofil" bezüglich Ihrer Tätigkeit aufstellt. Sie können darin einstellen, nach welcher Zeitspanne Sie daran erinnert werden möchten, Ihre Position zu wechseln. Dazu dient eine Lampe, die am Sitzarbeitsplatz positioniert ist und zu leuchten beginnt, wenn Sie Ihre Position nicht nach der von Ihnen eingestellten Zeitspanne gewechselt haben. Wenn Sie weiterhin Ihre Arbeitshaltung nicht verändern, fängt die Lampe nach fünf Minuten an energisch zu blicken.

Es sind jedoch auch andere Möglichkeiten denkbar, um auf die Notwendigkeit eines Positionswechsels hinzuweisen – zum Beispiel ein langsames Ausblenden des aktuellen Bildschirms und ein Aufblenden desselben Bildschirminhalts am jeweils anderen Arbeitsplatz. Dazu sollte man im „Duplicated Screen Mode" arbeiten, wobei jeweils nur der Bildschirm aktiv ist, an dem man arbeitet. Der andere Bildschirm ist dunkel und blendet erst dann auf, wenn der Bildschirmwechsel erfolgt.

Wichtig ist ein Hinweis für einen Wechsel vor allem am Sitzarbeitsplatz. Denn dort ist die Gefahr zu lange ohne Bewegung zu verharren viel größer als an der Steharbeitsfläche. Die Parameter für die Art des Hinweises und die Zeitspanne sind natürlich vom Benutzer frei wählbar. Er kann diese Funktion auch ausschalten.

Bodennahes Arbeiten

Der Mensch ist ein Gewohnheitstier. Für Mitarbeiter in einem konventionellen Büro scheint es deshalb erst einmal abwegig, auf andere Art und Weise zu arbeiten als die übliche. Es gibt manchmal schon Widerstände, wenn ein Kollege statt des üblichen Bürostuhls einen „swopper" mitbringt und auf diesem dynamisch auf- und abschwingt. Wenn wir Ihnen nun empfehlen, die Schuhe auszuziehen, um auf dem „ACTIVE OFFICE FLOOR" intensivere sensorische Empfindungen zu erleben, die Ihren Beinen gut tun, den Rückfluss venösen Blutes verbessern und Sie wach und fit halten, wird auch das in vielen Büros Kopfschütteln hervorrufen.

Und jetzt auch noch das: Arbeiten Sie öfter auf dem Boden! Warum? Wer schon einmal Entwicklungsländer bereist hat, weiß, dass alle Naturvölker Tätigkeiten wie Kochen, Fertigen und Reparieren von Werkzeugen, gemütliches Zusammensitzen, Lernen, Spielen, etc. am Boden verrichten. Auch Versammlungen werden am Boden hockend oder sitzend abgehalten. Unsere Vorfahren haben ebenso gearbeitet.

Abb. 2.3.3 Naturvölker arbeiten „bodennah". Buschmänner in Namibia beim Feuer machen

Wenn wir Ihnen jetzt also empfehlen, von Zeit zu Zeit „bodennah" zu arbeiten, geht es wieder darum, auch andere, neue Bewegungsmuster im Büro zu verankern. Das geht zum Beispiel beim Heften oder Lochen, aber auch beim Blättern in Akten. Dazu eignet sich ein kleiner „Hockarbeitsplatz", wie Sie ihn auf der Abbildung 2.3.4 sehen können.

Abb. 2.3.4 Hockarbeitsplatz

Abb. 2.3.5   „Bodennahes" Arbeiten im ACTIVE OFFICE

Zugegeben, es braucht etwas Mut, neue Bewegungsmuster im Büro auszuprobieren und einzuführen. Meine Mitarbeiter haben es aber inzwischen akzeptiert, dass sie mich von Zeit zu Zeit auch „bodennah" arbeiten sehen.

Zehn typische Szenarien für die Arbeit im Bewegungsraum des ACTIVE OFFICE

Szenario 1: Verwaltung

Verschiedene Vorgänge sind nacheinander abzuarbeiten.

Vorschlag: Arbeiten Sie im „Extended Screen Modus". Organisieren Sie sich so, dass das Programm, das Sie am häufigsten verwenden, auf dem Bildschirm Ihrer Steharbeitsfläche aktiv ist. Programme, mit denen Sie weniger oft und nur während kurzer Zeiträume arbeiten, laufen auf dem Bildschirm der Sitzarbeitsfläche. Das verleitet Sie zu einem automatischen Wechsel der Position, wenn Sie ein anderes Programm benötigen.

Arbeiten Sie einen Vorgang nach dem anderen ab – und zwar im Stehen, wenn die Vorgänge nicht zu viel Zeit in Anspruch nehmen. Dann sind Sie in Bewegung, wenn Sie die Vorgänge aus dem *„Sideboard"* holen und auch wieder ablegen. Mit dem *„ACTIVE OFFICE FLOOR"* fällt Ihnen das Stehen leicht und Sie können längere Perioden ermüdungsfrei im Stehen arbeiten als ohne.

Nutzen Sie Ihren Bewegungsraum zum Telefonieren mit Ihrem Headset, die Steharbeitsfläche für kurze Besprechungen.

Szenario 2: Management

Diverse Tätigkeiten sind zu erledigen, die meist von kürzerer Dauer sind: etwas organisieren, telefonieren, E-Mails schreiben, kurze Besprechungen, etc.

Vorschlag: Arbeiten Sie im „Extended Screen Modus" mit verschiedenen Programmen, die an der Steh- und Sitzarbeitsfläche geöffnet sind. Immer wenn Sie ein anderes Programm benutzen möchten, wechseln Sie automatisch die Arbeitsplätze. E-Mails sollten immer im Stehen erledigt werden, außer es dauert sehr lange sie zu beantworten; dann können Sie das Programm auch auf den Sitzarbeitsplatz herüberziehen und später wieder zurück.

Telefonieren sollten Sie prinzipiell im Stehen. Ein Programm zum Telefonieren vom Computer aus könnte zum Beispiel an der Sitzarbeitsfläche offen sein. Dann schwingen Sie sich kurz auf den *„swopper"* um zu wählen und stehen gleich wieder auf, um Ihr Headset von der *„IT-BOX"* zu nehmen und während des Telefonierens beide Hände frei zu haben. So können Sie im Stehen etwas aufschreiben, im Bewegungsraum erledigen (etwa etwas ablegen) oder zwischendurch kurz auf der *„ACTIVE OFFICE Couch"* verweilen.

Szenario 3:   Sachbearbeitung Auftragseingabe

Aufträge müssen in die Datenbank eingegeben, Lieferscheine gedruckt werden, etc.

Vorschlag: Arbeiten Sie im „Duplicated Screen Modus" und wechseln Sie nach jedem eingegebenen oder abgeschlossenen Auftrag von der Sitz- zur Steharbeitsfläche oder umgekehrt. Bleiben Sie aber, wenn Sie sich dabei gut fühlen, auch für zwei, drei oder mehr Aufträge stehen und bewegen Sie sich auf dem *„ACTIVE OFFICE FLOOR*. Dies hält Sie munter und tut den Beinen gut.

Szenario 4:   Vertriebsinnendienst

Der Kontakt mit Kunden steht im Vordergrund. Dies bedingt viel Telefonieren und E-Mail-Verkehr sowie Arbeit mit dem CRM System.

Vorschlag: Arbeiten Sie im „Extended Screen Modus" – zum Beispiel das CRM-Programm am Bildschirm der Steharbeitsfläche, das Telefonprogramm oder Outlook am Bildschirm der Sitzarbeitsfläche (oder umgekehrt). So wechseln Sie automatisch zwischen den Arbeitsplätzen hin und her und bleiben den ganzen Tag in Bewegung. Das funktioniert auch hervorragend mit vier Bildschirmen, zwei auf der Steh- und zwei auf der Sitzarbeitsfläche.

Wenn Sie mit nur einer einzigen Software arbeiten, dann am besten im „Duplicated Screen Modus", so dass Sie nach jedem Kunden zum anderen Arbeitsplatz wechseln. Telefoniert wird natürlich immer im Stehen.

Nutzen Sie den Bewegungsraum, um Vorgänge abzulegen und arbeiten Sie bodennah, um zu heften oder zu lochen.

Szenario 5: Konstruktion

Lange Perioden konzentrierter Tätigkeit mit ein und demselben Konstruktionsprogramm.

Vorschlag: Arbeiten Sie im „Duplicated Screen Modus" und wechseln Sie von der Sitz- zur Steharbeitsfläche nach jedem abgeschlossenen Konstruktionsschritt. Hier ist der *„ACTIVE OFFICE TRACKER"* zur Unterstützung besonders hilfreich, denn er macht Sie darauf aufmerksam Ihre Position zu wechseln, wenn Sie zu lange in einer Haltung verweilen.

Alle anderen Hilfsmittel wie der *„ACTIVE OFFICE FLOOR*, Telefonieren und kurze Besprechungen im Stehen, eine flexible Fußstütze, etc. sollen natürlich auch verwendet werden.

Szenario 6: Controlling

Arbeiten mit großen EXCEL–Tabellen oder Datenbanken über längere Zeiträume.

Vorschlag: Arbeiten Sie im „Duplicated Screen Modus" und verwenden Sie den *„ACTIVE OFFICE TRACKER"*, um Sie auf einen nötigen Positionswechsel aufmerksam zu machen. Wechseln sie auf die *„ACTIVE OFFICE Couch",* um etwas zu kontrollieren, nachzusehen oder zum Beispiel einen Vertrag nachzulesen.

Vergessen Sie nicht den Bewegungsraum in Ihre Arbeit zu integrieren und erledigen Sie alles, was sich dazu anbietet, „bodennah".

Szenario 7: Texten

Verfassen langer Texte für Marketing oder PR, E-Learning-Programme, etc.

Vorschlag: Arbeiten Sie im „Duplicated Screen Modus" und verwenden Sie den *„ACTIVE OFFICE TRACKER"*. Nutzen Sie jede Gelegenheit, zum Beispiel wenn Sie recherchieren, zu einem Positionswechsel. Müssen Sie häufig etwas in einem anderen Programm nachsehen z.B. wenn sie recherchieren, dann verwenden Sie den „Extended Screen Modus" und gehen dazu an den anderen Bildschirm. Wenn Sie im Stehen schreiben, dann kontrollieren Sie den Text, während Sie sich kurz zur Unterstützung auf den *„muvman"* setzen, um anschließend schnell wieder aufzustehen und weiter zu schreiben. Recherchieren Sie dann im Sitzen oder umgekehrt.

Nutzen Sie zum Korrigieren Ihrer Texte die *„ACTIVE OFFICE Couch",* unsere Kreativcouch, die Ihnen weitere, neue Bewegungsmuster anbietet.

Szenario 8:   Sekretariat

Verschiedene, abwechslungsreiche Tätigkeiten, meist von kürzerer Dauer, manchmal auch Schreiben längerer Texte, organisatorische Aufgaben.

Vorschlag: Arbeiten Sie im „Extended Screen Modus" mit verschiedenen Programmen am Bildschirm des Steh- und des Sitzarbeitsplatzes. Nutzen Sie zusätzlich den *„ACTIVE OFFICE TRACKER"*, der Sie darauf aufmerksam macht Ihre Position zu wechseln, wenn Sie zu lange in einer Haltung verweilen.

Nutzen Sie Ihren Bewegungsraum, um im *„Sideboard"* Vorgänge abzulegen und zu ordnen. Achten Sie darauf, Dinge die Sie oft benötigen, entweder hoch oben oder tief unten abzulegen. Dann gehen Sie automatisch in die Knie (gut fürs Schifahren und Snowboarden) oder strecken sich (gut fürs Tennisspielen und Volleyball), wenn Sie diese Dinge holen oder ablegen.

Arbeiten Sie „bodennah" so oft Sie können. Dadurch bleiben Sie beweglich und geschmeidig, auch mit hochhackigen Schuhen.

Szenario 9:   Buchhaltung

Längere Perioden beim Buchen wechseln sich mit Nachsehen, Vergleichen, Suchen, Ablegen und Telefonieren ab.

Vorschlag: Arbeiten Sie im „Extended Screen Modus" mit verschiedenen Programmen jeweils am Bildschirm des Steh- und des Sitzarbeitsplatzes. Wenn Sie im Sitzen buchen, dann nutzen Sie jede Gelegenheit, um zwischendurch aufzustehen und erledigen Sie prinzipiell alle anderen Arbeiten im Stehen. Oder buchen Sie eine Seite im Sitzen und die nächste im Stehen.

Benutzen Sie den *„ACTIVE OFFICE TRACKER"*, um Sie an ein zu langes Verweilen in einer Position zu erinnern. Verwenden Sie außer Ihrer Steharbeitsfläche noch eine zweite Arbeitsfläche im Stehen. Dort können Sie Unterlagen auslegen miteinander vergleichen, etc. Legen Sie davor einen zweiten *„ACTIVE OFFICE FLOOR.* So können Sie Ihren Bewegungsraum auch als Arbeitsraum nutzen.

Szenario 10:   Besprechungen

Kurze Besprechungen mit ein bis zwei Mitarbeitern halten Sie am besten an Ihrer Steharbeitsfläche ab. Für längere Besprechungen mit einer größeren Personenzahl nutzen Sie den „*ACTIVE OFFICE Palaver*", den Steh-Besprechungstisch mit einer organisch geformten Tischplatte. Um den „*ACTIVE OFFICE Palaver*" legen Sie „*ACTIVE OFFICE FLOOR*"-Matten und positionieren dazwischen „*muvman*" – Stehhilfen. Dann kann sich jeder Teilnehmer aussuchen, was er verwenden möchte, und kann zwischendurch auch dynamisch seine Position wechseln.

Ich verspreche Ihnen: So ausgerüstet werden Besprechungen kürzer, effizienter und lebendiger. Hinterher fühlt man sich nicht geschlaucht und erschöpft, sondern geht beschwingt wieder an seinen Arbeitsplatz zurück, um die besprochenen Dinge umzusetzen.

Finden Sie Ihr Szenario!

Bei jeder Art von Arbeit lässt sich Bewegung integrieren. Dazu braucht es manchmal etwas Kreativität und vor allem die Bereitschaft, Althergebrachtes zu vergessen und neu über seine Arbeitsabläufe nachzudenken. Büroarbeit gemäß unseren Steinzeitgenen – gemäß unserer genetischen Prägung – das ist das Ziel das es zu erreichen gilt. Denn damit vermeiden wir die Zivilisationskrankheiten, die durch exzessives Sitzen – im Büro und zu Hause – hervorgerufen werden.

Die größte Hürde bei einer Umstellung ist die Notwendigkeit, die eigenen Gewohnheiten zu ändern. Denn das „Ändern einer Gewohnheit ist schwieriger als ein Atom zu spalten" (frei nach Einstein, der dies von Vorurteilen gesagt haben soll).

2.4   Die einzelnen Elemente des ACTIVE OFFICE

Die „*ACTIVE OFFICE DESKS*"

Unser Ziel ist es, spontane, intuitive, komplexe und abwechslungsreiche Bewegungsmuster mit Büroarbeit zu verbinden. Ein konventioneller, selbst ein höhenverstellbarer Schreibtisch ist dazu als Arbeitsplatz nicht geeignet, denn er erlaubt maximal zwei Positionen: Sitzen oder Stehen. Bewegung ist nicht vorgesehen, denn nach wie vor stapelt sich ein großer Teil der Ablage am Schreibtisch, alles ist in Griffweite.

Deshalb findet die Arbeit im ACTIVE OFFICE an zwei Arbeitsflächen statt. Man organisiert seine Arbeit so, dass man unterschiedliche Arbeiten im Stehen und Sitzen erledigt und dabei möglichst oft die Position wechselt. Die Bewegung wird durch die zu erledigenden Aufgaben hervorgerufen. Wir nennen dies den aufgabenbezogenen Positionswechsel.

Jeder der beiden Schreibtische ist nicht einmal halb so groß wie die Arbeitsfläche eines konventionellen Büroschreibtisches. Dadurch kommt man erst gar nicht in Versuchung, den Schreibtisch als Ablage zu verwenden. Die Arbeitsfläche dient nur dem gerade zu bearbeitenden Projekt.

Beide Arbeitsflächen werden immer gleichberechtigt benutzt. Bildschirm, Tastatur und Maus sind zwei Mal vorhanden. Die an einer Arbeitsfläche begonnene Aufgabe kann so jederzeit an der anderen Arbeitsfläche ohne Unterbrechung fortgesetzt werden.

In der Praxis hat es sich bewährt, die beiden Arbeitsflächen im Winkel zueinander aufzustellen, da das den Wechsel vom Steh- zum Sitzarbeitsplatz und umgekehrt erleichtert. Prinzipiell ist ein Winkel zwischen 90 und 180 Grad möglich, abhängig von den räumlichen Gegebenheiten. In der Praxis hat sich aber ein 120 Grad Winkel bewährt. Eine Positionierung der Arbeitsflächen gegenüber ist ebenso möglich. Dann befindet sich der Bewegungsraum zwischen den beiden Arbeitsflächen.

Steh- und Sitzarbeitsfläche müssen in der Höhe verstellbar sein, um auf die Körpergröße des Benutzers eingestellt werden zu können. Folgende Maße sind sinnvoll:

Sitzarbeitsfläche: 65 bis 90 cm, Steharbeitsfläche: 85 bis 125 cm.

Obwohl eine ständige Höhenverstellung nicht unbedingt erforderlich ist, hat die Praxis gezeigt, dass die Nutzer gern die Höhe des Sitz- und des Steharbeitsplatzes mehrmals

Abb. 2.4.1 *„ACTIVE OFFICE DESK"* Set

täglich um geringe Werte verstellen. Dies ist sehr angenehm, weil man dadurch auch innerhalb der Sitz- oder Stehposition leicht andere Haltungen einnehmen kann. Damen tragen nicht jeden Tag gleich hohe Absätze, was auch eine Höhenverstellung zumindest am Steharbeitsplatz nötig macht.

Bei Bedarf kann man die beiden Arbeitsflächen sogar auf gleicher Höhe positionieren, dann genügt ein Schritt zur Seite, um Zugriff auf die Informationen an dem anderen Bildschirm zu haben. Auch wenn für die Bearbeitung eines Vorgangs eine größere Anzahl von Unterlagen nötig ist, hilft diese Funktion.

Statt der oftmals üblichen eckigen Form der Arbeitsplatten werden gerundete, organische Formen verwendet, die den Bewegungsmustern des Körpers entsprechen und Stoßkanten vermeiden. Da die einzelnen Arbeitsflächen flexibel im Raum angeordnet werden können, ist der Platzbedarf eines ACTIVE OFFICE Arbeitsplatzes generell nicht größer als bei konventionellen Arbeitsplätzen mit Winkelkombination.

Das „*Sideboard*"

Es enthält alles, was der Mensch zum Arbeiten benötigt und was ihm privat wichtig ist: die gesamte Ablage, alle Dokumente und Vorgänge, Organisationshilfen für Termine, Prioritäten, Projekte, ein Fach für „Hot" und „Cooking", „Heute zu erledigen", „Nächste Besprechung", „Wiedervorlage", „zum Lesen", etc. Die vorgeschlagene Einteilung kann vom Benutzer selbst gewählt und jederzeit verändert werden. Im Prinzip kann jedes herkömmliche Regal dazu verwendet werden.

Neben den einzelnen Ablagemöglichkeiten kann es auch die Ladeschale für ein Mobiltelefon, Uhr, Locher, Hefter und alle sonstigen Büroutensilien aufnehmen. Mehrere unterschiedlich große Schubladen und Fächer bieten Platz für Privatsachen wie Spiegel, Schminksachen oder Fotos. Ein abschließbares Fach ist ebenfalls integriert für Wertgegenstände. Was fehlt? Die Schublade für Süßigkeiten und Kekse. Dazu mehr in Teil IV dieses Buches.

Die äußere Form des „*Sideboards*" kann frei gestaltet werden. Eine vertikale Organisation empfiehlt sich aber, da dadurch weitere Bewegungsmuster, wie in die Knie gehen oder sich strecken, abgefordert werden. Aber auch jede andere Form ist möglich, in Abhängigkeit von den räumlichen Gegebenheiten.

Der „*Bewegungsraum*"

Verabschieden Sie sich von vermeintlichen Regeln, wie man im Büro zu arbeiten hat. Das ACTIVE OFFICE macht Ihnen ein Geschenk: Ihren persönlichen „*Bewegungsraum*". Sie alleine entscheiden, wie dieser genutzt wird. Dieser Freiraum – im wahrsten Sinne des Wortes – ist der vermutlich wichtigste Bestandteil des ACTIVE OFFICE.

Er wird von den beiden Arbeitsflächen und dem „*Sideboard*" begrenzt. Der „*Bewegungsraum*" kann sich aber auch längs vor den beiden Arbeitsflächen befinden, wenn diese in einer Linie angeordnet sind und sich das Organisationsmöbel, das „*Sideboard*", zum Beispiel unter der Steharbeitsfläche befindet.

Aber wie nutzen Sie jetzt diesen neuen Freiraum? Zum Beispiel dazu, öfter in die Knie zu gehen. Dies ist gut für Ihren Kreislauf, aber auch für Ihre Oberschenkel- und Wadenmuskulatur. (Fällt es Ihnen schwer in die Knie zu gehen oder sich zu strecken? Dann ist dies ein ernst zu nehmendes Zeichen, dass Sie dringend Ihren Lebensstil ändern müssen.) Legen Sie deshalb zum Beispiel ein Dokument auf den Boden, um etwas nachzusehen, abzulegen oder zu heften. Zugegeben, dies wird bei einigen Kollegen Verwunderung auslösen, aber es tut Ihnen gut. Und Ihre Kollegen werden es bald nachmachen, wenn sie den Sinn des ACTIVE OFFICE verstanden und seine positiven Auswirkungen am eigenen Leib verspürt haben. Es gilt lediglich eine Gewohnheit (Bewegungsmuster) durch eine andere zu ersetzten.

Denken Sie dabei an den Sport nach Feierabend, ans Tennisspielen, Joggen, Skifahren oder Snowboarden. Bei all diesen sportlichen Betätigungen kommt Ihnen eine gut trainierte Muskulatur zugute! Und die Verletzungsgefahr wird, durch ein während des Tages senso-motorisch aktiviertes System, drastisch reduziert. Also scheuen Sie sich nicht, etwas Un-gewöhnliches zu tun. Sie tun es für sich und Ihre Gesundheit!

Erobern Sie Ihren „Bewegungsraum" ganz nach Ihren Bedürfnissen. Stehen Sie zum Nach-denken ruhig öfter auf und gehen Sie ein paar Schritte, anstatt sich bequem in Ihre Rücken-lehne zu kuscheln. Schwingen Sie auf Ihrem „swopper", das schafft neue Perspektiven und Einblicke. Machen Sie auch mal etwas mit der linken Hand, wenn Sie Rechtshänder sind und umgekehrt. Benutzen Sie zum Beispiel die Maus mit der linken Hand im Stehen und mit der rechten Hand im Sitzen. Das trainiert die beiden Gehirnhälften und fördert die Verbindung zwischen logischem und kreativem Denken. Scheuen Sie sich nicht, neue Bewegungsmus-ter zu erfinden, auch wenn Ihre Kollegen anfangs merkwürdig schauen. Nach einiger Zeit werden sie sich daran gewöhnt haben oder machen es Ihnen sogar nach. Für besonders Schüchterne empfehlen wir einen flexiblen Raumteiler. Dahinter können Sie ungestört Ihre Bewegungslust ausleben.

Der „ACTIVE OFFICE FLOOR"

Um den größtmöglichen Nutzen aus den Vorteilen des Bewegungsraums zu ziehen, sollte dieser mit mindestens einer „ACTIVE OFFICE FLOOR" Bodenmatte bestückt sein. Im Gegen-satz zu einem konventionellen, meist harten Fußbodenbelag, bringt diese die abwechs-lungsreichen, taktilen, sensorischen Empfindungen wie beim Gehen auf Waldboden ins Büro. Sie löst spontane, komplexe Reaktionen aus, weil unser Körper auf die in der Matte eingeschäumte dreidimensionale Struktur reagiert. Der „ACTIVE OFFICE FLOOR" besitzt eine 3-Zonen-Technologie.

(1) Komfort-Zone aus rückfederndem elastischen Schaumstoff aus der Medizintechnik mit besonders widerstandsfähiger Oberfläche
(2) Aktiv-Zone mit topografischer 3D Struktur. Das sorgt für eine zufallsgesteuerte Aktivierung der Reflexzonen und der Sensorik. Das fördert Bewegung und hält Sie wach und fit.
(3) Stopp-Zone für einen sicheren Halt der Matte mit Anti-Rutsch-Pads

Abb. 2.4.2   *„ACTIVE OFFICE FLOOR"* Bodenmatte mit 3-Zonen-Technologie

Afferente[14] Nervenbahnen leiten ständig neue, unterschiedliche Reize zum Gehirn und efferente Nervenleitungen geben Befehle wie: Anspannen, Loslassen, Ausgleichen, etc. Unsere Rezeptoren, im Besonderen die für die Eigenwahrnehmung zuständigen Propriozeptoren, sind aktiv und verbessern die Aufmerksamkeit in unserem Denkapparat. Das Gehen auf dem *„ACTIVE OFFICE FLOOR"* aktiviert die Gehirnströme, wie durch EEG-Messungen an der Universität in Mainz inzwischen nachgewiesen wurde. Dadurch bleiben wir wach und reaktionsfreudig.

Außerdem aktivieren die taktilen Reize über die Fußsohlen die Reflexzonen. Dies funktioniert natürlich am besten barfuß, auf jeden Fall aber ohne festes Schuhwerk. Ob dies in einem Büro toleriert wird, hängt von den Mitarbeitern und der Firmenkultur ab. Die sonstigen Vorteile einer *„ACTIVE OFFICE FLOOR"* Bodenmatte werden durch Schuhwerk allerdings nicht wirklich getrübt. Lediglich Absätze mit geringer Auflagefläche oder gar Bleistiftabsätze sollten auf der Bodenmatte nicht getragen werden. Sie würden diese beschädigen.

Ein großes Folgeproblem moderner Büroarbeit ist, dass der Körper durch die Bewegungsarmut und Statik verlernt hat richtig zu reagieren. Geht man dann nach einem bewegungsarmen Tag abends zum Sport, ist die Verletzungsgefahr wesentlich höher als bei jemandem, der während des Tages die Reaktionsfähigkeit seines Körpers trainiert hat. Eine *„ACTIVE OFFICE FLOOR"* Bodenmatte bedeutet also aktive Verletzungsprävention.

---

14 Mit „afferenten" Nervenfasern bezeichnet man solche Fasern, die Informationen von den Rezeptoren in der Peripherie zum Zentralnervensystem leiten. „Efferente" Nervenfasern leiten Nervenimpulse in die Gegenrichtung, zur Peripherie.

Abb. 2.4.3 Einsatz der „*ACTIVE OFFICE FLOOR*" Bodenmatte am Stehpult

In diesem Zusammenhang ist eine Studie interessant, die die Sturzhäufigkeit bei verschiedenen Berufsgruppen untersucht hat. Das bemerkenswerte Ergebnis: Vor Stürzen am besten gefeit sind Kindergärtnerinnen. Denn sie sind es gewohnt, den ganzen Tag über herumliegende Gegenstände zu steigen und dabei das Gleichgewicht nicht zu verlieren. Sie sind darauf trainiert zuerst hinzuschauen, wo sie hintreten, und tun dies automatisch auch aus den Augenwinkeln.

Menschen dagegen, die daran gewöhnt sind, dass für sie alles aus dem Weg geräumt und jede potenzielle Stolperfalle beseitigt wird, und die – wenn sie sich überhaupt bewegen – dies auf ebenen, eintönigen, gleichförmigen Böden tun, haben ein wesentlich höheres Risiko zu stürzen oder sich auch beim Sport am Abend zu verletzen. Wie immer in der Natur gilt: „Use it or loose it!" Auch die Fähigkeit, Stürze zu vermeiden, muss trainiert werden.

Der aktiv dynamische Bürostuhl

Konventionelle Bürostühle sind eine der Hauptursachen für die ständig steigende Anzahl von Menschen mit Rückenbeschwerden. Ein nach der DIN 1335 Teil 1–3[15] (der in Deutschland für Büroarbeitsstühle gültigen Industrienorm) gebauter Bürostuhl wird im Prinzip immer gleiche Funktionen aufweisen, denn in der DIN ist alles festgelegt. Dadurch entstehen zahlreiche Beeinträchtigungen der Gesundheit. Dafür gibt es mehrere Gründe:

- Er lässt keine natürlichen, abwechslungsreichen Bewegungsmuster zu, sondern nur Bewegungen entlang der vorgegebenen Kurve der Synchronmechanik. Der Mensch muss sich der vorgegebenen Form des Stuhls anpassen und diese lässt sich nur durch Einstellungen verändern, passt sich aber nicht dem Menschen an.

- Bei der Arbeit am Schreibtisch muss der Abstand zwischen der sogenannten Lasteintragung auf der Sitzfläche und der Arbeitsfläche am Schreibtisch überbrückt werden. Dies geschieht konventionell durch Vorbeugen, um den Kopf und die Augen entweder über die Schreibunterlage oder in die Nähe des Bildschirms zu bringen. Bei Verwendung eines starren Bürostuhls kann das Becken seine Position nicht verändern, und man überbrückt den Abstand, indem man den Rücken unnatürlich nach vorne krümmt. Dadurch werden die Bandscheiben an der Vorderseite, innere Organe und das Zwerchfell stundenlang eingequetscht. Die Atmung kann sich nicht entfalten. Die Sauerstoffversorgung des gesamten Organismus leidet, unsere kognitive Leistungsfähigkeit sinkt ab.

- Die Muskulatur schwindet, weil sie nicht gefordert wird (wiederum: „Use it or loose it" – das Gesetz der Natur). Die geschwächten Muskeln können die Haltearbeit beim Verharren in ein- und derselben Position nicht mehr leisten und verspannen. Die Ruhigstellung schädigt unseren ganzen Stoffwechsel, wie wir ausführlich im Kapitel I 1.2 gesehen haben.

- Der Rückfluss venösen Blutes aus den Beinen wird behindert, weil die Wadenpumpe nur unzureichend betätigt wird, und oft an der Unterseite der Oberschenkel der Rück-

---

15 In Deutschland verbindliche Industrienorm für Büroarbeitsstühle. Entspricht ein Bürostuhl nicht dieser Norm, moniert dies die Berufsgenossenschaft und fordert den Arbeitgeber dazu auf, DIN-gerechte Arbeitsstühle anzuschaffen. Die meisten Arbeitgeber befolgen dann diese Aufforderung, weil sie Probleme mit der Berufsgenossenschaft vermeiden wollen. Tatsächlich ist die Rechtslage aber so, dass der Arbeitgeber, in sorgfältiger Abwägung des Für und Wider und in Zusammenarbeit mit den im Unternehmen für die Gesundheit und die Sicherheit der Mitarbeiter zuständigen Gremien wie dem Betriebsarzt, dem Sicherheitsingenieur, dem Gesundheitsmanager und dem Betriebsrat darüber bestimmt, welche Arbeitsmittel den Mitarbeitern zur Verfügung gestellt werden. Entscheidet sich der Arbeitgeber für Arbeitsmittel, die nicht der DIN entsprechen, so hat die Berufsgenossenschaft dies zu akzeptieren. Diese Rechtslage ist aber im Allgemeinen nicht bekannt.

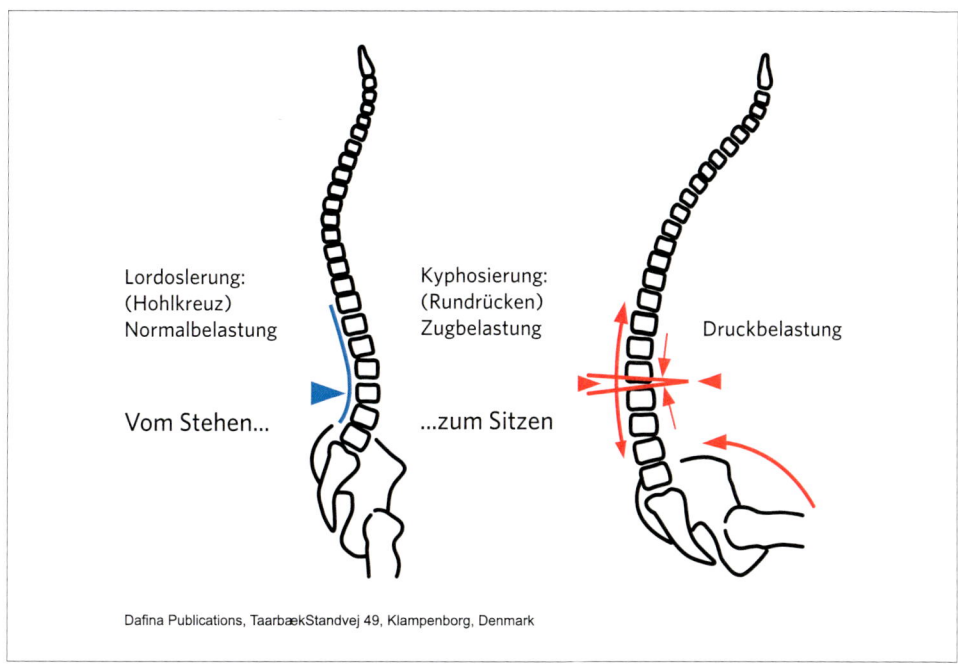

Abb. 2.4.4 Form der Wirbelsäule beim Stehen und beim vorgebeugten Sitzen

fluss venösen Blutes behindert wird (besonders bei Menschen mit eher kurzen Beinen).

Will man gesundheitliche Schäden durch exzessives Sitzen vermeiden, so muss der Büroarbeitsstuhl folgende Vorgaben erfüllen:

- Er muss natürliche, abwechslungsreiche Bewegungsmuster zulassen
- Dazu muss er sich den Bewegungen des Benutzers anpassen – nicht umgekehrt!

Erreicht wird das durch einen aktiv-dynamischen Stuhl, bei dem der Benutzer im labilen Gleichgewicht sitzt und seine Haltung ständig leicht korrigieren muss. Dadurch sind die Muskelketten von den Füßen bis zum Kopf stets leicht in Aktion wie beim aufrechten Gang. Durch diese Ausgleichsbewegungen wird die Muskulatur gut versorgt, es kommt weder zu Verspannungen noch zu Ermüdung. Denn Ermüdung findet nur dann statt, wenn die Versorgung der Muskulatur mit Nährstoffen und Sauerstoff, hinter dem Verbrauch zurückbleibt.

Für die Verwendung in einem ACTIVE OFFICE sollte der Arbeitsstuhl auf einer Feder gelagert sein, die vertikales Schwingen ermöglicht. Dafür gibt es zwei gute Gründe:

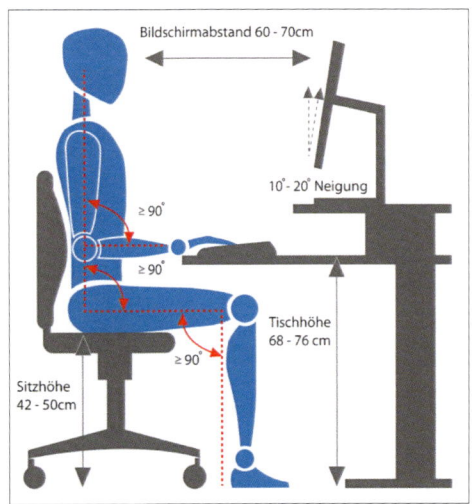

Abb. 2.4.5 Idealisierte Sitzhaltung nach DIN

Abb. 2.4.6 Tatsächliche Sitzhaltung

1. Die natürliche Bewegung des Menschen beim Gehen und Laufen, nämlich die vertikale Be- und Entlastung der Wirbelsäule und der Bandscheiben sowie des gesamten Körpers mit seinen inneren Organen, wird auf diese Weise auch beim Sitzen ermöglicht. Das hat vielfältige positive Wirkungen:

   ○ Das Zwerchfell ist frei, die Atmung tiefer, dadurch ist

   ○ die Sauerstoffsättigung des Blutes höher und damit die Funktion des Gehirns verbessert.

   ○ Der Kreislauf und die Mikrozirkulation werden durch die zusätzliche Bewegung angeregt und bleiben in Schwung.

   ○ Unsere inneren Organe arbeiten besser, weil sie Freiraum für Bewegung haben.

   ○ Der Mensch ist leistungsfähiger und fühlt sich wohl, weil sein Metabolismus angeregt wird

   ○ Er ist aufmerksamer, kann sich besser konzentrieren (wichtig zum Beispiel für Schaltwarten und Nachtschicht!) und

   ○ er ermüdet nicht so schnell.

2. Das weiche, vertikale Schwingen, das Hinsetzen und Aufstehen machen richtig Spaß. Beim Hinsetzen federt man angenehm ein und genießt das Schwingen und Nachschwingen mit seinem ganzen Körper. Beim Aufstehen federt man vorher ein und lässt sich durch den Impuls der Federkraft hochschnellen. Dadurch wird der Wechsel zwischen den Arbeitspositionen im Stehen und im Sitzen zu einer freudigen Gewohnheit. Man muss sich nicht erst dazu überwinden, die Position zu wechseln, sondern tut dies gerne.

Abb. 2.4.7   Konventionelles Sitzen – aktiv-dynamisches Sitzen

Wichtig ist, dass sich nicht nur die Sitzfläche bewegt auf einem sonst starren Stuhl. Nein: Die ganze Sitzkonstruktion muss den Bewegungen des Körpers folgen. Dazu muss der Stuhl in einem Gelenk bodennah gelagert sein. So treten in der Lendenwirbelsäule keine Knickbelastungen beim Übergang zum Kreuzbein auf, die die Bandscheiben übermäßig beanspruchen. Denn an dieser Stelle treten die meisten Bandscheibenvorfälle auf (S1/L5).

Konventionelle Bürostühle haben heute oft ein Gummigelenk unter der Sitzfläche (siehe Abbildung 2.4.8), wodurch der Drehpunkt des Sitzes direkt unter der Sitzfläche liegt. Das kann dem „Besitzer" mehr schaden als nutzen: Ist er nämlich nicht in der Lage, seine Lendenwirbelsäule sehr gut muskulär zu stabilisieren, läuft er Gefahr, seine Bandscheiben zu schädigen. Der Grund: Wegen der starren Unterkonstruktion verharrt der Körperschwerpunkt immer an der gleichen Stelle, lediglich das Becken wird gekippt. Das führt zu einer unnatürlichen Belastung der Bandscheiben.

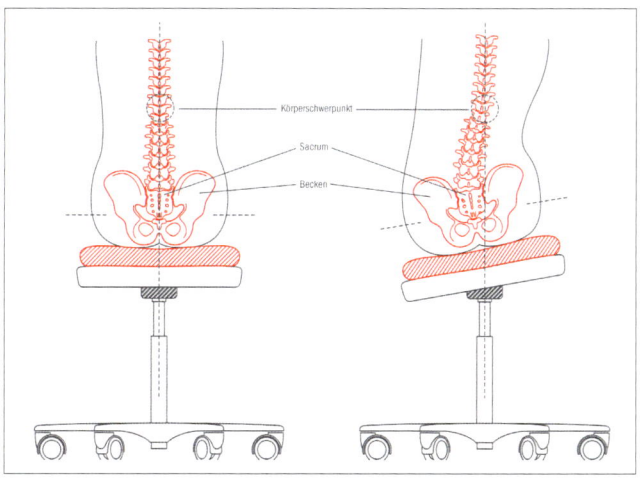

Abb. 2.4.8   Ist das Gelenk unterhalb der Sitzfläche gelagert, werden die Bandscheiben beim Kippen des Beckens stark belastet

Abb. 2.4.9   „3Dee"

Abb. 2.4.10   „swopper"

Aktiv dynamische Büroarbeitsstühle sind zum Beispiel der „swopper" und der „3Dee". Sie haben sich in der Praxis tausendfach bewährt, weil sie Bewegung beim Sitzen ermöglichen und durch ihre Einstellmöglichkeiten unterschiedlichsten Personengruppen gerecht werden. Bei beiden lässt sich die Federhärte nach dem Gewicht des Benutzers einstellen, zwischen 50 und 120 kg, sowie der Widerstand gegen die seitliche Auslenkung härter und weicher stellen. Damit sind sie für alle Gewichtsklassen und Anwendungen geeignet.

Die aktiv dynamische Stehhilfe

Seit der Entwicklung des aufrechten Gangs, die vor etwa fünf Millionen Jahren begonnen und vor etwa zwei Millionen Jahren abgeschlossen war, ist der Mensch, wenn er nicht geschlafen hat, entweder gelaufen, gegangen, gestanden, gehockt oder gelegen. Bei Naturvölkern ist Stehen und Hocken auch jetzt noch, neben dem Gehen, die häufigste Körperhaltung. Noch im Mittelalter hat auch hierzulande die Bevölkerung ihre Arbeit meist im Stehen verrichtet. An das Stehen ist der Mensch deshalb genetisch gut angepasst.

Langes, vor allem einförmiges, unbewegtes Stehen auf harten, ebenen Untergrund gehört aber genauso wenig zu den natürlichen Bewegungsmustern des Menschen wie unbewegtes Sitzen und ist deshalb auf Dauer auch nicht zu empfehlen. Gelenke, Muskeln, Bänder und

Abb. 2.4.11   Eine Stehhilfe wie der „*muvman*", hilft beim aktiv dynamischen Stehen

Venen werden dadurch überbelastet und reagieren mit Schmerzen. Sie sind, wie alles an unserem Körper, dafür geschaffen, sich zu bewegen.

Die Lösung heißt deshalb: aktiv dynamisches Stehen als Alternative zum aktiv dynamischen Sitzen.

Dabei hilft im ACTIVE OFFICE eine aktiv dynamische Stehhilfe. Sie bietet einerseits Entlastung für die Beine und kommt durch Ihre Konstruktion dem Bewegungsmuster beim Gehen sehr nahe. Wie bei einem aktiv dynamischen Bürostuhl „sitzt" man auch auf ihr im „labilen Gleichgewicht", wodurch die einzelnen Muskelgruppen von den Füßen bis zum Kopf ständig angesprochen werden, um die Balance zu halten. Ähnlich wie beim aufrechten Gang wird durch das ständige Austarieren das Gleichgewichtssystem angeregt und damit die Funktion des Gehirns unterstützt.

Wie beim Gehen pendelt der Benutzer um die Vertikale. Becken, Hüft-, Knie- und Fußgelenke sowie die Wirbelsäule und damit der gesamte Körper, sind stetig leicht in Bewegung. Durch die große Freiheit der Bewegungsmuster werden Zwangshaltungen vermieden. Die Stehhilfe muss so gestaltet sein, dass sie einerseits Bewegung zulässt, andererseits aber auch einen sicheren Halt gewährleistet. Ihre Benutzung ist optional. Deshalb ist es vorteilhaft, wenn sie einen Griff besitzt, damit man sie ohne großen Aufwand wegstellen oder herbeiholen kann.

Die „IT-BOX"

An vielen Arbeitsplätzen besteht ein unglaubliches Durcheinander an Kabeln, Steckern, Hubs, Steckdosen, etc.. In dem Gewirr findet man sich meist schwer zurecht, es sieht zudem katastrophal aus.

Im ACTIVE OFFICE ist das natürlich anders. Eine „IT-BOX" nimmt den Arbeitsplatzcomputer mit allen Kabeln, Steckern, Bildschirmweiche, Hubs und anderen Zusatzgeräten sowie Anschlüssen auf. Um das Kabelmanagement zu optimieren, ist sie zwischen den beiden Arbeitsflächen positioniert, kann aber auch an anderer Stelle aufgestellt werden. Alle Kabel werden geordnet geführt und verlegt. Der Arbeitsplatz macht einen aufgeräumten Eindruck.

Die „IT-BOX" besteht aus einem unteren Teil für die Aufnahme der Kabel, etc., und aus einem oberen Teil, einer Haube für den Arbeitsplatzcomputer. Verwendet man einen Laptop, so wird dieser am besten auf einer der Arbeitsflächen positioniert oder zentral auf der Haube der „IT-BOX". In diesem Fall kann diese stabile Hülle als Stauraum mit Einlegböden verwendet werden.

Telefoniert man über den Computer, so befindet sich nur das Headset auf dem zentralen Computerblock oder konventionell der Telefonapparat. Auch dieser sollte aber mit Headset genutzt werden, für die zusätzliche Bewegungsfreiheit. Durch die zentrale Aufstellung zwischen den Arbeitsflächen kann man sowohl im Sitzen als auch im Stehen gut auf das Telefon/Headset zugreifen. Jedes Mal beim Telefonieren ist zusätzliche Bewegung erforderlich.

Abb. 2.4.12   Kabelverhau

Abb. 2.4.13   *„IT-BOX"*

Und das ist ja der Sinn der Sache. Telefoniert wird jedenfalls ausschließlich im Stehen – innerhalb oder außerhalb des Bewegungsraums.

Der *„ACTIVE OFFICE TRACKER"*

Bestimmt kennen Sie das: Sie sitzen voll konzentriert und vertieft in Ihre Arbeit vor dem Computer und haben die Zeit total vergessen. Tatsächlich starren Sie unbeweglich und verkrampft auf Ihren Bildschirm, und wenn Sie nach einiger Zeit aufstehen, tut Ihnen alles weh. Sie spüren, wie abträglich das starre Sitzen ist. Um das zu vermeiden gibt es im ACTIVE OFFICE den *„ACTIVE OFFICE TRACKER".*

Er besteht aus einem oder mehreren Sensoren, die die im Sitzen, im Stehen und im Bewegungsraum verbrachte Zeitspanne messen und aufzeichnen. Ein Programm wertet die Daten aus und stellt sie am Bildschirm grafisch und numerisch dar. Folgende Informationen werden angezeigt:

- ob sie gerade Sitzen, Stehen, oder sich im Bewegungsraum befinden
- Die Intervalle zwischen den Positionswechseln „Sitzen", „Stehen", „Bewegungsraum" und „nicht am Arbeitsplatz" in einer fortlaufenden Aufzeichnung,
- die summierte Zeit für jede Position,
- der „Dynamikfaktor" (Er zeigt an, wie oft Sie die Position gewechselt haben) und
- die Tages-, Wochen-, Monats- und Jahreswerte.

Damit sie nicht zu lange unbeweglich sitzen bleiben, können Sie sich von einer kleine Lampe daran erinnern lassen, aufzustehen. Nach einer gewissen Zeit, die Sie frei wählen können, fängt die Lampe langsam an zu leuchten. Fünf Minuten später leuchtet sie strahlend hell. Wenn Sie dann noch immer nicht Ihre Position wechseln, fängt sie aufgeregt an zu blinken. Wenn Sie dann noch immer nicht aufstehen, hört sie nach weiteren fünf Minuten erschöpft auf zu blinken. Wechseln Sie aber Ihre Position, erlischt die Lampe. Sie können die Funktion der Lampe natürlich auch deaktivieren.

Nachdem man eher zu lange sitzen bleibt als zu lange steht, haben wir die Lampe nur an der Sitzarbeitsfläche vorgesehen. Beim Stehen entscheiden Sie dann selbst, wie lange Sie durchhalten wollen. Solange Sie dynamisch stehen, ist das kein Problem. Sie können aber natürlich auch eine Lampe zur Erinnerung an Ihrem Steharbeitsplatz installieren.

Unsere Empfehlung ist, ein und dieselbe Haltung im Büro nicht länger als zehn bis maximal 20 Minuten beizubehalten. Dann ist ein Positionswechsel angebracht. Besser ist es, man bewegt sich ständig, doch dies ist nicht immer möglich. In einer gesteigerten Form könnte man die Software auch so programmieren, dass nach der gewählten Zeitspanne, automatisch der Bildschirminhalt vom Sitzarbeitsplatz zum Steharbeitsplatz wechselt. Das könnte sich zum Beispiel ankündigen, indem der Bildschirm langsam dunkler wird und erst wenn man den Arbeitsplatz gewechselt hat, wieder hell strahlt. Natürlich sind in Zukunft auch andere Möglichkeiten denkbar, um den Positionswechsel zu unterstützen.

Abb. 2.4.14   *„ACTIVE OFFICE TRACKER"*

Das für jeden Nutzer individuell errechnete Bewegungsprofil zeigt Ihnen an, ob Sie mit Ihrem Bewegungsverhalten „im Soll" liegen. Den „Soll–Wert" legen Sie selbst fest. Wenn Sie sich zum Ziel gesetzt haben, gesünder zu leben, mehr Lebensqualität zu spüren und Ihre Leistungsfähigkeit zu steigern, dann wird der „*ACTIVE OFFICE TRACKER*" eine willkommene Hilfe dabei sein. Er dient Ihnen zur Kontrolle, ob Sie Ihre Vorsätze einhalten oder sogar übertreffen.

Zur effektiven Vorbeugung gegen die üblichen Zivilisationskrankheiten bleibt es jedem natürlich selbst überlassen, zusätzlich zu dem „*ACTIVE OFFICE TRACKER*", noch einen Fitness-Tracker zu verwenden, der das Bewegungsverhalten außerhalb des Büros aufzeichnet.

Selbstverständlich ist es auch möglich, einen ACTIVE OFFICE Arbeitsplatz ohne den „*ACTIVE OFFICE TRACKER*" zu verwenden. Wenn Sie aber den größtmöglichen Nutzen aus Ihrem neuen, bewegten Arbeitsplatz ziehen möchten, dann ist der „*ACTIVE OFFICE TRACKER*" eine große Hilfe. Besonders in der ersten Phase der Umstellung, solange die neue Arbeitsweise noch nicht zur Selbstverständlichkeit geworden ist, hilft er enorm weiter. Und genau so sollten Sie ihn sehen: Nicht als Störenfried, der Sie von einer Stelle zur anderen scheucht, sondern als guten Freund, der Ihre Leistungsfähigkeit, Arbeitseffizienz, Lebensqualität und gesundheitliche Situation im Auge behält und Sie deshalb freundlich aber bestimmt an einen Positionswechsel erinnert.

Das „*ACTIVE OFFICE FOCUS LIGHT*"

Kennen Sie das? Sie kommen voll Energie ins Büro und haben sich fest vorgenommen, einen wichtigen Brief gleich früh morgens zu schreiben. Doch kaum haben Sie sich an die Arbeit gesetzt, klingelt das Telefon. Nachdem Sie aufgelegt haben, kommt eine Kollegin mit einer dringenden Frage in Ihr Büro. Die Klärung der Angelegenheit dauert leider etwas länger, als ursprünglich gedacht. Anschließend müssen Sie in eine Besprechung.

Nachdem Sie zurück sind, schauen Sie nur schnell Ihre E-Mails durch, es könnte ja etwas Wichtiges dabei sein, was sofort erledigt werden muss. Tatsächlich warten mehrere wichtige E-Mails in Ihrem Postfach. Um einige zu beantworten, müssen Sie noch zusätzliche Informationen einholen, telefonieren und im Archiv nachsehen. Dann ist es Mittag. Jetzt lohnt es sich nicht mehr, mit Ihrem Brief zu beginnen, denn bis zum Mittagessen können Sie ihn nicht mehr fertigstellen und Sie wollen die Arbeit daran ja auch nicht unterbrechen. Also gehen Sie zum Essen.

Dort treffen Sie einen Kollegen, den Sie schon seit Monaten nicht mehr gesehen haben und mit dem Sie dringende Dinge zu besprechen haben. Sie genehmigen sich gemeinsam noch einen Kaffee. Leider hat die Mittagspause deutlich länger gedauert als normal. Bis Sie in Ihr Büro zurückkommen...

Um das Ganze abzukürzen: Am Abend ist der Brief noch immer nicht geschrieben. Sie können heute aber nicht länger bleiben, da Sie Karten für eine Theater-Vorstellung haben. Also machen Sie morgen erneut einen Anlauf, den wichtigen Brief zu schreiben.

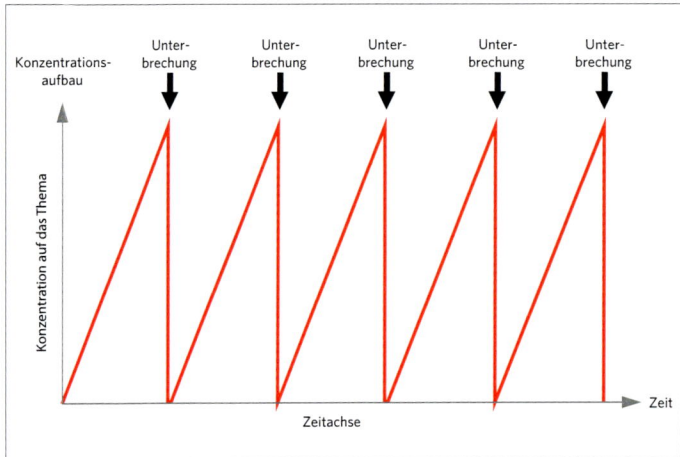

Abb. 2.4.15 Sägezahn-muster für Konzentrations-aufbau und Störung

Diese Abläufe wiederholen sich in jedem Büro, Tag für Tag, rauben unglaublich viel Energie und erzeugen Frust – das Gegenteil von einem erfüllten Arbeitsleben. Dabei ist es so einfach, dieses ineffektive Muster aus „Konzentrationsaufbau – Störung – erneutem Konzentrationsaufbau – erneuter Störung" zu vermeiden.

Dafür gibt es das „ACTIVE OFFICE FOCUS LIGHT". Es leuchtet rot, wenn man nicht gestört werden möchte, und ist ausgeschaltet, wenn man für eine Kommunikation „offen" ist. Es stehen zwei Ausführungen zur Verfügung: Die Version „Desk" die an der Steharbeitsfläche Ihres Arbeitsplatzes angebracht ist und die Version „Wall", die sich vor der Eingangstüre zu Ihrem Büro befindet.

Mit dem „ACTIVE OFFICE FOCUS LIGHT" können Sie sich vor unliebsamen Störungen schützen. Es erhöht Ihre Arbeitseffizienz und Zufriedenheit und erlaubt Ihnen, Projekte ohne Stress zu dem vorgegebenen Termin erfolgreich zu Ende zu bringen.

Abb. 2.4.16 Das „*ACTIVE OFFICE FOCUS LIGHT*" Desk

Abb. 2.4.17 Das „*ACTIVE OFFICE FOCUS LIGHT*" Wall

Sinnvoll wäre es, das „*ACTIVE OFFICE FOCUS LIGHT*" ergänzend mit dem Telefon zu koppeln:

- Wenn Sie telefonieren, schaltet das „*ACTIVE OFFICE FOCUS LIGHT*" automatisch auf „Rot", sodass Sie von Ihren Kollegen nicht angesprochen und gestört werden. Das ist wichtig, wenn Sie mit einem Headset telefonieren, denn Sie halten dann ja keinen Hörer in der Hand, der anzeigt, dass Sie telefonieren
- Wenn Sie das „*ACTIVE OFFICE FOCUS LIGHT*" eingeschaltet haben, ist Ihr Telefon auf die Zentrale umgeleitet oder auf Ihre Mailbox, um Sie vor Störungen zu schützen.

Unsere Bemühungen, diese sicherlich sehr nützlichen Funktionen zu entwickeln, sind bislang leider an der Vielfalt der Telefonanlagen und den unterschiedlichen verwendeten Techniken gescheitert. Es bleibt Ihnen also leider nichts anderes übrig, als Ihr Telefon manuell umzuschalten, wenn Sie Ihr „*ACTIVE OFFICE FOCUS LIGHT*" aktivieren.

Die Bedienung ist einfach. Sie können es über ein kleines Fenster auf Ihrem Bildschirm ein- und ausschalten. Beim Einschalten wählen Sie die Zeitdauer in Minuten, während der die Lampe rot leuchten soll. Sie können die Funktion jederzeit unterbrechen oder eine neue Zeitdauer einstellen.

Um dem berechtigten Kommunikationsbedarf der Kollegen gerecht zu werden, sollten die „Rot-Phasen" nicht überhand nehmen oder zu lang dauern. Andernfalls sind diese genötigt, sich in dringenden Fällen über Ihr rotes Licht hinwegzusetzen und Sie trotzdem bei der Arbeit zu stören. Um den Arbeitskollegen einen Hinweis zu geben, wie lange die „Rot-Phase" noch anhält, kann man einstellen, dass das Licht die letzten fünf Minuten zuerst langsam und zum Ende der „Rot-Phase" immer schneller blinkt, bis es schließlich erlischt. Wird diese Funktion aktiviert, muss die Lampe aber außerhalb des Sichtfeldes des Benutzers liegen, da ihn das Blinken sonst stört.

Wenn in einer Firma das „ACTIVE OFFICE FOCUS LIGHT" eingeführt wird, muss Konsens unter den Mitarbeitern herrschen, dieses auch zu respektieren. Es sollte also in einer Mitarbeiterversammlung beschlossen werden, ebenso wie die Verhaltensregeln, die sich daraus ergeben.

Die „ACTIVE OFFICE Couch"

Ein Sofa im aktiven Büro? Nachdem wir Ihnen ein halbes Buch lang über die Notwendigkeit von Bewegung im Arbeitsalltag erzählt haben? Ja! Genau deshalb. Sitzen, liegen, lümmeln – alles ist erlaubt, was Ihnen gut tut und womit Sie sich wohl fühlen, solange Sie auch hier nicht zu lange in einer Stellung verharren. Denn eine Couch steht keineswegs im Widerspruch zum ACTIVE OFFICE; sie bietet vielmehr weitere, zusätzliche Verhaltensmuster an.

Abb. 2.4.18   Die „ACTIVE OFFICE Couch"

In aller Ruhe ein Schriftstück lesen, einen Vertrag durcharbeiten, etwas konzipieren, korrigieren oder eine Mindmap erstellen – die „*ACTIVE OFFICE Couch*" bietet dafür neben Steh- und Sitz-Arbeitsplatz eine dritte Position im Büro. Oder wollen Sie sich einfach mal eine kurze Unterbrechung gönnen und regenerieren? Auch das ist natürlich erlaubt.

Das Lesen macht in einer anderen Position plötzlich viel mehr Spaß und hilft Ihren Einfällen auf die Sprünge, denn abwechslungsreiche Körperhaltungen erhöhen die Kreativität. Auch kurze Besprechungen oder Arbeits-Phasen mit einem Laptop, Tablet oder Smartphone können hier stattfinden. Die Couch bietet kleine Arbeitsflächen in unterschiedlichen Höhen an, sodass Sie sogar eine gewisse Zeit im Stehen an ihr arbeiten können.

Durch die Organisation Ihrer Arbeit mit der „*IT-BOX*, Ihren beiden „*ACTIVE OFFICE DESKS*" und dem Headset/Telefon auf der „*IT-BOX*" haben Sie gar nicht die Möglichkeit, lange in einer Entspannungsposition zu verharren, sondern müssen immer wieder aufstehen. Genießen Sie also die kurze Unterbrechung!

Nicht jeder Mitarbeiter braucht eine eigene „*ACTIVE OFFICE Couch*". Sie kann so aufgestellt werden, dass sie von mehreren Kollegen gemeinsam genutzt wird. Da man niemals länger auf ihr verweilt, ist das ohne weiteres möglich.

Einen „*ACTIVE OFFICE Palaver*"

Kurze Besprechungen mit wenigen Teilnehmern sollten Sie grundsätzlich an Ihrer Steharbeitsfläche abhalten. Längere Besprechungen, solche mit mehreren Teilnehmern, oder umfangreichen Unterlagen, planen Sie besser am „*ACTIVE OFFICE Palaver*" ein. Das ist ein „organisch" geformter Stehbesprechungstisch, der in seiner Größe und Form dem zur Verfügung stehenden Raum angepasst wird.

Die Höhe des Tisches ist einheitlich 111 cm, da sich herausgestellt hat, dass größere und kleinere Mitarbeiter nicht gemeinsam an unterschiedlich hohen Tischen arbeiten wollen. Es bietet sich an, am „*ACTIVE OFFICE Palaver*" „*ACTIVE OFFICE FLOOR*" Bodenmatten und aktiv dynamische Stehhilfen wie zum Beispiel einen „*muvman*", zu verwenden.

Durch die organische Form der Tischplatte sind Besprechungen in kleinen und größeren Gruppen immer an der dafür geeigneten Stelle möglich. Manchmal möchte man näher zusammenstehen oder gegenüber, aber nicht zu weit weg – je nach Thema, Zahl der teil-

Abb. 2.4.19   Der „ACTIVE OFFICE Palaver"

nehmenden Mitarbeiter und den benötigten Arbeitsunterlagen, kann man immer die richtige Platzierung finden.

Besprechungen im Stehen sind im Allgemeinen kürzer, produktiver und erfolgreicher als im Sitzen. Wenn Sie dynamisch stehen, also unterschiedliche Stellungen einnehmen, auf der „ACTIVE OFFICE FLOOR" Matte hin- und hergehen und damit verschiedene taktile Reize über Ihre Fußsohlen erhalten, zwischendurch auf einem „muvman" sitzen, wieder aufstehen und die Belastung von einem Bein auf das andere verlegen, bleibt Ihr Kreislauf in Schwung, Sie atmen tiefer, haben eine höhere Sauerstoffsättigung Ihres Blutes, bleiben wach und aufmerksam. Dadurch fällt es allen Teilnehmern leichter, gute Ideen zu produzieren.

Ein „ACTIVE OFFICE Palaver" sollte deshalb in keinem ACTIVE OFFICE fehlen.

Die „ACTIVE OFFICE Fußstütze"

Diese besondere Fußstütze hilft, die Bewegungsmuster im Stehen möglichst abwechslungsreich zu gestalten und so den Lendenwirbelbereich zu entlasten. Wie funktioniert das? Stellt man ein Bein auf der Stütze ab, wird das Gewicht zum Teil auf das andere Bein verlagert. Hüft-, Knie- und Fußgelenke ändern ihre Winkel, das Becken wechselt seine Position mit Auswirkungen auf das Iliosakralgelenk, die Stellung der Wirbelsäule und die Belastung der Bandscheiben. Faszien, Bänder, Sehnen und Muskeln werden auf eine neue Art beansprucht. Propriozeptoren und andere Rezeptoren melden die neuen Anforderungen an das vestibuläre System und das Zentralnervensystem. Diese reagieren mit den nötigen Informationen, um das Gleichgewicht aufrechtzuerhalten.

Abb.2.4.20 Die flexible
„ACTIVE OFFICE Fußstütze"

Es wird also eine ganze Kaskade von Reaktionen ausgelöst, die zu einem neuen Bewegungs-muster führen. Dadurch wird längeres Stehen abwechslungsreicher und gesünder.

Die Fußstütze sollte aber vorzugsweise nicht starr, sondern wie der Bürostuhl und die Steh-hilfe ebenfalls aktiv dynamisch gestaltet sein. Sie bietet Halt und stellt trotzdem zusätzliche Anforderungen an das Gleichgewichtssystem.

Einen besonderen Anreiz bekommt das vestibuläre System, wenn der Büroarbeiter auf ei-nem *„muvman"* im labilen Gleichgewicht sitzt und die Beine auf einer aktiv dynamischen, flexiblen Fußstütze abstützt. Bewegung lässt sich dann nicht mehr vermeiden.

2.5   Wo steht was im ACTIVE OFFICE?

Das zentrale Element des ACTIVE OFFICE ist der *„Bewegungsraum"*, um den sich die beiden Arbeitsflächen, die *„ACTIVE OFFICE DESKS"*, und das Organisationsmöbel, das *„Sideboard"* gruppieren. Diese Elemente können ganz nach Wunsch angeordnet werden.

Zum Beispiel kann man:

- die beiden Arbeitsflächen miteinander verbinden, sodass nur ein geringer Abstand zwischen beiden besteht und man im Stehen auch auf den Bildschirm der Sitzarbeits-fläche sehen kann, ohne dafür den Arbeitsplatz wechseln zu müssen,
- die einzelnen Elemente getrennt voneinander anordnen, im Winkel zueinander, linear oder einander gegenüber,

- das „*Sideboard*" gegenüber von den Arbeitsflächen aufstellen, im Winkel dazu, zwischen den Arbeitsflächen oder unter der Steharbeitsfläche positionieren,
- die beiden „*ACTIVE OFFICE DESKS*" oder auch nur einen in das „*Sideboard*" integrieren

Die „*ACTIVE OFFICE DESKS*" sind nur etwa halb so groß wie konventionelle Schreibtische. Das „*Sideboard*" ist sicher das variabelste Element unseres Konzepts: in der Größe gar nicht vorgegeben, hängt es in seinen Dimensionen von der individuell unterschiedlichen Notwendigkeit ab, Vorgänge abzulegen. Es kann in seinen Abmessungen zwischen einem Rollcontainer und einer Schrankwand variieren – eher breit oder eher hoch sein. In einem papierlosen Büro kommt man vielleicht sogar ganz ohne Organisationsmöbel aus oder es genügt die „*IT-BOX*" als Ablage. Die Anordnung der einzelnen Elemente kann sich deshalb völlig flexibel nach den räumlichen Gegebenheiten richten. Im Folgenden einige Beispiele:

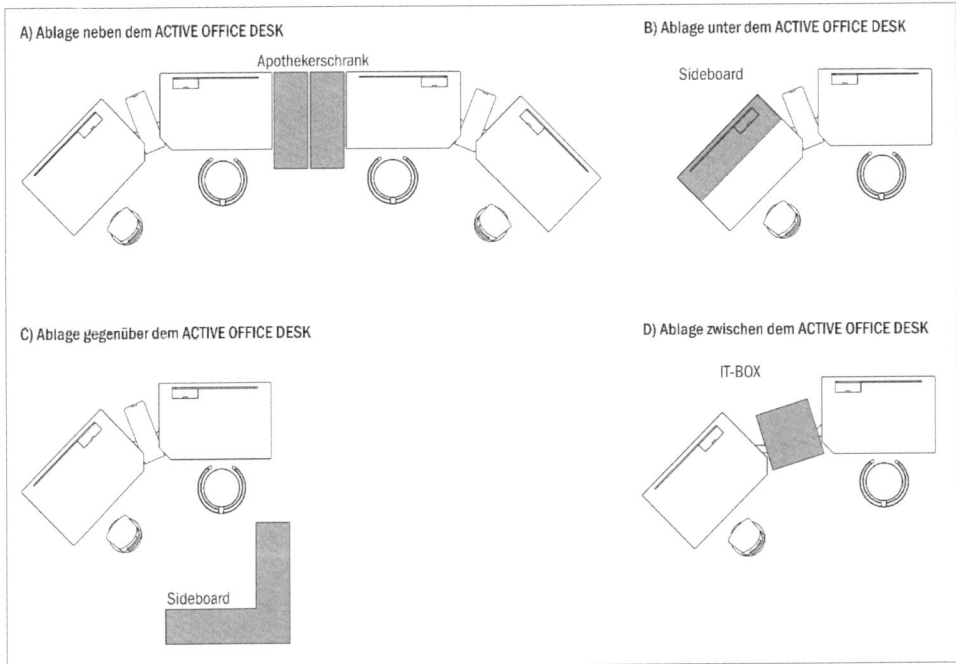

Abb. 2.5.1   Mögliche Anordnung der „*ACTIVE OFFICE DESKS*" und des „*Sideboards*"

Das „*Sideboard*" kann zum Beispiel in der Mitte zwischen den beiden Arbeitsflächen oder seitlich der „*ACTIVE OFFICE DESKS*" stehen – und dann gleichzeitig als Raumteiler benutzt werden. Auch unter der Steharbeitsfläche oder gegenüber beziehungsweise im Rücken der „*ACTIVE OFFICE DESKS*" ist eine Positionierung denkbar. Es kann in einer Kombination über

Eck oder als gerades Möbel ausgeführt sein. Ein kleines „*Sideboard*" könnte auch zwischen den beiden Arbeitsflächen und ein größeres gegenüberliegend angeordnet sein.

Die „*ACTIVE OFFICE DESKS*" können sogar in das „*Sideboard*" integriert werden. Dies kann zu sehr platzsparenden Lösungen führen, wenn zum Beispiel die Sitzarbeitsfläche aus dem „*Sideboard*" hervorragt und damit eine „Privatsphäre" geschaffen wird, weil das „*Sideboard*" Sicht- und Schallschutz bietet. Wenn dann noch seitlich anschließend eine Trennwand („*PROTECT*"), die gleichzeitig als Pinnwand genutzt werden kann, zum Nachbar-Arbeitsplatz vorgesehen ist, könnte dies für Großraumbüros eine sinnvolle Gestaltungsmöglichkeit sein.

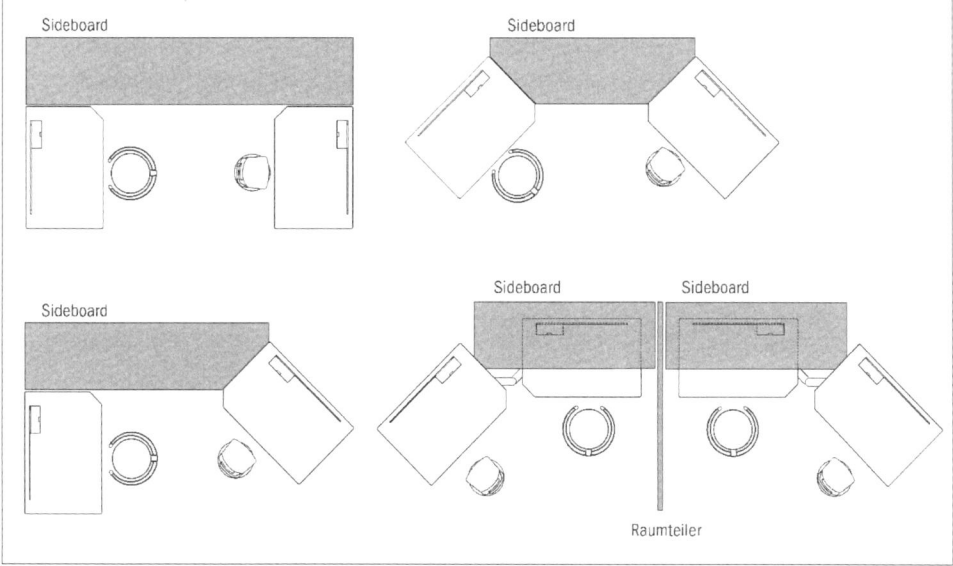

Abb. 2.5.2 *„ACTIVE OFFICE DESKS"* integriert in das *„Sideboard"*

Platzbedarf

Der Flächenbedarf ist ein großes Thema in der Büro-Planung, weil damit erhebliche Kosten verbunden sind. Die Vermutung liegt nahe, dass ein Arbeitsplatz mit zwei Schreibtischen mehr Platz benötigt, als ein konventioneller. Dies ist jedoch nicht der Fall.

Durch die Aufteilung des einen Schreibtisches in zwei gewinnt man mehr Flexibilität bei der Einrichtung, und die Gesamtschreibtischfläche ist nicht wesentlich größer als bei einem konventionellen Arbeitsplatz. Wenn man dann noch die Sitz- oder Steharbeitsfläche in das *„Sideboard"* integriert, kann man sogar platzsparender einrichten als bei konventionellen Bürokonzepten.

Eine „große Lösung" ist die Anordnung im Quadrat mit einem großzügig bemessenen *„Bewegungsraum".* Die in Abbildung 2.5.3 dargestellte Variante mit den Abmessungen 3 x 3 Meter kann auch genauso gut auf 2,5 x 2,5 Meter oder 2 x 4 Meter realisiert werden. Damit ist der Platzbedarf nicht größer als bei einer konventionellen Winkelkombination mit Schrank.

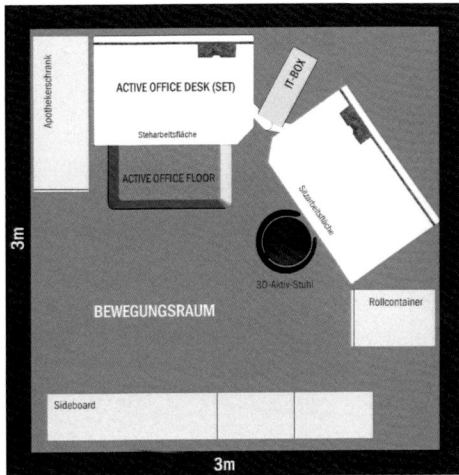

Abb. 2.5.3   ACTIVE OFFICE Workplace 3 x 3 Meter   **Abb. 2.5.4**   Kombination von Arbeitsplätzen

Bei der in Abbildung 2.5.4 dargestellten Kombination von Arbeitsplätzen im Großraumbüro sind Verkehrswege an allen vier Seiten vorgesehen. Je nach Verkehrsfrequenz kann es störend sein, die vorbeigehenden, oft auch miteinander sprechenden oder telefonierenden Personen im Blickfeld zu haben. Deshalb steht es jedem frei, seinen Arbeitsplatz so einzurichten, dass

- beide Arbeitsflächen zu den Verkehrswegen hin ausgerichtet sind (oben rechts),
- nur die Steh- oder Sitzarbeitsfläche zu einem Verkehrsweg ausgerichtet ist (links oben und rechts unten), oder
- beide Arbeitsflächen zu den Raumteilern hin ausgerichtet sind.

Für die Kombination von Arbeitsplätzen ist auch eine sechseckige Wabenform gut geeignet. Jeweils zwei Arbeitsplätze können dann in einer halben Wabe Platz finden, mit einem Ver-

Abb. 2.5.5 Wabenlösung mit Verkehrswegen und Insellösung mit 120 Grad Anordnung

Wabenlösung mit Verkehrswegen

kehrsweg, der die Wabe in zwei Hälften teilt. (Abb. 2.5.5). Viele andere Möglichkeiten der Gestaltung sind ebenso denkbar, wie etwa Insellösungen. Die Flexibilität des Systems setzt der Kreativität des Benutzers fast keine Grenzen.

Mini – ACTIVE OFFICE

Ein ACTIVE OFFICE muss nicht immer mit allen zwölf aufgeführten Elementen ausgestattet sein. Ganz im Gegenteil. Charakteristisch für das Konzept ist, sich bei der Arbeit zu bewe-

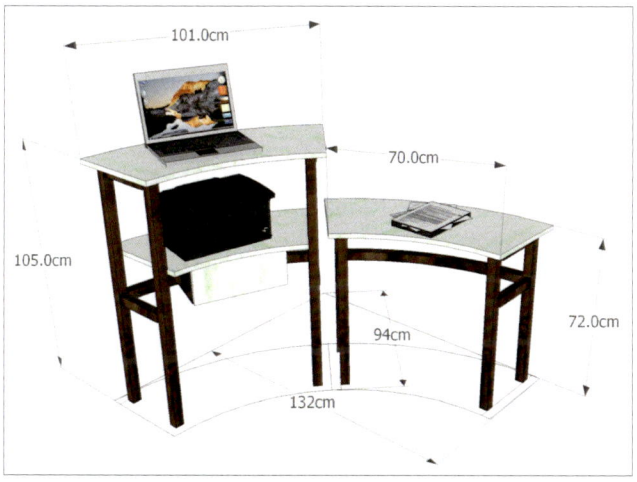

Abb. 2.5.6 Ein Mini- ACTIVE OFFICE nach Josef Glöckl

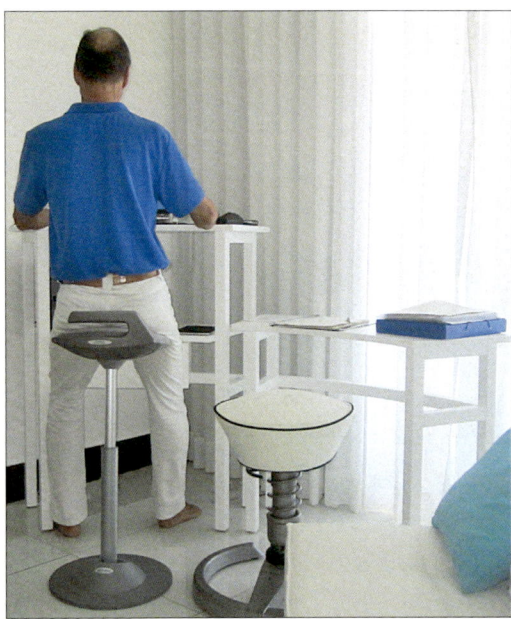

Abb. 2.5.7   Arbeiten im „Mini-ACTIVE OFFICE" im Steh-Sitzen auf einem *„muvman"*

gen. Wie man das am besten erreicht, kann jeder selbst entscheiden, es hängt natürlich auch von den Arbeitsanforderungen ab. Das vorliegende Buch habe ich zum Beispiel in meinem „Mini-ACTIVE OFFICE" geschrieben. Dabei hatte ich zu keiner Zeit das Gefühl, zu wenig Platz zu haben oder mich nicht ausreichend zu bewegen.

2.6   The Workplace Revolution

Dass die Inaktivität im Büro für viele gesundheitliche Probleme verantwortlich ist und einen immensen volkswirtschaftlichen Schaden verursacht, ist inzwischen eine unbestrittene Tatsache. Entsprechende Verbesserungs-Vorschläge sind alle gut gemeint, zielen aber an dem Kern des Problems vorbei. Sie empfehlen mehr Bewegung zwischen den Arbeitsplätzen, im Treppenhaus, zum Kopierer und Drucker, Bewegungspausen, Ausgleichsgymnastik und Rückenschule, also Aktivitäten zusätzlich zur Arbeit und abseits des Arbeitsplatzes, mit dem Ziel den durch das starre Sitzen verursachten Schaden zu lindern. Das Übel an der Wurzel zu packen, würde dagegen heißen:

Den Bewegungsmangel am Arbeitsplatz selbst zu beseitigen.

Das ACTIVE OFFICE-Konzept tut dies erstmals, weshalb wir es als „The Workplace Revolution" bezeichnen. Denn revolutionär ist es: Bislang wurde das starre Sitzen nämlich allgemein als sakrosankt angesehen – niemand hat gewagt darüber nachzudenken, wie man wirklich anders arbeiten könnte.

Konventionelle Büros sind so organisiert, dass möglichst alle Arbeitsmittel wie Telefon, Tastatur, Maus, Bildschirm, ja sogar Hefter, Locher, Stifte, Ablage und Drucker sich in Greifweite befinden. Diese Cockpit-Lösungen sind sehr beliebt, weil man damit „keine Zeit verliert", auf seine Arbeitsmittel zuzugreifen und sich auch nicht „unnütz bewegen" muss. Der zugrunde liegende Gedanke, dass jede Zehntelsekunde an Zeitersparnis die Leistungsfähigkeit und Effizienz bei der Arbeit erhöht, ist richtig für Maschinen, nicht aber für den Menschen.

Beim Menschen entscheiden physiologische Faktoren über seine Leistungsfähigkeit und sein Wohlbefinden – nicht optimierte Zugriffszeiten.

Der Mensch „funktioniert" dann am besten, wenn er sich so verhält, wie das die Natur für ihn vorgesehen hat. Schließlich wurde er über die Natürliche Selektion hunderttausende Jahre lang darauf hin optimiert, sich viel und geschickt zu bewegen. Der Mitarbeiter, der gesund ist, gut geschlafen und sich dabei regeneriert hat, ist auch voll Tatkraft und Lebensfreude. Das sind die Voraussetzungen dafür, ob jemand gute Leistungen im Büro erbringt – und nicht kurze Zugriffszeiten auf Hefter oder Telefon.

Diese gute Funktion des Stoffwechsels und des Immunsystems, die Vorbedingung für Leistungsfähigkeit und Lebensqualität, darf dann nicht im Büro durch Bewegungsarmut behindert werden. Sie muss während des gesamten Tages aufrechterhalten werden, indem man seinem Körper gibt, was er braucht:

Bewegung und gesunde Ernährung.

Wohlbefinden, gute Laune und Leistungsfähigkeit gehen Hand in Hand damit. Ein Mensch, der dies nicht berücksichtigt, wird mittel- und langfristig keine guten Leistungen erbringen können, weil es sein Körper gar nicht zulässt. Er kann es einfach nicht. Deshalb muss es das vordringlichste Interesse jedes Arbeitgebers sein, den Metabolismus seiner Mitarbeiter optimal in Schuss zu halten.

Genetisch gesehen sind wir noch Steinzeitmenschen[16]. Deshalb arbeitet der Mensch dann am besten, wenn er sich so verhält, wie dies unsere Ur-Ahnen vor 5.000 bis 10.000 Jahren getan haben. Das ist, angepasst an unsere moderne Arbeitsumgebung und technischen Kommunikationsmittel, auch heute im Büro möglich. Es braucht aber ein Umdenken, in dessen Folge konventionelle Büroeinrichtungskonzepte und Arbeitsabläufe durch die in diesem Buch beschriebene

Workplace Revolution

ersetzt werden. Das bedeutet nichts anderes, als eine „artgerechte Haltung" des Menschen im Büro. Für Unternehmer, die erkannt haben, dass ihre Mitarbeiter ihr wertvollstes Kapital und Potenzial sind, ist dies auch eine ethisch selbstverständliche Forderung.

Die andere, neue Organisation der Büroarbeit kann jeder Einzelne zumindest ein Stück weit selbst umsetzen. Dabei unterscheiden wir zwischen

- *der Bewegung innerhalb des Büros* (Gang zum Kopierer, zur Kollegin/zum Kollegen, zur Kaffeemaschine, Treppen steigen, statt Aufzug fahren, etc.),
- *der Bewegung am Arbeitsplatz selbst.* Mit Letzterem beschäftigt sich die Workplace Revolution im ACTIVE OFFICE.

Beide Konzepte ergänzen einander, um im Büro gesund und leistungsfähig zu bleiben.

Wie kann man nun möglichst viel spontan initiierte, komplexe Bewegung in den täglichen Arbeitsablauf einbauen? Sehr einfach: Indem jeder Wunsch, etwas zu tun, Bewegung auslöst. Wie wir bereits ausführlich gesehen haben, bedeutet dies vor allem, dass wir

- bei der Arbeit an einem Vorgang, der längere Zeit beansprucht, regelmäßig, am besten nach einer Zeitspanne von zehn bis 20 Minuten, von der Sitzarbeitsfläche zur Steharbeitsfläche wechseln,
- nur einen Vorgang auf dem Arbeitsplatz vor uns liegen haben,
- nach Erledigung des Vorgangs zum „*Sideboard*" gehen, den Vorgang ablegen und den nächsten zur Bearbeitung mitnehmen,
- am „*Sideboard*" idealerweise noch in die Knie gehen oder uns strecken,
- möglichst oft bodennah arbeiten,

---

16   D. Ganten, T. Stahl, T. Deichmann, Die Steinzeit steckt uns in den Knochen, Gesundheit als Erbe der Evolution, 3. Auflage Mai 2011, Piper Verlag München

- längere Phasen im Stehen verbringen als im Sitzen, denn im Stehen sind wesentlich mehr unterschiedliche Bewegungsmuster möglich und es werden zusätzlich mehr Kalorien verbraucht (höherer Gesamtumsatz),
- alle abwechslungsreichen Tätigkeiten, wie zum Beispiel das Beantworten von E-Mails, prinzipiell im Stehen verrichten, wobei sich die Anhänge der E-Mails an der Sitzarbeitsfläche öffnen,
- unseren Bewegungsraum oft und voll (aus-)nutzen,
- die „ACTIVE OFFICE Couch", die Kreativcouch, für weitere spontane Bewegungsmuster nutzen,
- kurz gesagt: jede erdenkliche Möglichkeit nutzen, uns abwechslungsreich zu bewegen.

Dazu kommt noch die Bewegung im Büro selbst. Der Gang zu Kollegen, die Benutzung des Treppenhauses, der Weg zum Drucker, etc. Ihrer Kreativität sind keine Grenzen gesetzt. Auch ein kurzer Sprint auf dem Flur tut Ihnen gut oder das Hüpfen am Trampolin, das Springen über ein kleines Hindernis oder der Klimmzug zwischendurch (vgl. Teil III).

Schon wenig Bewegung hilft deutlich, wie zum Beispiel die Studie der australischen Forscherin Genevieve Healy gezeigt hat (vgl. Kapitel I 1.2). Umgekehrt zeigt eine schwedische Studie, dass die negativen Auswirkungen auf unsere Gesundheit durch stundenlanges Sitzen über Freizeitsport nicht wieder ausgeglichen werden können[17]. Wir müssen also rechtzeitig gegensteuern.

Dies zeigt, wie wichtig leichte, aber ständige Bewegung im Büro ist. Es sind nämlich nicht die kolossalen Kraftakte, die uns gesund erhalten. Besondere Bedeutung kommt in diesem Zusammenhang der in den letzten Jahren geführten Diskussion über Non-Excercise Activity Thermogenesis (NEAT) zu[18]. Dabei handelt es sich um den Energieverbrauch des Menschen, bezogen auf alle Tätigkeiten während des Tages, außer freiwilligem Sport – genau solche Bewegungen also, die wir mit dem ACTIVE OFFICE fördern.

Dabei zeigen sich große Unterschiede zwischen übergewichtigen und normalgewichtigen Menschen. Erstere tendieren dazu, etwa 2,5 Stunden pro Tag mehr zu sitzen als Schlanke. Würden sie sich genauso viel bewegen wie ihre normalgewichtigen Mitmenschen, könnten sie bis zu 350 kcal pro Tag mehr an Energie verbrauchen.

---

17   Ekblom-Bak et al. 2010

18   Levine 2002

Bei einem durchschnittlichen Grundumsatz[19] von 1600 kcal pro Tag ist das ein enormer Unterschied. Selbst wenn man den durchschnittlichen Gesamtumsatz[20] eines erwachsenen Menschen von ca. 2400 bis 2600 kcal zugrunde legt, sind das fast 16 Prozent mehr, die an Energie verbraucht werden und damit nicht mehr für den Aufbau von Körperfett zur Verfügung stehen.

Die Diskussion über NEAT zeigt, dass das spontane Bewegungsbedürfnis, das ein gesunder Mensch empfindet, offenbar von der Natur so gewollt und programmiert ist, denn es ist lebensnotwendig für die Aufrechterhaltung seiner Gesundheit. Es darf deshalb nicht durch die Büroeinrichtung behindert, unterdrückt, oder sogar abtrainiert werden!

Betrachtet man die Evolution, so ist dies auch verständlich. Den größten Teil des Tages haben sich die Menschen früher leicht bewegt. Nur ab und zu war es nötig, sich mächtig anzustrengen, zum Beispiel um das Mammut zu (z)erlegen oder den Büffel aus der Fallgrube zu ziehen. Diese Kraftakte entsprechen heute unserem Abend- und Wochenendsport – kurzzeitige und anstrengende Aktivitäten. Den weitaus größeren Teil des Tages benötigen wir aber leichte, spontane Bewegungen, um gesund zu bleiben.

Arbeitseffizienz

Die zusätzlichen, kleinen Bewegungen mögen zwar etwas Zeit in Anspruch nehmen, sie bewirken aber auch, dass Ihr gesamter Stoffwechsel bestmöglich funktioniert. Sie atmen tiefer, haben eine höhere Sauerstoffsättigung des Blutes, wodurch sich Ihre kognitiven Leistungen verbessern. Die für die Gesunderhaltung Ihres Körpers wesentlichen Wirkmechanismen und die Mikrozirkulation bleiben aktiv. In einem wachen und aktiven Zustand treffen Sie schnelle und gut durchdachte Entscheidungen und fühlen sich wohl dabei. Die Lebensqualität im Büro wird spürbar verbessert, die Arbeitseffizienz steigt.

Ein ACTIVE OFFICE ist also ein Muss für jeden gesundheitsbewussten und leistungsorientierten Menschen. Weitblickende Unternehmen sollten ihren Mitarbeitern diese neue Möglichkeit zu arbeiten schon aus eigenem Interesse anbieten.

---

19 Basal Metabolic Rate (BMR), Grundumsatz. Der Grundumsatz bezieht sich auf den Ruhezustand ohne körperliche Aktivität (z. B. im Bett liegen). Er ist abhängig von Alter, Gewicht und Geschlecht des Menschen und liegt etwa zwischen 1.300 bis 2.000 kcal pro Tag.

20 Der Gesamtumsatz beinhaltet den Grundumsatz zuzüglich der körperlichen Aktivität, hängt also entscheidend von dem Beruf des Menschen und seinem Freizeitverhalten (sportlichen Aktivitäten) ab.

Selbstmanagement

Eines der größten Probleme für den Menschen ist das Ablegen alter Gewohnheiten und Erlernen neuer Verhaltensweisen. Dabei sind Gewohnheiten durchaus wichtig für uns, denn sonst müssten wir bei jeder Handlung neu überlegen, wie wir diese am besten ausführen sollen. Sie schützen uns vor einer Überlastung des zentralen Nervensystems, denn die Anzahl der bewusst zu treffenden Entscheidungen wird reduziert. Gewohnheiten sind sozusagen „Abkürzungen" für unser Denken.

Das ist die positive Seite. Ihre problematische Seite ist jedoch, dass es sehr schwierig ist, sie zu ändern. Es tut manchmal sogar körperlich weh, denken Sie nur an die Qualen, die Raucher durchleiden, wenn sie versuchen, die Zigaretten aufzugeben. Dabei ist Rauchen zu 90 Prozent Gewohnheit und nur zu zehn Prozent physische Abhängigkeit.[21]

Es muss schon einen schwerwiegenden Anlass dafür geben, eigene Gewohnheiten zu überdenken und dann zu ändern – entweder ein tief empfundener Schmerz, eine plötzliche Erkenntnis (es geht einem ein Licht auf) oder sonst ein gravierendes Ereignis. Den Prozess dabei nennt man „deep learning". Hat man dann einmal seine Gewohnheit – meist ziemlich abrupt – geändert, dann gibt es auch kein Zurück mehr. Denn man kann nicht etwas, was man als richtig erkannt hat, wieder gegen etwas tauschen, hinter dem man nicht mehr steht.

Wir haben das ACTIVE OFFICE entwickelt, damit Sie darin Ihrer Arbeit „in Bewegung" nachgehen können, langfristig gesund bleiben und Ihre Lebensqualität steigern können. Ob Sie bereit sind, Ihre jahrelangen Gewohnheiten über Bord zu werfen und nach der Philosophie des ACTIVE OFFICE zu arbeiten, entscheiden Sie selbst – auch wie oft, wie viel und wie dynamisch Sie sich bewegen. Das Konzept bietet Ihnen nur die Möglichkeit zur Bewegung. Bewegen müssen Sie sich dann schon selbst.

Zum Schluss: 5 Tipps zum Arbeiten im ACTIVE OFFICE

Tipp 1: Räumen Sie Ihren Schreibtisch leer

Nur ein leerer Schreibtisch ist ein guter Schreibtisch. Jedes Utensil auf Ihrem Schreibtisch nimmt einen Teil Ihrer Aufmerksamkeit in Anspruch. Es ist inzwischen bewiesen, dass sich der Mensch nicht gleichzeitig auf mehrere Dinge bewusst konzentrieren kann. Führt er

---

21 Eine Studie aus Österreich über einen Zeitraum von vier Jahren mit 90.000 Probanden hat gezeigt, dass 90 Prozent der Raucher physisch nicht abhängig sind, sondern nur die Gewohnheit sie daran hindert, das Rauchen aufzugeben. Ein Lichtblick für alle, die das Rauchen aufgeben wollen. Man muss es nur tun – schon funktioniert es.

mehrere Tätigkeiten gleichzeitig aus, dann schaltet das Gehirn schnell hin- und her, weil im Ultrakurzzeitgedächtnis die Informationen noch gespeichert sind. Bewusste Parallelverarbeitung ist jedoch nicht möglich. Deshalb arbeiten Sie am effizientesten, wenn sie einen Vorgang nach dem anderen in Angriff nehmen.

Abb. 2.6.1   Arbeitsorganisation: Wo haben Sie schnelleren Zugriff?

In einem normalen Büroalltag verliert man viel Zeit damit, Papierstapel nach bestimmten Unterlagen zu durchsuchen. Das ist verlorene Arbeitszeit. Die Lösung? Es gibt keine Papierstapel mehr auf dem Schreibtisch. Verwenden Sie das „Sideboard", um alle Vorgänge logisch sinnvoll und richtig abzulegen und dann auch mit einem Griff wieder zur Verfügung zu haben.

Wenn Sie beim Schreibtisch aufräumen sind, nehmen Sie jeden einzelnen Gegenstand in die Hand und überlegen, ob Sie ihn wirklich benötigen. Wenn ja, wie oft. Dann suchen Sie einen neuen Platz dafür, um möglichst viel Bewegung, auch bodennah, zu generieren.

Tipp 2: Wählen Sie den passenden Sitz

Warum Sie einen aktiv dynamischen Sitz verwenden sollten, haben wir bereits ausführlich erläutert. Ob Sie einen mit Rollen verwenden oder einen mit Gleitern, müssen Sie selbst entscheiden. Nachdem Sie ja jede Gelegenheit für einen Haltungswechsel nutzen wollen, ist ein Fußkreuz mit Rollen nicht unbedingt nötig. Der Sitzarbeitsplatz ist auch von seinen Dimensionen nicht einmal halb so groß wie ein konventioneller Büroschreibtisch. Deshalb müssen Sie auch nicht von einem Ende zum anderen rollen. Der größere Greifraum, der sich durch die seitliche Auslenkung des aktiv dynamischen Sitzes ergibt, reicht aus, um alle

Punkte des Sitzarbeitsplatzes zu erreichen. Wenn Sie sich ein bisschen „strecken", ist dies für Ihre Beweglichkeit zudem besser, als den Stuhl zu „rollen".

Ob Sie einen aktiv dynamischen Sitz mit Rückenlehne verwenden oder nicht, hängt in erster Linie von Ihrer Tätigkeit ab. Solange Ihr Rücken in Bewegung bleibt, brauchen Sie keine Lehne. (Oder haben Sie schon einmal jemanden beim Spazierengehen oder Wandern beobachtet, wie er eine Rückenlehne benutzt hat?) Wenn Sie aber lange Schriftsätze lesen, dann ist eine Rückenlehne sinnvoll, denn beim Lesen können Sie sich nicht ausreichend viel bewegen, um Ihren Rücken vor Ermüdung zu schützen.

Wenn Sie sich aber angewöhnt haben, Ihre Rückenlehne beim Telefonieren zu benutzen und sich in Ihrem Bürostuhl zu rekeln, dann sollten Sie sich diese Fragen stellen: Müssen Sie dabei sitzen? Wäre das Aufstehen und Umhergehen nicht eine bessere und gesündere Alternative? Im Gehen denken Sie besser, wie schon die Philosophen[22] im alten Griechenland wussten.

Tipp 3: Verwenden Sie zum Telefonieren ein Headset

Telefonieren sollten Sie grundsätzlich im Stehen oder Gehen, also mit einem Headset, siehe oben.

Die Vorteile: Sie haben beide Hände frei, um andere Arbeiten zu erledigen während Sie telefonieren, Sie sind nicht „an der Leine" und können sich im Raum frei bewegen. Ihre Stimme hat mehr Volumen und klingt dynamischer. Sie werden also gleichzeitig entspannter und erfolgreicher telefonieren!

Tipp 4: Halten Sie Besprechungen im Stehen ab

Empfangen Sie prinzipiell alle Besucher an der Steharbeitsfläche. Dann kommen Sie sofort zum Thema, besprechen dieses und Sie können sich nachfolgend wieder zügig Ihrer Arbeit widmen. Kurze Unterbrechungen im Stehen bringen Sie nicht aus Ihrem Arbeitsfluss. Das „Stehen" signalisiert Ihren Mitarbeitern bereits, dass Sie in Ihrer Arbeit nicht lange gestört werden wollen.

Ganz anders beim Sitzen: Es dauert schon einmal viel länger, bis sich jemand hingesetzt hat. Dann macht er es sich erst einmal bequem. Man beginnt mit einer Gesprächseinleitung zum „Aufwärmen" oder bietet seinem Besucher erst mal ein Getränk an. Bis dann endlich

---

22 Aristoteles lehrte zum Beispiel in einer Wandelhalle.

das eigentliche Thema behandelt wird, ist schon einige Zeit vergangen. Zudem redet man im Sitzen ausschweifender und denkt vor allem nicht so schnell. Bis sich Ihr Besucher dann wieder verabschiedet hat, ist eine ganze Weile vergangen, und Sie haben den Faden Ihrer ursprünglichen Tätigkeit völlig verloren.

Tipp 5: Schonen schadet!

Die Werbung will Ihnen weiß machen, dass Sie einen „bequemen" Bürostuhl benötigen, der Ihren Rücken optimal abstützt, sodass Sie möglichst wenig aus eigener Kraft tun müssen. Die Botschaft ist also: „Ruhe Dich aus bei der Büroarbeit!" beziehungsweise „Schlaf ein!" Im Büro hat aber Bequemlichkeit nichts zu suchen. Die macht Sie nur müde. Was der Mensch braucht, um gesund und leistungsfähig zu bleiben ist Be- und Entlastung im ständigen Wechsel, wie in der Natur. Schonen hingegen schadet!

Ausruhen sollen wir uns nachts. Diesen Tagesablauf hat die Natur so vorgesehen. Dann sollen wir es bequem und entspannt haben. Tagsüber müssen wir aber die Anspannung hoch halten. Bewegung ist das beste Gegenmittel gegen Müdigkeit. Machen Sie also Klimmzüge, hüpfen Sie auf dem Trampolin, spielen Sie Kicker, Tischtennis oder gehen Sie statt des Mittagessens eine halbe Stunde zum Joggen. Oder machen Sie wenigstens ein paar Rumpf- und Kniebeugen. Das macht Sie wieder fit, nicht aber der bequeme Stuhl. Es sei denn, Sie gehen ins Büro, um sich auszuruhen.

2.7   Was bringt das Arbeiten in einem „ACTIVE OFFICE"?

Der moderne Mensch lebt in einem Zeitdilemma: Einerseits möchte er in seinem Beruf erfolgreich sein und gute Leistung erbringen, was oft mit langen Arbeitszeiten und Überstunden verbunden ist, andererseits kann er dies nur erreichen, wenn er auf seine Gesundheit und Fitness achtet. Üblicherweise geht man dafür nach der Arbeit oder am Wochenende zum Sport.

Dann aber melden auch Familie oder Partner Ansprüche an. Einkaufen und die Hausarbeit müssen erledigt werden, die dringend notwendigen Reparaturen in der Wohnung… Um sich um die Fitness/Gesundheit des eigenen Körpers zu kümmern, fehlt einfach die Zeit.

Dazu kommt: Wer hat nach einem langen Arbeitstag noch wirklich Lust ins Fitnessstudio oder auf den Sportplatz zu gehen? Außerdem, was bringt denn Freizeitsport? Rackern im Fitnessstudio, Joggen in freier Natur? Dies ist zwar ein löbliches Bemühen, aber es ist zu spät. Den Schaden, den man seinem Körper zugefügt hat, indem man sich stundenlang nicht bewegt hat, kann man durch komprimierten Sport in der Freizeit nicht wieder reparieren[23].

Da bietet es sich doch an, schon im Büro, während der Arbeitszeit dafür zu sorgen, dass Gesundheit und Fitness keinen Schaden nehmen! Das Zeitproblem ist damit gelöst und man muss nicht vergeblich versuchen zu reparieren, was vorher durch inaktives Verhalten kaputt gemacht wurde. Dies können wir erreichen, indem wir ein mit unseren Genen kompatibles, „steinzeitliches" Verhalten mit Büroarbeit verbinden. Das Konzept des ACTIVE OFFICE tut dies. Wir können uns darin so verhalten, wie es weitgehend unserer genetischen Veranlagung entspricht, und trotzdem moderne Technik und Kommunikation nutzen. Das Ziel:

Die Arbeit im Büro darf uns nicht länger kaputt machen,
sondern muss konform mit unserer Veranlagung geschehen.
Arbeit und Bewegung müssen miteinander verschmelzen.

Leben und Arbeiten gemäß unserem genetischen Erbe

Im Sinne der „Workplace Revolution" kann jeder, angepasst an seine persönlichen Anforderungen, die Arbeit im ACTIVE OFFICE so gestalten, dass er auf Dauer gesund und leistungsfähig bleibt. Die sich daraus ergebenden Vorteile sind vielfältig:

1. *Weniger Zivilisationskrankheiten, die ihre Ursache in Bewegungsarmut haben:*
   Zahlreiche Studien belegen den Zusammenhang zwischen exzessivem Sitzen und der Entwicklung von Zivilisationskrankheiten, wie Herz-Kreislauf-Erkrankungen, Übergewicht, Diabetes Typus II, unterschwelligen Entzündungen, Osteoporose, Bluthochdruck, verklebte Faszien, Alzheimer, bis hin zu Krebserkrankungen. Die gute Nachricht ist jedoch, dass schon leichte, aber stetige Bewegung das gesundheitsschädliche Muster des starren Sitzens durchbricht.

2. *Vermeiden von Erkrankungen des Bewegungsapparates:*
   Rückenschmerzen, Arthrosen in Hüft- und Kniegelenken, Probleme mit den Bandscheiben oder Verspannungen sind größtenteils verursacht durch statisches, unnatürliches Verweilen in Zwangshaltung am Arbeitsplatz (starres Sitzen).

23　Ekblom-Bak et al. 2010

3. *Größere physische Leistungsfähigkeit:*
Gepaart mit der richtigen Ernährung, die ohne Zucker und schnelle Kohlenhydrate aus-kommt (s. Teil IV), werden durch die höhere Sauerstoffkonzentration im Blut und den gut funktionierenden Stoffwechsel, physiologische Tiefs vermieden. Man behält sein hohes Leistungsniveau während des gesamten Arbeitstages.

4. *Gesteigerte kognitive Leistungsfähigkeit und Effizienz:*
Die verbesserte Versorgung des Gehirns mit Sauerstoff steigert dessen kognitive Fähig-keiten und damit die Effizienz bei der Arbeit.[24] Der geringfügige Mehraufwand an Zeit durch zusätzliche Bewegung wird durch diese gesteigerte Leistungsfähigkeit bei Wei-tem kompensiert.

5. *Mehr Lebensfreude und Lebensqualität:*
Ein Leben entsprechend der genetischen Veranlagung verbessert die Funktion des ge-samten Stoffwechsels. Es steigert die Produktion von Hormonen, die ein positives Le-bensgefühl hervorrufen, die Gesundheit und damit die Lebensfreude. Gesteigerte Le-bensfreude ist gesteigerte Lebensqualität. Ein Leben ohne Krankheit ist unvergleichlich viel besser als ein Leben mit ständigen, sich schleichend verschlechternden Zivilisati-onsbeschwerden (die wir, wie der Name schon sagt, nur unserer Zivilisation zu verdan-ken haben, die wir also auch nur durch unser Verhalten vermeiden können).

6. *Wirtschaftlicher Nutzen:*
Betrachtet man nur die reinen Zahlen, so reduzieren sich die Krankheitstage im Unter-nehmen beträchtlich[25]. Arztbesuche, Kuren, Operationen und Reha durch Beschwerden des Muskel- und Skelettapparates können mit dem ACTIVE OFFICE vermieden werden. Diese monetären Auswirkungen betreffen nicht nur jedes einzelne Unternehmen und unsere gesamte Volkswirtschaft, sondern auch jeden Einzelnen und sein privates Bud-get. Weniger Krankheitstage bedeuten eine höhere Lebensqualität, höhere Leistungsfä-higkeit und geringeren Ausfall von Arbeitszeit. Das kommt nicht nur Selbstständigen zugute, sondern auch Arbeitnehmern, da es ihren Wert am Arbeitsmarkt erhöht. Vergleicht man den wirtschaftlichen Nutzen mit den dafür aufzuwendenden Kosten, so sind letztere als gering einzustufen. Vor allem deshalb, weil sie nur einmalig anfallen, während der Nutzen für den Rest der Lebensarbeitszeit gerechnet werden kann. Sehr

---

24 Etwa ein Fünftel bis ein Viertel des gesamten Sauerstoffbedarfs des Menschen verbraucht sein Gehirn. Bei einer höheren Sauerstoffsättigung des Blutes erbringt der Mensch bessere kognitive Leistungen.

25 In unserer Firma konnten wir die AU-Tage in der Firmenzentrale auf 3,8 pro MA und Jahr reduzieren. Der Durchschnitt liegt bei Büroarbeitsplätzen bei über 12 und im produzierenden Gewerbe bei über 19!

grob geschätzt, hat sich die Investition in ein ACTIVE OFFICE nach sechs Monaten bis einem Jahr, amortisiert.

Der aufgeklärte, selbstverantwortlich handelnde Mitarbeiter

Entscheidend für den Erfolg des Konzepts ist ein aufgeklärter Mitarbeiter. Jemand, der nicht aus eigener Überzeugung und aus eigenem Antrieb die „Workplace Revolution" leben möchte, kann nicht dazu gezwungen werden.

Unternehmen haben die Verantwortung, ihre Mitarbeiter darüber aufzuklären, dass sie ihre Gesundheit und Lebensqualität durch eine Verhaltensänderung verbessern können. Das ACTIVE OFFICE bietet die Möglichkeit, ein Arbeitsumfeld zu schaffen, in dem Zivilisations-krankheiten verursacht durch Immobilität nicht auftreten, da sich die Mitarbeiter an einem „menschengerechten Arbeitsplatz" ihrer Natur entsprechend verhalten. Wenn sich jetzt der eine oder andere Mitarbeiter – trotz dieses Wissens –, dennoch entscheidet sein Büro-leben wie bisher weiterzuführen, liegt das in seiner Verantwortung.

Sein Arbeitgeber und die Gesellschaft (Sozialversicherung) müssen für diese Entscheidung allerdings die Kosten tragen. Wichtig ist es daher, ein Bewusstsein dafür zu schaffen, dass „bewegtes Arbeiten" sinnvoll und gut ist und einen gewissen gesellschaftlichen Druck auf-zubauen, sich so zu verhalten.

Die flächendeckende Einführung des ACTIVE OFFICE – Konzeptes kann nur in Zusammen-arbeit mit den Mitarbeitern erfolgen. Ein derartiges Projekt muss sorgfältig geplant und über einen Change-Prozess umgesetzt werden. Niemand darf das Gefühl haben übergangen worden zu sein. Nur dann kann der Prozess gelingen.

Zeichnet sich außerdem das Kantinenessen noch durch eine ausgewogene Auswahl an Speisen mit niedrigem glykämischem Index aus, hat jeder Mitarbeiter die Möglichkeit, sich entsprechend seinen Genen gesund zu ernähren, zu bewegen und zu verhalten.

Ein Arbeitgeber der seinen Mitarbeitern dies bietet, handelt verantwortungsvoll seiner Belegschaft gegenüber und hat die Zeichen der Zeit verstanden – zum Nutzen der ganzen Firma. Vorausschauende Unternehmen werden nicht zögern, den Mitarbeitern mehr Ge-sundheit, Leistungsfähigkeit und Lebensqualität zu bieten. Denn heute sucht sich nicht mehr die Firma ihre Fachkräfte aus, sondern zunehmend die Fachkräfte ihre Firma.

Teil III

Enriched Environment – Büroräume als heimliche Bewegungsverführer

Autor: Dr. Dieter Breithecker

3.1 Warum Körper und Geist nur in Bewegung funktionieren

Sicher haben Sie schon von rückenschonenden Arbeitsplatzverhältnissen und -verhaltensweisen gehört. Auch wenn das zunächst angenehm klingt: Wir müssen und werden in diesem Kapitel aufräumen mit dieser immer noch weit verbreiteten und auf traditionellem Gedankengut basierenden Doktrin. Allein der Begriff „rückenschonend"! Er impliziert bereits, dass wir dem Rücken damit nichts Gutes tun. Schonen bedeutet entlasten, und Entlastung hat Unterforderung und damit Abbau biologischer Funktionen zur Folge. Wiederum gilt: „Use it or lose it!"

Eine Empfehlung zur aufrechten, lendenlordosengestützten, mit einem rechtwinkeligen Hüftknick getätigten Sitzhaltung kann man zwar einem leblosen Körper zumuten, aber nicht einem lebendigen Organismus. Denn ein komplexes, über körperliche und geistige Wechselwirkungsfunktionen verfügendes System wie das menschliche reagiert äußerst gestört auf Verhaltensempfehlungen, die sich in der Regel nur an anthropometrischen Größen oder einem biomechanisch-orthopädischen Idealmodell orientieren.

Ein Leben in mentaler und körperlicher Vitalität braucht dagegen Bewegung. Still steht nur der Tod.

Abb. 3.1.1 Ergonomisch falsch oder eine temporär „intelligente" Selbstorganisation?

Sitzen! Ergonomisch und gesund oder ein Weg in die Trägheitsfalle?

Immer dann, wenn der Mensch nicht körperlich aktiv ist, hat er das Bedürfnis zur Entlastung und zur Entspannung, idealerweise im liegenden oder einem angelehnten beziehungsweise zurückgelehnten, passiv sitzenden Zustand. Das bringt zunächst Vorteile: Zum Beispiel müssen die unteren Extremitäten weniger Muskelarbeit leisten, der Rumpf weniger Haltearbeit, Energiehaushalt und Kreislauf werden geschont.

Auch unsere oft so vorbildlichen Vorfahren, die stets aktiven Sammler und Jäger, nutzten neben dem kauern auf den Böden leicht erhöhte Sitzgelegenheiten wie Steine oder Holzstümpfe, um sich zwischendurch auszuruhen.

Spätestens mit dem Zeitalter der Wissens- und Informationsgesellschaft, der Computerisierung und Digitalisierung haben sich die Lebensräume und damit das Verhalten der Menschen signifikant verändert. Nach Angaben des Statistischen Bundesamtes arbeitet heutzutage von etwa 41,5 Millionen erwerbstätigen Menschen in Deutschland knapp die Hälfte überwiegend an einem Bildschirm; Sitzzeit täglich bis zu elf Stunden[1]. Dabei liegt der Anteil in der Altersgruppe 45 bis 59 Jahre bei 73 Prozent, in der Gruppe 60 Jahre und älter sind es 93 Prozent.

Auch ihre Freizeit verbringen immer mehr Menschen am Bildschirm[2]. Heute sitzen wir uns, früh in der Kindheit beginnend, durch unser Leben. Für alle nur denkbaren sitzenden Tätigkeiten finden wir auch die dafür ergonomisch definierten „Spezial-Stühle", wie zum Beispiel den Bürodrehstuhl, den Esszimmerstuhl, den Konferenzstuhl, den Fernsehsessel, den Fahrersitz und neuerdings auch den Stuhl für die Nutzung der „Digital Devices". Laut Werbung sind Rückenlehne und Sitzfläche bei diesem Modell so aufeinander abgestimmt, dass Oberkörper, Arme und Gesäß bei der Nutzung von Tablet oder Smartphone optimal unterstützt werden. Funktionen von Rückenlehne und Sitzfläche sind so aufeinander abgestimmt, dass jederzeit eine optimale Unterstützung des Oberkörpers, der Arme und des Gesäßes gewährleistet ist. Bitte bloß nicht aufstehen!

---

1   DKV Report 2016

2   Statistisches Bundesamt, 2012

Gesundheit als eine komplexe Wechselwirkungsfunktion

Was bedeutet Komplexität?

Komplexität bezeichnet allgemein die Eigenschaft eines Systems, das man in seinem Gesamtverhalten selbst dann *nicht* beschreiben kann, wenn man vollständige Informationen über seine Einzelkomponenten besitzt. Die Komplexität eines Systems steigt mit der Anzahl an Komponenten und der Anzahl an Verknüpfungen zwischen diesen Komponenten. Komplexe Prozesse weisen eine Eigendynamik auf.

Menschliche Komplexität: Der menschliche Körper stellt ein Gesamtkunstwerk von äußerster Komplexität dar. Ein permanentes und den Erfordernissen gerecht werdendes Wechselspiel unserer biologischen und biochemischen Funktionen (zum Beispiel molekulare Botenstoffe: Hormone, Enzyme, Proteine) ermöglicht beispielsweise unsere körperlich-geistige Gesundheit. Damit dieses Zusammenspiel optimal wirken kann, müssen die einzelnen Komponenten in einem vielfältigen aber ganzheitlichen Beziehungsgefüge stehen. Dieses angepasste, sich selbst organisierende System ist häufig intransparent für den Menschen und wird durch Umweltbedingungen beeinflusst.

Der menschliche Organismus ist ein komplexes psycho-somatisches System, ein in Jahrmillionen perfektioniertes biologisches Wunderwerk, in dem beständig labile Gleichgewichte durch Stoffwechselreaktionen aufrechterhalten werden. Dies ermöglicht dem Körper ein enormes Spektrum an Lösungsmöglichkeiten für schnelle funktionale Anpassungen an sich verändernde Bedingungen in seinem Umfeld (beispielsweise auf Störungen oder Stresssituationen bedarfsgerecht und selbstorganisierend zu reagieren). Dem menschlichen Organismus mit seinen körperlichen, geistigen und psychischen Wechselwirkungsfunktionen wohnt also eine Fähigkeit inne, sich bedingt zu „verteidigen" beziehungsweise zu schützen und somit mit „Stresssignalen" oder sich anbahnendem Diskomfort spontan und anforderungsadäquat umzugehen. Das heißt, er besitzt die „Intelligenz" der eigendynamischen und bedarfsgerechten Selbstorganisation und Selbstregulation, ohne dass diese dem Bewusstsein immer transparent werden.

Zu verdanken haben wir diese Fähigkeit unserer Evolution und dem entwicklungsgeschichtlich „älteren" Hirnbereich, welcher die lebenswichtigen funktionellen Abläufe regelt. Dabei umgehen die funktionellen Regelvorgänge den Neocortex, einen entwicklungsgeschichtlich „jüngeren" Hirnbereich, in dem höhere Gedankenvorgänge wie etwa strukturierte Problemlösungen stattfinden. Dadurch vermögen wir zum Beispiel adäquat auf Stresssignale des

Abb. 3.1.2   Erfolgreich das „Un-Gleichgewicht" zu beherrschen, erfordert ein komplexes, sich autonom organisierendes senso-neuro-muskuläres Zusammenspiel

Körpers zu reagieren, bevor wir realisiert haben, was eigentlich los ist. Dieses gut eingestellte komplexe System wird immer dann aktiv, wenn es spontan gebraucht wird.

Diese über Millionen von Jahren erworbene Fähigkeit basiert auf dem Prinzip von Algorithmen. Ein Algorithmus – der Begriff stammt aus der Mathematik – ist eine eindeutige Handlungsvorschrift zur Lösung eines Problems oder einer Klasse von Problemen. Algorithmen bestehen aus endlich vielen, wohldefinierten Einzelschritten. Bei der Problemlösung wird eine bestimmte Eingabe in eine bestimmte Ausgabe überführt[3]. Dieser Prozess läuft höchst autark ab. Auf unser physiologisches System übertragen, wird diese autonome und intelligente Selbstorganisation bei einem frei stehenden Menschen sichtbar. Der ungleichmäßige – komplexe/nicht lineare – Belastungswechsel zwischen Spielbein und Standbein inklusive des Bewegungsspiels des Beckens in den Raumdimensionen läuft ganz selbstorganisiert ab. Jede einzelne Haltung wäre an und für sich auf Dauer gesundheitsschädlich, da sie lokale Stressreaktionen und Diskomfort zur Folge hätte. Deshalb nimmt unser Körper – ohne unser Bewusstsein einzuschalten – bedarfsgerechten ständig kleine Haltungsänderungen vor, die

---

3   Leiserson et al. 2010

sich im komplexen Zusammenspiel zu einem haltungsphysiologischen Ganzen organisieren.

Zahlreiche neuere Studien – im Wesentlichen aus der Grundlagenforschung – machen sehr deutlich, dass nichtlineare Analyseverfahren (etwa Komplexitätsanalysen) eine andere Perspektive bezüglich des Zustandekommens „gesunder" und „kranker" Bewegungs- und Haltungsmuster anbieten. Im Kontext der Gesundheitsforschung kennzeichnen komplexe Verhaltensmuster in der Regel gesunde Zustände, während kranke Erscheinungen eher mit weniger komplexen Verhaltens- und Bewegungsmustern verbunden sind[4].

Exemplarisch dazu die Erkenntnisse einiger Forschungsarbeiten:

- Søndergaard et al. zeigten, dass sich Dis-Komfort beim Sitzen nicht über die Betrachtung einzelner diskreter Werte (etwa ein bestimmter Gelenkwinkel) abbilden lässt (lineare Betrachtung). Ebenso konnte die häufig vertretene Meinung, dass variables Sitzen (Empfehlung zu häufigerem Wechsel der Sitzpositionen) streng positiv zu assoziieren ist, nicht bestätigt werden. Es zeigte sich vielmehr, dass eine größere Sitzvariabilität mit größeren Dis-Komfort Werten verbunden ist.
- Deffeyes et al. analysierten das Sitzverhalten von normal entwickelten Kindern und Kindern mit Entwicklungsstörung (etwa aufgrund von Cerebralparesen). Hierbei zeigte sich, dass die entwicklungsgestörten Kinder eine geringere Komplexität (geringere Entropie, geringerer Lyapunov Exponent) beim Sitzen aufweisen als Kinder mit normalen Entwicklungsverläufen.
- Sung et al. überprüften die neuromuskuläre Aktivität von gesunden Personen und solchen, die häufig von Rückenschmerzen betroffen sind. Dabei wurde deutlich, dass gesunde Personen eine größere Komplexität in den durch Elektromyografie gemessenen Aktivitätsmustern generieren.

Zusammenfassend lässt sich festhalten, dass sich Komplexitätsanalysen in verschiedenen

Bereichen eignen, um krankhafte Verhaltensweisen von gesunden zu differenzieren.

Durch die Wahl unseres Lebensstils und die Gestaltung unserer Lebensverhältnisse können wir die schädlichen Auswirkungen von psychosomatischen Belastungen mildern oder verstärken.

---

4   Kirchner et al. 2012; Paraschiv-Ionescu et al. 2008, Stergiou et al. 2006

„Alles Leben ist Bewegung" – Aber: Welche Bewegung braucht menschliches Leben?

Um die gesundheitlichen Vorteile einer aktiven Lebensführung wissen wir schon lange. Schon der berühmteste Arzt des Altertums, Hippokrates (460–370 v. Chr.), hat den Zusammenhang von Bewegung, Aktivität und Gesundheit erkannt. „Alle Teile des Körpers, die zu einer Funktion bestimmt sind, bleiben gesund, wachsen und haben ein gutes Alter, wenn sie mit Maß gebraucht werden und in den Arbeiten, an die jeder Teil gewohnt ist, geübt werden. Wenn man sie aber nicht braucht, neigen sie eher zu Krankheiten, nehmen nicht zu und altern vorzeitig." Bewegung als biologisches Grundkonzept gilt für jede Zelle. Leben ist Bewegung, Stillstand ist der Tod.

Nach unseren heutigen Erkenntnissen sind für umfassende Gesundheitsvorteile der Umfang der Bewegung und nicht isoliert einzelne Komponenten wie Dauer, Häufigkeit, Intensität oder Typ ausschlaggebend. Maßgeblich sind die durch Bewegung verbrauchte Gesamtenergiemenge[5] und die freigesetzten molekularen Botenstoffe. Immer mehr Forschungsarbeiten dokumentieren, dass auch Aktivitäten mit niedriger Intensität gesundheitsfördernde Wirkungsprozesse auslösen können, vorausgesetzt sie findet regelmäßig und in den Alltag integriert statt.

Folglich ist Bewegung nicht gleich Bewegung. Dies gilt es bei den gängigen hochgesteckten Empfehlungen stärker zu beachten. Die meisten Menschen assoziieren mit dem Begriff „Bewegung" sportliche und fitnessbezogene Aktivitäten wie beispielsweise Joggen, Gewichttraining oder das Ausüben einer anderen Sportart. Das sind alles organisierte bezie-

Abb. 3.1.3   Mehrwehrt durch Bewegung im Alltag

---

5   Powell et al. 2011

hungsweise in ihrer Intensität und Wirkung geplante körperliche Aktivitäten. Aber schon seit den 50er Jahren haben Studien[6] die Bedeutung von Alltagsaktivitäten für die Gesundheit hervorgehoben. Hinzu kommt, dass solche Alltagsaktivitäten, im Gegensatz zu den sportlichen Aktivitäten, mit wenigen Ausnahmen für jeden geeignet sind und wesentliche Gesundheitsvorteile bieten.

Ganz gleich, welche Effekte Bewegung bei uns bewirkt, stets sind es muskuläre Kontraktionen, die diese Erfolge auslösen. In der Stimulation der Muskulatur, unseres größten Stoffwechselorgans, liegt einer der wichtigsten Schlüssel für unsere ganzheitliche Gesundheit. Denn die faserigen Gewebe, so wissen Forscher seit wenigen Jahren, sind nicht nur ein in sich abgeschlossenes System, das uns auf Anweisung des Gehirns mechanisch vorantreibt. Sie bilden auch ein bedeutendes Organsystem, welches mit sämtlichen Organen des Körpers in Verbindung steht und diese nicht nur stärkt und kuriert, sondern auch positive physische, mentale und emotionale Wechselwirkungsfunktionen erzeugt.

Sobald Muskelfasern in Bewegung geraten, wird ein Cocktail an molekularen Botenstoffen freigesetzt (unter anderem Eiweißstoffe, Enzyme, Hormone), die den Stoffwechsel im gesamten Körper positiv beeinflussen. So weiß die Zeitschrift GEO zu berichten[7], dass Forscher in den vergangenen Jahren fast 3000 unterschiedliche Eiweißstoffe identifiziert haben, die die Muskeln bei ihrer Arbeit freisetzen und in den Blutstrom einspeisen. Unter diesen Eiweißen sind Hunderte hormonähnlicher Substanzen, die dadurch in den Körper wandern. Dabei gilt: Je mehr Muskelbeanspruchung, desto mehr dieser Signalstoffe können freigesetzt werden, um dann wichtige Lebensfunktionen des gesamten Körpers zu unterstützen. So wird unter anderem die Verwertung von Zucker und Fett begünstigt, was vor Übergewicht und Diabetes schützt. Eine Studie[8] bestätigte beispielsweise die verbesserte Fettregulation durch das Enzym Lipoproteinlipase schon bei geringen muskulären Kontraktionen.

Und schließlich nimmt die Muskelaktivität und die damit aktivierte Tiefensensibilität auch Einfluss auf unser Gehirn. Sie unterstützt die Bildung von Nervenzellen und Synapsen, macht das Gehirn alerter und wirkt Depressionen und Demenzerkrankungen entgegen. So berichtet der Hirnforscher Gerald Hüther[9], dass die Verschaltungen im Gehirn nicht durch Gene angelegt sind, „sondern während seiner Entwicklung nach und nach von selbst entstehen" und das schon in der pränatalen Phase. „Sie bilden sich, weil Muskeln zucken und

---

6   Morris et al. 1953

7   GEO 2013, S. 50

8   Bey und Hamilton 2005

9   GEO 2013, S. 142f.

das Gehirn das registriert; indem das Gehirn dann reagiert und Signale an die Muskeln sendet, die diese wiederum mit einer Reaktion beantworten." So entwickle sich eine Schleife, ein neuronales Muster, dessen Verknüpfungen sich immer mehr verstärken. Es ist ein wechselseitiger Prozess, bei dem das Kind allmählich Bewegungen erlernt und diese dann immer koordinierter werden.

Natürlich geschieht all dies nicht bewusst und absichtsvoll – „intelligent" sind unsere Muskeln nicht. Es ist ein Prozess der Selbstorganisation. Der Mensch ist ein Wunderwerk, dessen biologische Funktionen und biochemische Prozesse meisterhaft aufeinander abgestimmt sind - ein Bewegungskünstler, der so agil, gelenkig und ausdauernd ist wie kein anderes Lebewesen

Unsere Fitness wird bestimmt durch das Maß der sportlichen Aktivität; gesunde körperliche, geistige und emotionale Wechselwirkungsfunktionen werden dagegen bereits durch solche Bewegungen optimiert, die sich im Verlauf des Alltags spontan und intuitiv entfalten, wenn Räume und ein selbstverantwortliches Handeln dies ermöglichen.

Bewegung: Integrieren statt Kompensieren

In diesem Kontext sieht auch eine große Trendstudie des Zukunftsinstituts aus dem Jahr 2014 einen Paradigmenwechsel auf uns zukommen und formuliert provokant: „Die Zukunft des Sports ist die Arbeit". Bewegung wird nicht mehr als Ausgleich zur Arbeit erfolgen, sondern Bewegung und Arbeit werden miteinander verschmelzen. Denn die meisten Menschen kommen in ihrem komplizierten Alltag nicht dazu, sich sportlich zu betätigen. 59 Prozent der Deutschen sagen, sie hätten keine Zeit, sich sportlich zu betätigen. Aber auch nur sieben Prozent äußern kein Interesse an Bewegung – was bedeutet, dass die Deutschen nicht grundsätzlich Bewegungsmuffel sind[10]. Das zeigt eindeutig: Es gibt in der Bevölkerung auch ein anderes Sport-/Bewegungsbewusstsein als das des kommerziell und kulthaft vermarkteten Profi- und Fitnesssports. Bewegung scheint doch mehr zu sein als Leistung und Rekorde, Wohlbefinden und Lebensenergie wichtiger als Pokale – und dies wird unsere Einstellung und Alltagsabläufe in den kommenden Jahren massiv verändern. Aus dem natürlichen Bewegungsbedürfnis und dem permanenten Bewegungsdefizit in einem von der Arbeitszeit geprägten Leben muss ein neues Paradigma entstehen: Arbeit in Bewegung. Das heißt, die Bewegung muss in den Arbeitsalltag integriert werden. Hier liegen die größ-

---

10   Zukunftsinstitut 2014

Abb. 3.1.4 Räumliche Verhältnisse und kollaboratives Verhalten in der Gruppe bestimmen psycho-physisches Wohlbefinden und Leistungsfähigkeit

ten, noch völlig unzureichend genutzten Ressourcen, die Lebensqualität und damit auch die Leistungsfähigkeit/Produktivität zu erhöhen.

Das Recht auf Bewegung und Raum

Unser Ansatz einer im Alltag zur Entfaltung kommenden körperlichen, geistigen und emotionalen Balance basiert auf erforderlichen muskulären Aktivitäten (Bewegungen), die „ganz nebenbei" während unserer Alltagshandlungen bei entsprechender Organisation autonom stattfinden oder auch bewusst in den Alltag integriert werden können. Diese Aktivitäten bezeichnen Forscher als „Non-exercise activity thermogenesis" (NEAT) (vgl. Kap.II 2.6).

Darunter fallen alle körperliche Alltagshandlungen wie Treppensteigen, Auf- und Abgehen, auf dem Stuhl hin- und herrutschen, nervöses Wippen mit dem Fuß, Kaugummikauen oder Gestikulieren beim Reden beziehungsweise Telefonieren.

Und diese Aktivitäten sind keineswegs banal: Garland et al. (2011) sehen darin wichtige muskuläre Kontraktionen für die Homöostase[11], also zur aktiven Herstellung und Aufrechterhaltung möglichst konstanter Bedingungen im Rahmen des komplexen menschlichen Systems. Johannsen und Ravussin (2008) fanden heraus, dass das quantitative Ausmaß spontaner Bewegungen bei Menschen sehr unterschiedlich zur Entfaltung kommt und auch

---

11 griech. „homoios" (gleich), „stasis" (Stehen, Stillstand)

familiär geprägt ist. Die Umwelt beziehungsweise die Raumgestaltung haben aber einen signifikanten Einfluss auf die individuelle Entfaltung spontaner Bewegungen[12].

Sind die Sinne aus der Balance, ist der Mensch aus der Balance

Der Zivilisationsprozess der Menschen in den Industriegesellschaften hat zur Folge, dass die räumlichen Lebens- und Lern- und Arbeitsräume zunehmend lineare Verhaltensweisen (etwa stundenlanges passives Sitzen vor dem Bildschirm) beim Menschen abrufen. Komplexe Verhaltensweisen, die im Zuge anspruchsvoller umweltbedingter Herausforderungen (zum Beispiel körperliche Arbeit in Garten und Landwirtschaft, Jagd zur Nahrungsbeschaffung) über Jahrtausende hinweg erforderlich waren, werden immer mehr verdrängt.

Speziell die in den letzten Jahrzehnten „tsunamihafte" Entwicklung der Computer- und Informationstechnologie hat das Verhaltensprofil von Erwachsenen, Kindern und Jugendlichen dramatisch verändert (Abb. 3.1.5). Die spontane körperliche Bewegung wird zugunsten multimedialer Anwendungen – welche fast ausschließlich sitzend erledigt werden – mehr und mehr aus dem Alltag herausgedrängt.

Abb. 3.1.5   Einseitige Sinneskost

So können wir heute von einer Dominanz unseres visuellen und akustischen Systems bei der Bewältigung von Alltagsaufgaben ausgehen. Untermauert wird dies anhand aktueller empirischer Daten, die eine signifikante Zunahme von Kurzsichtigkeit schon im Jugendalter

---

12 Ravussin 2005

konstatiert haben. Ursache: ein Missverhältnis von Nah- und Fern-Sehen, gepaart mit einem Mangel an Tageslicht. Damit verlagert sich die „Waage der sensorischen Information" immer mehr zuungunsten eines Sinnessystems, welches unter anderem für unser Körperbewusstsein sowie für die physiologische Ordnung unserer Haltungs- und Bewegungsleistungen verantwortlich ist, die Propriozeption oder Tiefensensibilität (vgl. Kap. I 1.2).

Die unterschätzte Tiefensensibilität

Schließen wir die Augen, so haben wir dennoch eine klare Kenntnis von der Position unseres Körpers und seiner Körperteile. Wir nehmen uns wahr, fühlen beispielsweise, dass wir während des Stehens leicht hin- und herpendeln. Wir wissen, ob die Arme angewinkelt oder gestreckt, die Muskeln angespannt oder entspannt sind. Diese Wahrnehmung des eigenen Körpers erscheint uns alltäglich, beinahe banal, doch dahinter steckt ein hochkomplexes senso-neuro-muskuläres Zusammenspiel, indem die Sinneszellen im Körper eine elementare Funktion haben. Zuständig für unsere Tiefensensibilität oder Propriozeption[13] sind Millionen winziger Sensoren, die sich in Muskeln, Sehnen und Gelenken befinden. Diese „Augen" des Körperinneren erfassen jede Position eines Körperteils, registrieren jede noch so kleine Veränderung. Die Informationen werden noch ergänzt durch das vestibuläre System (das Gleichgewichtsorgan betreffend). Pausenlos übermitteln diese Sensoren Botschaften über Nervenbahnen zum Gehirn (Abb. 3.1.6), damit wir entsprechend reagieren können.

Abb. 3.1.6   Erfolgreich im Gleichgewicht zu bleiben, erfordert ein sich ständig selbst organisierendes, fein abgestimmtes Zusammenspiel von sensorischer Verarbeitung und angepassten muskulären Reaktionen

---

13 lat. „proprius" (eigen), „recipere" (aufnehmen)

Funktioniert dieses Meldesystem nicht reibungslos, ist nicht nur unsere Körperwahrneh-mung beeinträchtigt, wir sind auch zu keiner geordneten Haltungs- und Bewegungsleistung fähig. Das senso-neuro-muskuläre Zusammenspiel ist gestört.

Die durch Bewegung ausgelöste Stimulation der Gelenk-, Sehnen- und Faszien-/Muskelre-zeptoren löst die Weiterleitung der Meldungen an das Gehirn aus – sowohl an das Kleinhirn und den Hirnstamm (und dort insbesondere an die sogenannte retikuläre Formation), als auch an die sensorischen und motorischen Felder der Hirnrinde. Sie werden gekoppelt mit vestibulären und taktilen Informationen – aufgenommen über den Gleichgewichts- und Tastsinn. Diese komplexen Prozesse laufen derart im Hintergrund ab, dass wir uns damit in der Regel nicht bewusst beschäftigen. Sie sind somit die Grundlage einer sich bedarfsge-recht selbstorganisierenden physiologischen Haltungs- und Bewegungsleistung (s. Beispiel freies Stehen S. 8).

Je mehr Körper- und Bewegungsgefühl ein Mensch besitzt, desto ausdifferenzierter wird das Spannen und Entspannen der Muskulatur verarbeitet und desto besser ist er in der Lage, seine Körperhaltung, auch die im Sitzen, zu regulieren. Voraussetzung: Die sensomo-torischen Regelvorgänge können angemessen auf „Stressoren" reagieren. Jede äußere Ein-schränkung im Sinne rigider, linearer Verhaltensvorgaben (wie die Synchronmechanik bei vielen Bürostühlen) würde diese komplexe Selbstregulation begrenzen und damit „Diskom-fort" begünstigen.

Hinsichtlich unserer komplexen haltungsphysiologischen Prozesse erfüllt das durch das zentrale Nervensystem koordinierte sensoneuromuskuläre Funktionsgefüge zwei wesent-liche Aufgaben[14]. Es soll verhindern, dass

- unsere Körpersegmente, die sehr beweglich aufgebaut sind, in sich zusammensacken (also das interne Gleichgewicht aufrechterhalten),
- unser Körper umkippt (also das externe Gleichgewicht garantieren).

So ist die Körperhaltung stets das aktive Produkt einer genau abgestimmten Muskelaktivi-tät[15]. Man spricht in diesem Zusammenhang von neurokybernetischen Prozessen. Eine gute, gesunde Haltungskontrolle (posturale Kontrolle) ist immer dann gewährleistet, wenn wir uns – aufrechtstehend oder gehend – in einem labilen Gleichgewichtszustand befinden (vgl. Abb. 3.1.7).

---

14 vgl. Ludwig u. Schmitt 2006

15 Dietz 1996

Abb. 3.1.7   Innere und äußere Haltungskontrolle

Eine minimale Änderung des Tonus eines haltungsbeeinflussenden Muskels wird automatisch die Lage des hoch liegenden Körperschwerpunktes beeinflussen und damit auch die sensorischen Informationen der Propriozeptoren[16]. Die motorischen Zentren im Hirnstamm reagieren darauf direkt mit einem Korrekturprogramm in Form von Tonuserhöhung oder -verminderung einzelner Haltemuskeln. Dieser sensomotorische Vorgang bewirkt, dass wir stets komplex um einen Gleichgewichtszustand pendeln ohne dies eigentlich bewusst wahrzunehmen. Haltung ist also mitnichten ein statischer Zustand und sollte auch nicht in einer statischen Sitzhaltung münden.

Die Qualität unseres vestibulär-propriozeptiven Systems bleibt nur erhalten, wenn es regelmäßigen Stimulationen ausgesetzt ist. So wie das Auge Licht und etwas zu sehen und das Gehör Klang und Geräusche benötigen, so brauchen Gleichgewichtssinn sowie Muskel- und Bewegungssensoren komplexe Bewegungsstimulationen. Am deutlichsten wird dies bei Kindern: Ihre hochsensiblen vestibulär-propriozeptiven Reifungsprozesse suchen ständig nach „Nahrung" (Abb. 3.1.8). Dies bedeutet, dass ihr ständiger Drang zum Klettern, Balancieren, Hangeln und Hängen, Springen und Hüpfen sowie Kippeln auf Stühlen nur ein – selbstorganisiertes – Ziel verfolgt, ihre Reifungsprozesse nachhaltig durch Bewegungsqualität zu unterstützen.

Kommt es, wie beim längeren Sitzen auf starren Sitzmöbeln zu beobachten, zum typischen „Zusammensacken" des Körpers, „irritiert" dies zunächst unser körpereigenes Meldesystem. Es wird sich aber irgendwann an diese „gewohnte" Körperhaltung anpassen und diese schließlich als „richtig" einstufen. Ist es so weit gekommen, wird eine Aufrichtung in die normale, gesunde Haltung des Individuums erst einmal als unangenehm empfunden.

---

16   Duysens et al. 2000, Patla et al. 1999

Abb. 3.1.8   Reifungsprozesse suchen ständig nach „Nahrung"

Unser vestibulär-propriozeptives System bekommt also zu wenig und eher die falschen Reize, weil wir uns nicht ausreichend bewegen und in rigide Sitzpositionen gezwängt werden. Die Folgen reichen aber über ein mangelhaftes Körperbild und Haltungsbewusstsein hinaus. Wie neuere Studien eindeutig belegen, gibt es auch einen negativen Effekt auf unsere hirnphysiologischen Stoffwechselprozesse, sodass auch unsere geistige Arbeit darunter leidet[17]. So konnte eine 2010–2012 durchgeführte Studie an hessischen Grundschulen mit mehr als 600 Schülern belegen, dass die Projektgruppe, die an einem regelmäßig auf den Schultag verteilten vestibulär-propriozeptiven Übungsprogramm teilnahm, signifikant bessere Leistungen im „ELFE Lesetest" als auch im „DEMAT Rechentest" erzielte als die Kontrollgruppe[18].

Denken und Lernen geschieht nicht nur im Kopf. Der Körper ist im Gegenteil vom ersten Moment bis ins hohe Alter integraler Bestandteil aller intellektuellen Prozesse. Wenngleich die Wissenschaft immer mehr dazu beiträgt, die Rolle des Körpers und die Notwendigkeit von regelmäßiger Bewegung beim Lernen und Arbeiten im Büro richtig einzuschätzen, erschwert uns die moderne Lebensweise mit ihren Sitzgewohnheiten wahrscheinlich stärker als je zuvor, von dieser Einsicht zu profitieren und unser Potenzial voll auszuschöpfen.

---

17   vgl. Hollmann et al. 2005

18   Kultusministerium Hessen 2013

Bewegung und Kognition – nur wer sich bewegt, kann etwas bewegen

„Bewegung formt das Gehirn", „Bewegung: Doping für das Gehirn" oder „Bewegung macht schlau". Solche Schlagzeilen lesen wir seit Jahren. Aber was ist eigentlich dran an diesen zum Teil überladenen Formulierungen?

Viel, denn schon vor mehr als 1000 Jahren wurde im Gehen meditiert und diskutiert. Gelehrt und gelernt wurde im Stehen und auf dem Boden in Wechselhaltungen. Die Schüler von Aristoteles nannte man Peripathetiker („Umherwandler"), die sich ihr Wissen während des Umhergehens in großen Hallen angeeignet haben. Auch die Wandelhallen und Promenaden in den Klöstern und Kirchen der Antike sind Beleg dafür, dass Bewegung der Unterstützung geistiger Arbeit und Konzentration diente.

Heute findet dieses Verhalten in der Maßnahme „Walk and Talk" eine Renaissance: Berufliche Unterhaltungen werden – auch in Kleingruppen – im Gehen geführt, vorzugsweise im Freien. Auch neue Studien können den positiven Einfluss von moderater und vor allem freiwilliger Bewegung auf das Denken bestätigen[19]. So stellten Wissenschaftler zum Beispiel fest, dass körperlich aktivere Senioren bessere kognitive Ergebnisse erzielten als ihre „faulen" Kollegen[20]. In der Schule ist das Prinzip des „bewegten Unterrichts" heutzutage ein gängiger Begriff (Abb. 3.1.9), wenn es darum geht, die Gesundheit, Aufmerksamkeits- und Konzentrationsleistung sowie den Lernerfolg im Schulalltag zu fördern[21].

Abb. 3.1.9   Bewegung als integrativer Bestandteil alltäglicher Arbeitsprozesse

---

19 Booth et al. 2014

20 vgl. Abbott et al. 2004

21 vgl. Dordel u. Breithecker 2003, Silberzahn 2012

Im Zuge moderner bildgebender Verfahren – die ersten Erkenntnisse lieferte der schwedische Wissenschaftler Eriksson 1998 – konnten Forscher in den letzten Jahren die interaktive Verflechtung von körperlichen und geistigen Prozessen nachhaltig belegen. Neben Ausdauertrainingsformen sind es vor allem komplexe Bewegungen[22], welche die Hirnareale so beanspruchen, dass dadurch nervenzellschützende Botenstoffe ausgeschüttet werden. Diese Stoffe, unter anderem die Neurotransmitter Serotonin und Dopamin bewirken die Neubildung, Verschaltung und Erhaltung neuronaler Strukturen und fördern den Nervenstoffwechsel sowie damit den intellektuellen Erfolg. Das heißt: Bewegung kommt nicht nur vom Kopf, Bewegung nützt auch dem Kopf. Vor allem freiwillige körperliche Aktivitäten erhöhen die Neurotransmitter-Konzentrationen und haben einen nachhaltigen Effekt auf die sogenannten exekutiven Funktionen. Diese werden den höheren geistigen Leistungen zugeordnet. Sie sind notwendig, um Handlungen zu planen, Lernprozesse zu organisieren und Aufmerksamkeit zu steuern[23].

Folglich haben dieser Erkenntnisse auch vermehrt Diskussionen um eine „sinnvolle" (hier: doppeldeutig und die Sinne des Körpers, das vestibulär-propriozeptive System betreffend) und geeignete Veränderung von Schul- (Abb. 3.1.10) sowie Büroarbeitsplätzen (Abb. 3.1.11) ausgelöst – mit dem Ziel, Räume so zu planen, dass sie Bewegung nicht nur ermöglichen, sondern sogar hervorrufen[24].

Abb. 3.1.10 Lernräume sind auch Bewegungsräume (Fridtjof-Nansen-Grundschule, Hannover)

Abb. 3.1.11 Arbeitsräume sind auch Bewegungsräume (Fridtjof-Nansen-Grundschule, Hannover)

22 Budde et al. 2008, Kwak et al. 2009, Lopes et al. 2013

23 Kubesch 2008

24 Breithecker 2013

Wird unsere bewegungsabhängige Sensorik – Gleichgewichtssinn/Muskel- und Bewegungssinn – regelmäßig aktiviert, sorgt das nicht nur für gut koordinierte Haltungs- und Bewegungsleistungen, sondern auch für die notwendige emotionale und geistige Frische. Statisch-passives Sitzen und körperliche Inaktivität dagegen unterfordern dieses Sinnessystem – seine Funktionen verkümmern.

Wirkung von moderater Bewegung auf hirnphysiologische Funktionen

- Erhöhung der Gehirndurchblutung um 13,5 % bei nur 25 Watt körperlicher Belastung, das entspricht zum Beispiel normalem Gehen
- Steigerung des Wohlbefindens durch die Ausschüttung bestimmter Hormone
- Vermehrung der Kontaktstellen (Synapsen), Neubildung und Erhalt von Nervenzellen
- Optimierung des Aktivationsniveaus vom Gehirn, dadurch gute Grundlagen für geistige Leistungsfähigkeit
- *Methoden:* Fingerbewegungen, Grimassen schneiden, Kaugummi kauen, Kippeln auf Stühlen, Wippen auf Gymnastikbällen, Balanceaufgaben etc.

Jeder von uns hat dies schon mehr oder weniger selbst erfahren. Man sitzt hoch motiviert und voller Konzentration in einer Konferenz oder hört aufmerksam einem Vortragenden zu. Nach etwa 25 bis 30 Minuten machen sich erste Konzentrationsprobleme bemerkbar. Wenige Minuten später findet man sich eher beim „geistigen Vagabundieren" und weniger bei den Inhalten des Vortrages wieder. Nicht nur die mangelnde Versorgung des Gehirns mit Blut und damit mit Sauerstoff ist hier die Ursache. Die zur Passivität verurteilten vestibulär-propriozeptiven Funktionen versorgen das Gehirn nicht mehr mit der notwendigen bewegungsabhängigen „Nahrung", sprich mit Proteinen und Hormonen. Die Folge: Unser „psychomentales Aktivationsniveau" fällt, was einen unweigerlichen Verlust an Aufmerksamkeit und Konzentration sowie geistiger Leistungsfähigkeit zur Folge hat. Dieses Muster wiederholt sich stets bei uniformen Anforderungen wie beim statischen, passiven Sitzen.

Erst wenn es im Körper anfängt, unangenehm zu „zwicken", sucht der leidende Organismus nach kompensatorischer körperlicher Aktivität. Recken, Strecken, Kippeln oder unruhiges Hin- und Herrutschen auf dem Stuhl – als ausgleichende Selbstregulation zur Aufrechterhaltung der psychomentalen Aktiviertheit – sind nunmehr eher willkürliche Maßnahmen, die dem „geistigen und körperlichen Überleben" dienen. Sie lenken von der konzentrierten Tätigkeit ab.

Abb. 3.1.12   Telefonieren mit Bewegung im Raum

Unseren evolutiven Gesetzmäßigkeiten zufolge sind wir so organisiert, dass ein „Diskomfort" unser Bewusstsein zunächst gar nicht nachhaltig belastet. Hierzu braucht unser komplexes System aber bestimmte Bedingungen, um autonom reagieren zu können. Wir müssen etwa die Möglichkeit haben, aufzustehen und umherzugehen (Abb. 3.1.12).

Unbewusst und spontan ausgelebte Verhaltenserfordernisse dienen dazu, eine Desorganisation des (körperlichen und geistigen) Verhaltens zu verhindern. Dies wird dahingehend interpretiert, dass die sich selbst organisierenden spontanen Verhaltensmuster „die Effekte der mangelnden Stimulation durch die sensorische Wahrnehmung kompensieren, weil die Formatio reticularis, die die Aufrechterhaltung der allgemeinen Hintergrundaktivität reguliert, durch die von den Körperbewegungen ausgelösten Afferenzen stimuliert worden ist und sich diese Stimulation entsprechend ausgebreitet hat, sodass bei den deprivierten Personen die Hintergrundaktivität besser erhalten geblieben ist"[25]. So kann das Erleben von Monotonie abgemildert werden, wenn der Mensch die Möglichkeit hat, entweder „lebendig" zu sitzen, zwischendurch regelmäßig aufzustehen (Arbeiten am Stehpult) oder sich im Raum zu bewegen.

---

25 Imhof 1995, S. 226

Die als „Embodiment", also Verkörperlichung, bezeichnete ganzheitliche Einbindung des Mitarbeiters in hoch konzentrierte Arbeitsphasen baut auf der wissenschaftlichen Erkenntnis auf, dass unser Denken nicht nur ein Gehirn voraussetzt, sondern auch den Leib, der mit seiner Umwelt interagiert. Anders gesagt: Kognition findet nie auf einer ausschließlich geistigen Ebene statt, sondern hat immer auch eine körperliche Dimension. Und vor allem stehen beide, Körper und Kognition, in einer vitalen Wechselwirkung.

3.2 Das „reizende Büro"

Die Arbeitswelt ist im Wandel: Die zunehmende Globalisierung, neue Technologien und Verfahren, immer mehr Wettbewerb stellen sowohl Beschäftigte als auch Unternehmer vor ständig neue Herausforderungen. Zugleich werden Belegschaften im Zuge der demografischen Entwicklung einerseits immer älter. Andererseits eröffnet das der sogenannten „Y-Generation" die Chance, den Arbeitsplatz zu favorisieren, der ihren Bedürfnissen und Wertvorstellungen besonders entspricht. Können da bestehende Arbeitsplatzkonzepte mithalten (Abb. 3.2.1)?

Für den Erfolg eines Unternehmens werden in Zukunft das Wohlbefinden am Arbeitsplatz und die geistige Fitness der Beschäftigten ebenso wichtig sein wie deren soziale Zufriedenheit und die körperliche Gesundheit. Das heißt aber auch, dass bezüglich der Diversität der Mitarbeiterstruktur (Junge und Alte, Frauen und Männer, unterschiedliche Kulturen, Reli-

Abb. 3.2.1 Konservatives Arbeitsplatzangebot

gionen und Lebensanschauungen, bevorzugte Arbeitsweise) und damit ihrer heterogenen Bedürfnisse komplexere Arbeitsplatzkonzepte erforderlich sind. Jeder Mensch ist von Natur aus mit unterschiedlichen Fähigkeiten, Eigenschaften und auch Bedürfnissen ausgestattet. Werden diese bei der Gestaltung der Arbeit nicht angemessen berücksichtigt oder auch nur einseitig genutzt, verkümmern Potenziale. Denn nur was gebraucht wird, bleibt auch gesund und abrufbar.

Der Arbeitsplatz heute ist für die meisten Menschen für mindestens acht Stunden am Tag ihr Lebensraum – im Idealfall ein Raum des Wohlbefindens, der individuellen Gesundheitsentfaltung, des sozialen Austauschs sowie der geistigen Wertschöpfung. 83 Prozent der Beschäftigten legen deshalb auch gesteigerten Wert auf eine gute Arbeitsumgebung und -ausstattung[26]. Gleichzeitig wächst das Interesse an flexibleren Arbeitsplatzmodellen.

Nach wie vor sind die Weichen in vielen Unternehmen nicht auf den Umgang mit diesen Herausforderungen gestellt. Das findet seine Bestätigung darin, dass Deutschland im Ranking der geäußerten Arbeitsplatzzufriedenheit im weltweiten Vergleich[27] weit unter Durchschnitt liegt. Insofern sind Raumkonzepte, die den Menschen ausschließlich an seinen Computerarbeitsplatz „fesseln", nicht human und letztlich auf Dauer auch wenig wirtschaftlich. Dagegen finden flexible Arbeitsplatzkonzepte in allen Altersgruppen Zustimmung und werden nicht nur von Jüngeren erwartet[28]. Die Veränderung durch den Megatrend „New Work" verwandelt auch die Arbeitswelt immer weiter. „Ortlose", „körperlose" und zeitliche entkoppelte Arbeit lässt die Grenzen zwischen Arbeitszeit und Freizeit zunehmend verschwinden.

Eine solche flexible Arbeitsplatzkultur sorgt nicht nur für mehr Zufriedenheit, Firmenbindung und Wertschöpfung, sondern auch „ganz nebenbei" für mehr mentale und physische Haltungswechsel mit den beschrieben positiven Wechselwirkungsfunktionen für Körper und Geist. Arbeitsplätze, die das alles bieten, basieren natürlich auf einem entsprechenden Raumkonzept. Dieses Thema wurde lange eher stiefmütterlich behandelt, gewinnt aber seit einigen Jahren mehr an Bedeutung, nicht zuletzt auch durch die Zunahme von Krankheiten und Arbeitsausfalltagen.

---

26 StepStone 2011; in dem StepStone Employer Report 2011 wurden 6000 Personen erfasst.

27 Bohulskyy et al. 2011; Datenbasis des IAQ Report 2011/03 ist der European Social Survey.

28 vgl. Johnson Controls 2010

Raum und Mensch stehen in einer Wechselwirkung

Räume können unter zwei Aspekten betrachtet werden: dem technisch funktionalen und dem affektiv-emotionalen Aspekt. Zum technisch funktionalen Aspekt gehören die Raum-elemente, die Ausstattung und Gestaltung der Arbeitsräume. Sie werden von sehr vielen genormten Vorgaben getragen, wie zum Beispiel ein Computerarbeitsplatz auszusehen hat und wie sich der Mensch daran „richtig" verhalten soll. Dies folgt dem klassischen Ursache-Wirkungs-Prinzip. Wir erwarten, dass die orthopädisch-biomechanisch gewichteten ergo-nomischen Standards ein geringeres Risiko "produzieren", an Rückenproblemen zu erkran-ken. Dieses lineare Denken entspricht aber nicht dem Ist-Zustand, denn das ganzheitliche Wohlbefinden des Menschen basiert auf komplexen Wechselwirkungen. Und das setzt die Beweglichkeit der Mitarbeiter voraus – sowohl im Sinne der geistigen Flexibilität als auch ganz konkret der körperlichen Flexibilität mit tätigkeits- beziehungsweise bedarfsabhängi-gen Arbeitsplatz- und Raumwechseln, mit vielfältigen Begegnungen und sozialem Aus-tausch. Unter diesem Blickwinkel gewinnen die affektiv-emotionalen Aspekte der Arbeits-platz- und Raumgestaltung an Bedeutung. Hier steht eher die Atmosphäre, das Funktionel-le im Vordergrund (Abb. 3.2.2). Diese Aspekte üben eine – meist unbewusst – positive Stimulation auf das komplexe menschliche System aus, erzeugen Stimmungen und Befind-lichkeiten und beeinflussen damit auch die Leistung, den Umgang miteinander und die Produktivität.

Die Bedeutung des Raums hat speziell bei Pädagogen und Philosophen, deren Denken stark anthropologisch ausgerichtet war, eine große Rolle gespielt. Der Raum darf demnach nicht als ein Ort wahrgenommen werden, der durch ISO-Normen und andere analoge Konstruk-

Abb. 3.2.2 Verhältnisse beein-flussen Verhalten

Abb. 3.2.3 Der Raum als dritter Pädagoge

te geregelt ist und zum linearen Abarbeiten von Aufgabenstellungen dient, er ist auch ein „heimlicher" Bewegungsverführer. Der Mensch befinde sich in diesem Raum nicht wie ein Gegenstand in einer Schachtel. Er sei auch kein traumloses Subjekt, sondern das Leben bestehe ursprünglich im Verhältnis zum Raum (Otto Friedrich Bollnow 1903–1991). Diese Denker verweisen stets auf die Wechselwirkung Mensch und Raum. Auch Räume seien Wesen, „können heilen, erleben, befrieden, stimulieren oder krankmachen und verderben"[29]. Wohlbefinden, Aufmerksamkeit, Konzentration, sozialer Austausch und Produktivität sind sehr slark daran gcknüpft, inwieweit Umweltbedingungen diese positiv stimulieren oder nicht (Reiz – Reaktion: Millionen Sensoren am und im Körper registrieren die jeweiligen Informationen aus der Umwelt und kommunizieren Versorgungsbedarf).

Gerade deswegen verstehen wir den Raum als eine Stätte der Anthropogenese, der „Menschwerdung", in dem das komplexe System Mensch angemessene Entfaltungsmöglichkeiten hat.

In der Schulpädagogik spricht man sogar vom Raum als „dritten Pädagogen" (Abb. 3.2.3). Das Lebensumfeld, der Raum wirkt direkt, aber auch indirekt auf die komplexen sensorischen und damit körperlichen, geistigen und emotionalen Wechselwirkungsfunktionen des Menschen. Somit bestimmt die Qualität des Raums sowohl sein Handeln als auch sein Wohlbefinden und damit auch seine geistige Leistung.

In diesem Kontext entwickeln sich neben Schulräumen auch Büro- und Konferenzräume immer mehr von reinen „Sitzarbeitsplätzen" zu „Menschen bewegenden" Räumlichkeiten, in denen Arbeit und auch gesundes, produktives Leben ganzheitlich aufeinander bezogen

---

29 Mahlke 1997

sind. Die Umsetzung erfolgt in den drei zentralen Handlungsfeldern „Arbeitsanforderungen", „Arbeitsabläufe steuern und organisieren" und dem „Arbeits- und Lebensraum Büro". Besonders das letztgenannte ist von hoher Bedeutung für einen gesunden und produktiven Arbeitsalltag. Die räumliche Gestaltung hat somit eine erhebliche Wirkung auf das Bedingungsgefüge des Bürolebens, soziale Kontakte, körperliches Verhalten, kurz: auf alle Interaktion und Kommunikation im Lebensraum Büro.

Diese Wechselwirkung von Raum und Mensch kann somit unter gesundheitlichen und wirtschaftlichen Gesichtspunkten optimal genutzt werden: Räume bilden und werden gebildet. Räume gestalten und werden gestaltet. Räume bewegen. Räume fördern Werte und Haltungen. Räume schaffen Gelegenheiten für Verhalten, indem sie Handlungsspielräume öffnen oder verschließen. Oder auch: Verhältnisse verführen zu Verhaltensweisen.

Wenn also eine neue Bürokultur gefordert wird, wie es gegenwärtig der Fall ist, muss dies auch Konsequenzen für die Räume haben, in denen gearbeitet wird – für ihre Struktur, für ihre Gestaltung und ihre Ausstattung.

„*Environmental Enrichment*" steht seit Jahren im Fokus, wenn es darum geht, essenzielle gesunde Verhaltensweisen zu ermöglichen und pathogenes Verhalten zu reduzieren. Dabei geht es primär darum, das körperlich-geistige Wohlbefinden der Mitarbeiter durch eine ausgewogene und möglichst natürliche Stimulation der Sinnesorgane zu fördern.

Unser Sinnessystem ist der wichtige „Jongleur" für unsere körperliche und geistige Balance. Es ist dafür verantwortlich, Umwelt- und Körperinformationen aufzunehmen und für unbewusste als auch bewusste Verarbeitungsprozesse zur Verfügung zu stellen. Der bekannteste Reiz-Reaktions-Mechanismus ist die entwicklungsgeschichtlich geprägte „Flucht-oder-Kampf"-Option bei unmittelbarer Gefahr.

Durch unsere genetische Disposition sind wir hinsichtlich „Wohlbefinden" auf natürliche Sinnesstimulationen geprägt. So fühlen wir uns nicht nur besser, sondern sind auch wesentlich leistungsfähiger, wenn beispielsweise das Auge natürliches Tageslicht oder die Nase frische Luft aufnimmt (Abb. 3.2.4). In vielen internationalen Studien[30] konnte bereits ein signifikanter Zusammenhang zwischen „Office-Design" und „Office-Performance" nachgewiesen werden, also der Gestaltung von Büros und der dort erbrachten Leistung.

Immer mehr gesundheitsorientierte Raumkonzepte legen deshalb viel Wert auf Helligkeit, Farben, Design, Akustik und Klima. Wenn wir in diesem Zusammenhang über unsere Sinnesorgane und deren optimale Stimulation nachdenken, beziehen wir uns meist nur auf die

---

30 Unter anderem vom Fraunhofer Institut für Arbeitswissenschaft und Organisation in Stuttgart

Abb. 3.2.4 Biologische Systeme sind auf Reize der Natur angewiesen

fünf Sinne, die Informationen von außerhalb aufnehmen: Sehen, Hören, Riechen Schmecken, Berühren. Genauso wichtig für unser Wohlbefinden ist jedoch auch der sensorische Input, der uns über Schwerkraft und Bewegung und unsere Position im Raum informiert. Das geschieht über die bereits auf S. 125 beschriebene Tiefensensibilität, den Vestibularapparat (Gleichgewichtssinn) und die Propriozeption (Muskel- und Bewegungssinn). Diese Sinnessysteme spielen wie bereits ausführlich erläutert eine übergeordnete Rolle für unsere (Körper-) Wahrnehmung, für eine gute Haltungs- und Bewegungskoordination und für unser geistiges Tun.

Aus diesem Grund fokussiert sich „das reizende Büro" auf die durch den heutigen Lebensstil – auch konventionelle Büroraumgestaltung – eher vernachlässigte Tiefensensibilität.

Was unsere Sinne anregt – nicht aufregt

- Optischer Sinn (Auge) = natürliches Tageslicht, Farben, Pflanzen, Weitblick etc.
- Akustischer Sinn (Ohr) = Rauschen eines Baches, entspannte Sprache etc.
- Geruchssinn (Nase) = gutes Raumklima, frische Luft etc.
- Tastsinn (Haut) = natürliche Materialien wie Holz, Papier etc.
- Geschmackssinn = natürliche Gewürze etc.
- Gleichgewichts-, Muskel- und Bewegungssinn = komplexe Haltungswechsel, vielseitige Bewegung im Raum.

Eine körperlich reizreichere Umwelt („enriched physical environment") fordert und fördert eine interaktive Verflechtung von körperlichen und geistigen Prozessen nachhaltig. Wohlbefinden im Allgemeinen und vor allem auch geistige Arbeit im Speziellen sind die Nutz-nießer. Bereits der französische Psychologe Jean Piaget konnte bei Kindern belegen, dass die sensomotorischen Fähigkeiten eines Kindes auch Grundlage für dessen intellektuelle, soziale und persönliche Entwicklung sind. Ein Mangel an vestibulär-propriozeptiven Sinne-serfahrungen kann zu Haltungs- und Verhaltensstörungen, zu Konzentrationsdefiziten, zu Sprach-, Lese- oder Rechenschwächen führen. Die Forschergruppe um Ickes[31] konnte zum Beispiel zeigen, dass Ratten, die in einer reizreicheren Umwelt gehalten wurden, vermehrt nervenzellenschützende Faktoren im Hirn ausschütteten als die Kontrollgruppe. Solche Proteine unterstützen Nervenzellen bei ihrer Differenzierung und erhalten sie am Leben. Sie gelten allgemein als Schlüsselkomponente für die Anpassungs- und Umstellungsfähigkeit des Gehirns (biopositive neuronale Plastizität) und bilden somit die Basis für Denkprozes-se.

Diese wichtige Erkenntnis sollte sich auch in einer im wahrsten Sinne des Wortes „sinnvol-len" Raumgestaltung widerspiegeln. Ein Raum muss neben den tätigkeitsabhängigen Erfor-dernissen auch den individuellen sensomotorischen Bedürfnissen der Menschen entspre-chen.

Räume brauchen Raum für Bewegung

Wer das menschliche Bewegungsbedürfnis unterstützt, legt die Grundlage für ein ausge-wogenes körperliches, geistiges, emotionales und soziales Wohlbefinden. Wenn sich Un-ternehmen aber mit dem Begriff Wohlbefinden auseinandersetzen, ist es nicht weiter über-raschend, dass sich ihre Aufmerksamkeit in erster Linie auf die körperliche Gesundheit (z. B. Fitness-/Wellnessangebote) ihrer Mitarbeiter und die Ergonomie (z. B. ergonomischer Bürodrehstuhl) fokussiert. Sie unterliegen dann dem Irrglauben, dass das Problem gelöst ist. Wohlbefinden ist aber ein überaus komplexes Feld. Es hängt einerseits mit den bereits beschriebenen natürlichen und ausgewogenen sensorischen Stimulationen zusammen. Andererseits, so die globale Gallup Studie[32] zum Thema Wohlbefinden am Arbeitsplatz, ist eine wesentliche Verbindung zwischen Körper und Geist, das Engagement. Nicht motiviert zu sein, ist demnach einer der wichtigsten Indikatoren für aufkommende Depressionen (die latente Volkskrankheit Nr. 1). Unmotivierte Mitarbeiter sind nicht nur weniger produktiv, sie verursachen den Arbeitgebern durch die stressbedingten psychosomatischen Beschwer-

---

31 Ickes et al. 2000

32 2014, http://www.bsw-web.de/wp-content/uploads/2015/03/Gallup-Studie.pdf

Abb. 3.2.5 Artgerechte Lebensräume?

den hohe Kosten. Das bedeutet, dass Wohlbefinden weit mehr ist als nur Wellness oder höhenverstellbare Schreibtische. Wohlbefinden ist auch mit Freude, Identität und Authentizität gleichzusetzen. Viele Menschen gehen nicht nur zur Arbeit um Geld zu verdienen, sondern weil die Arbeit Teil ihrer Identität ist. Menschen brauchen Arbeit um mit dem, was sie können, sich in menschliche Gemeinschaften einzubringen. Sie wollen dazugehören und gebraucht werden.

Arbeitsplätze haben gerade deshalb einen so starken Einfluss auf das Wohlbefinden, weil wir mit ihnen in einem engen Kontakt stehen. Egal, ob es nun der neueste Laptop ist, ein höhenverstellbarer Sitz-Steh-Tisch oder ein bestimmter Rückzugsort. Mit all dem, was uns im Büro erwartet, gehen wir eine Beziehung ein und übertragen damit verknüpfte Emotionen auf das Unternehmen, welches für die Bereitstellung des Arbeitsraums verantwortlich ist. Gerade deswegen ist es wichtig, Mitarbeiter oder deren Vertreter bei der (Um-) Gestaltung des Büroraums von Anfang an einzubinden, um deren Bedürfnisse wahrzunehmen und zu beachten. Wenn das in einem Unternehmen möglich ist, dann stellen sich Wohlbefinden und Erfolg ein. Mitarbeiter, die sich wohlfühlen, leisten nicht nur mehr, sondern sorgen auch für die Weiterentwicklung des Unternehmens.

Damit richtet sich diese Forderung mit aller Deutlichkeit gegen organisierte Verhaltensmaßnahmen, die mit Belehrungen operieren, um beispielsweise gesundes Arbeits- oder Essverhalten durchzusetzen. Aber auch gegen Richtlinien, die immer mehr Arbeitsplatzreduktion und optimierte Flächeneffizienz propagieren. Wenn wir dies tolerieren, dann landen wir automatisch bei der Frage, warum wir heute eine artgerechte Haltung für Tiere wie beispielsweise Legehennen fordern und fördern, für humane Lebewesen aber sowohl in Schule als auch im Büro vernachlässigen (Abb. 3.2.5).

Konkret bedeutet dies für den Büroalltag: Nicht nur von Mitarbeitern wird heute mehr Mobilität und Flexibilität erwartet. In gleichem Maß muss dies auch für eine neue Arbeitskultur gelten, in der die Mitarbeiter auch Mitgestalter sind. Das gilt gerade für die hier vertretene Forderung nach aufgabenangepassten Arbeitsräumen, die dem Bedürfnis nach selbstorganisierten mentalen und physischen Haltungswechseln Rechnung tragen.

Büroräume als „heimliche Bewegungsverführer"

Die Einrichtung des Büroraums kann unterschiedliches Bewegungsverhalten spontan abrufen und damit gesundes und produktives Handeln unterstützen. Das Raumkonzept des „reizenden Büro" zielt „ganz nebenbei" auf variable physische Reize. So soll anhand diversifiziert platzierter äußerer Anreize der Mensch immer wieder – auch arbeitsabhängig – zu einem bewegten Verhalten „gelockt" werden. Dabei wird der Büroarbeiter diese „Verführungen" in den meisten Fällen nicht als bewusste Handlungen planen, sie wirken als emotionaler Reiz auf das Unterbewusstsein und lassen somit Bewegungsverhalten in die alltägliche Arbeitsorganisation spontan einfließen. Dies belegt auch die Architekturpsychologie, die „Lehre vom Erleben und Verhalten des Menschen in gebauten Umwelten". Sie befasst sich mit den Fragen, wie Räume den Menschen beeinflussen, wie Räume beschaffen sein müssen, um eine positive Wirkung auf Menschen und ihr Zusammenleben zu entfalten und wie sich die menschliche Qualität von Räumen verbessern lässt.

So viel Sitzen wie nötig, so viel Bewegung wie möglich

Wir haben bereits an verschiedenen Stellen in diesem Buch gesehen: Je weniger Kinder, Jugendliche und Erwachsene sitzen und sich stattdessen regelmäßig bewegen, desto besser ist dies für ihre körperliche, geistige und soziale Gesundheit. Auf diesen Erkenntnissen aufbauend fordern Experten im „British Journal of Sports Medicine" jetzt ein Umdenken bei Arbeitgebern: Sie sollten Büroangestellten ein komplexes Ausleben von Verhaltensweisen während ihrer Arbeitszeit ermöglichen. Das bedeutet, dass sie mindestens zwei Stunden auf ihre tägliche Arbeitszeit verteilt nicht im Sitzen, sondern stehend oder sich bewegend verbringen. Noch besser wären vier Stunden, schreibt das Team um John Buckley[33].

Tatsache ist aber, dass der Sitzarbeitsplatz neben dem Arbeitstisch immer noch die Basis jeder Büroausstattung ist – ein Grund, ihn im Folgenden genauer unter die Lupe zu nehmen. Nicht zuletzt auch deswegen, da neueste Studien offenlegen, dass immer noch weit mehr als die Hälfte der Mitarbeiter in einem Büro stundenlang auf Bürostühlen sitzt, die alten ergonomischen Paradigmen entsprechen und das natürliche Bedürfnis des Menschen nach intuitiven Sitzpositionswechseln – lebendiges Sitzen – ausbremsen.

Meist stehen hinsichtlich sitzergonomischer Richtlinien die anthropometrischen (die Körpermaße des Menschen betreffend) sowie biomechanisch-orthopädischen Idealmodelle im Vordergrund. Sie sind wichtig und grundlegend, aber nicht alles. Denn mit den Körpermaßen nimmt auch immer der lebendige Mensch Platz. Und der ist auch während des Sitzens auf regelmäßige Bewegung beziehungsweise Sitzhaltungswechsel angewiesen. Beispielhaft dafür sind Kinder.

„Von Kindern lernen, heißt von der Natur lernen"

Diese etwas pointiert formulierte These beruht auf der Tatsache, dass das Verhalten der Kinder natürlich ist. Bewegung ist hierbei immer spontan bedarfsgerecht und nie Mittel zum Zweck. Ihr von der Natur gegebenes vitales Bewegungsverhalten, beispielsweise immer wieder in die Pfütze zu springen, zu matschen, auf Bäume zu klettern, auf Stühlen zu kippeln, hat nur eine Bestimmung: Kinder organisieren damit – unbewusst – den qualitativen Verlauf ihrer ganzheitlichen Entwicklung (Abb. 3.2.7). Ihr Bewegungsdrang basiert auf dem natürlichen Bedürfnis einer sich entwickelnden lebendigen und in Wechselwirkung

---

33 Buckley et al. 2015

Abb. 3.2.7 Das „kippelnde Kind" organisiert sein körperliches und geistiges „Überleben"

stehenden körperlich-geistigen Einheit. Aus diesem Grund sprechen wir im Folgenden nicht vom dynamischen Sitzen – die Sitzhaltung dynamisch verändern – sondern vom lebendigen Sitzen, einem Sitzen welches einer bedarfsgerechten Selbstorganisation entspringt und sich komplex entfaltet.

Wer kennt sie nicht, die ständig auf dem Stuhl unruhig hin- und her rutschenden oder sogar nach allen Richtungen kippelnden Kinder. „Die können einfach nicht still sitzen...", so oder ähnlich klagen viele Erwachsene ob der teils akrobatisch anmutenden Sitzvariationen. Nicht allzu selten werden diese Kinder vorschnell als „hyperaktiv" und unkonzentriert etikettiert. Dabei ist diese – in den meisten Fällen – unbewusste und gesunde Bewegungsunruhe(!) ein absolutes Muss, damit die komplexe Geist-Körper-Einheit sich auch in einem restriktiven Lebensraum harmonisch entwickeln kann. Dass Kinder – entwicklungsbedingt – kaum länger als fünf Minuten stillsitzen können, lässt mit zunehmendem Alter zwar nach, bleibt aber beim physisch und psychisch gesunden Menschen als eine grundlegende „biologische Intelligenz" ein Leben lang erhalten. Aber: Versuchen Sie mal als Erwachsener auf einem Bürostuhl zu kippeln.

Der Arbeitsstuhl wird trotz aller mahnenden Hinweise, dass wir für das längere Sitzen nicht geschaffen sind, auch in Zukunft eine dominante Rolle einnehmen. Gerade deshalb ist es wichtig, die vorherrschenden Paradigmen zum „richtigen Sitzen" zu hinterfragen. Wir erinnern uns an die „intelligente" Selbstorganisation eines haltungsphysiologischen Systems

Abb. 3.2.8   Der Gymnastikball als erstes Symbol für bewegtes Sitzen. Ein Trainingsgerät, aber für längeres Sitzen nicht geeignet

beim freien Stehen. Auch beim Sitzen sollte dieses wichtige spontane Verhalten zum Tragen kommen. Solange die muskuläre Balance der Nacken-, Schulter- und Rumpfmuskulatur im Sitzen lebendig gehalten wird, ist eine selbstorganisierende gesunde Sitzhaltung gewährleistet (Abb. 3.2.8).

Komplexe Sitzverhaltensweisen gehen über die inflationären Empfehlungen zum dynamischen oder bewegten Sitzen, wie sie unter anderem bei der Synchronmechanik von Bürostühlen beziehungsweise den Empfehlungen zu regelmäßigen Sitzpositionswechseln beworben werden, hinaus. Diesen Empfehlungen liegt ein lineares Grundverständnis mit einer geringen Vielfalt an spontanen Sitzvariationen in alle drei Dimensionen des Raumes zugrunde. Komplexe und damit gesunde Sitzverhaltensweisen können aber nicht empfohlen oder vermittelt werden! Sie müssen sich auf der Grundlage körperlicher, geistiger oder emotionaler Bedürfnisse in Form von Mikro- und Makrobewegungen spontan und intuitiv selbst organisieren können.

Dreh- und Angelpunkt hierfür ist eine frei fließende und von der Synchronmechanik losgelöste dreidimensionale Sitzflächenbeweglichkeit zur Förderung eines komplexen Zusammenspiels der Segmente Beine, Becken, Wirbelsäule, Schultern und Kopf. Vor allem der „Freischaltung" des Beckens kommt eine hochgradige Bedeutung zu. Die biomechanische Analyse des Körpers zeigt, dass es vor allem die dreidimensionalen Bewegungen des Beckens sind, die das gesamte Muskel- und Skelettsystem aktivieren und somit

- die physiologischen Haltungswechsel unterstützen,
- die Bandscheiben permanent mit Nährstoffen versorgen,
- die komplexen Rückenmuskeln stimulieren,
- die mehr als 100 Gelenke an der Wirbelsäule in Bewegung halten,
- die inneren Organe dynamisch aktivieren,
- die Blutzirkulation und damit Sauerstoffversorgung optimieren,
- die Hirnstoffwechselprozesse und damit Aufmerksamkeit und Konzentration auf-rechterhalten.

Abb. 3.2.9   Von Natur aus erfor-dert die Biomechanik des Beckens dreidimensionale Bewe-gungen mit physiologischen Wirkmechanismen auf das aktive und passive Haltungssystem

Eine innovative mechanische Lösung stellt unter den Bedingungen komplexer Sitzverhal-tensbedürfnisse eine dreidimensionale Funktion der Sitzfläche dar. Diese sogenannte 3-D-Mechanik bietet mehr als die bei Bürodrehstühlen gewohnte seitliche Drehbewegung und die durch die Synchronmechanik ermöglichte Lehnen-Sitz-Neigung nach hinten und wieder zurück in die Ausgangsstellung. 3-D Mechaniken ermöglichen eine kontrollierte Dynamik der Sitzfläche in den drei Dimensionen des Raums. Dadurch können sich spontane, am Bedarf orientierte mehrdimensionale Sitzpositionswechsel autonom entfalten.

Der Bürostuhlmarkt bietet diverse Angebote, die als 3-D-Stühle beworben werden. So gibt es beispielsweise Lösungen, bei denen die Sitzfläche unabhängig von der Rückenlehne dreidimensional beweglich ist, und solche, bei denen die Rückenlehne den seitlichen Bewe-gungen folgt. Manche Stühle federn auch in der Sitzhöhe, ermöglichen also noch zusätzlich eine Auf- und Abbewegung. Auch sogenannte schwingende oder pendelnde Sitzmechani-ken zählen dazu. Genau genommen dürften allerdings nur Mechaniken als 3-D-beweglich bezeichnet werden, die freie Bewegungen in Bezug auf Länge, Breite und Tiefe ermöglichen

Abb. 3.2.10   Sitzen wie die Natur es erfordert

(Abb. 3.2.10), also nicht nur vor und zurück (1-D) sowie seitwärts (2-D), sondern auch auf und ab (3-D). Letztendlich entscheidet der Käufer aufgrund seines individuellen Bedarfs und Komfortempfindens, welche Funktion für ihn die beste ist.

Empirische Daten stützen das intelligente Verhalten des Körpers

Eine Studie der Fresenius Hochschule in Idstein im Auftrag der Bundesarbeitsgemeinschaft für Haltungs- und Bewegungsförderung e.V. konnte diese Hypothese mit wissenschaftlichen Ergebnissen untermauern. Die Untersuchung hatte das Ziel, *„komplexe kinematische Merkmale auf unterschiedlichen Sitzmöbeln"* zu erheben[34], das heißt, das Sitzverhalten der Probanden (13 Männer, zehn Frauen) durch eine Bestimmung der Oberkörperposition und entsprechender Bewegungen während des Sitzens zu quantifizieren.

Dies erfolgte durch den Einsatz von vier Ultraschallsensoren, die trapezförmig am Rücken angebracht wurden. Jeder Sensor lieferte dreidimensionale Raum-Zeit-Koordinaten (Abb. 3.2.11). Das räumliche Auflösevermögen der Sensoren betrug in jeder Dimension 1 mm. Die Einzugsfrequenz lag bei 50 Hz.

---

34   Haas et al. 2012, S. 4

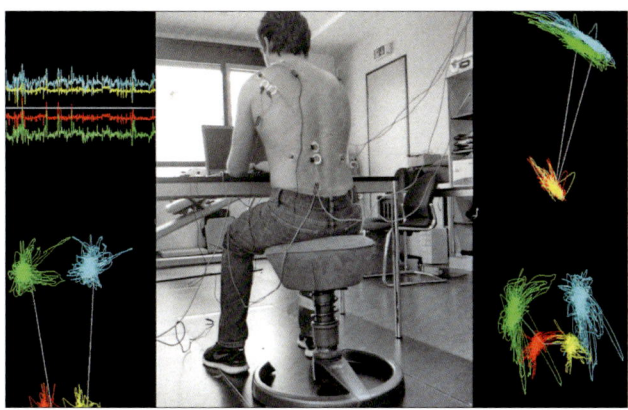

Abb. 3.2.11 Komplexanalysen zum Sitzverhalten

Begleitend wurden kinetische Daten durch Messung der Bodenreaktionskräfte über eine Druckmessplatte (Fa. Zebris) erhoben. Elektromyografische Ableitungen wurden zudem an den wichtigsten oberflächlich liegenden Rückenmuskeln, welche für die Koordination der Sitzhaltung mitverantwortlich sind, vorgenommen.

Das Sitzverhalten jedes Probanden wurde jeweils zweimal an unterschiedlichen Tagen untersucht, wobei jeweils unterschiedliche Sitzmöbel zum Einsatz kamen. Zur Auswahl stand einerseits ein klassischer Bürodrehstuhl mit Synchronmechanik, andererseits ein Stuhl mit einer dreidimensional beweglichen Sitzfläche, der freie Bewegungen in Bezug auf Länge, Breite und Tiefe ermöglichte.

Um Reihenfolgeeffekte zu vermeiden, erfolgte die Wahl der Startbedingung randomisiert. Zur Sicherstellung einer möglichst hohen ökologischen Validität wurde im Labor ein typischer Computer- bzw. Büroarbeitsplatz mit entsprechenden Aufgabenbereichen aufgebaut. Die Untersuchungszeit betrug insgesamt 60 Minuten.

Das wichtigste Ergebnis der Studie: Das Sitzen auf der „3-D-Ergonomie" im Vergleich zu einem konventionellen Bürostuhl ermöglichte kontinuierliche Sitzvariationen in allen Raumdimensionen . Die Probanden verfügten über hochsignifikant größere Lösungsmöglichkeiten (Sitzhaltungswechsel), um unbewusst, aber bedarfsgerecht auf anbahnenden lokalen Diskomfort frühzeitig (vorbeugend) zu reagieren.

Dagegen kristallisieren sich beim Sitzen auf dem klassischen Bürodrehstuhl längere statische Phasen heraus, die dann plötzlich aufgelöst werden, um eine neue quasi-statische Position einzunehmen (sogenannte „Jumps").

Lebendiges Sitzen auf der „3-D-Ergonomie" heißt, mit dem sensorischen (propriozeptiven) und muskulären System und deren Wechselwirkungen zu „spielen". Um die Körperhaltung im Sitzen – analog zum Stehen – gesund zu organisieren, ist das Aufrechterhalten dieser Regelkreisläufe, die viele Male pro Sekunde Steuervorgänge unwillkürlich durchführen, unabdingbar. Ein gut funktionierendes propriozeptives System stellt die Grundlage dafür dar. Die Parallelen zwischen Stehen und lebendigem Sitzen werden hier ganz offensichtlich. Statisch-passives Sitzen dagegen schränkt dieses interaktive Zusammenspiel sensomotorischer Funktionen erheblich ein, mit deutlichen Konsequenzen für das körperliche und geistige Wohlbefinden.

Der lebendige Mensch steht in einer Beziehung zu seinem Stuhl. Das Sitzmöbel und die sich spontan selbst organisierenden Verhaltenserfordernisse des Nutzers stellen ein System dar. Das bedeutet, dass die Sitzmechanik auch die Sitzwinkel autonom unterstützen muss, die für unterschiedliche Aufgaben erforderlich sind. So bedeutet ein konzentriertes Arbeiten am Schreibtisch eine aktive Gewichtsverlagerung nach vorn (Abb. 3.2.12). Die Mechanik vieler Bürodrehstühle mit einer freigestellten und frei fließenden 3-D-Sitzmechanik ermöglicht, auch abhängig von der Beinstellung, eine flexible Vorwärtsneigung der Sitzfläche, wodurch eine physiologische Arbeitshaltung erreicht wird. Das Becken wird hinten etwas angehoben und leicht nach vorn gedreht. Es entsteht der sogenannte „Sitzkeileffekt". „Unter arbeitsmedizinisch-ergonomischem Aspekt ist gerade das Verhalten eines Sitzes in der vorderen Sitzposition von entscheidender Bedeutung, denn unsere Arbeitshaltung im Berufsalltag ist eben nicht überwiegend die entspannte Relaxposition."

Abb. 3.2.12 Körper und Geist als eine Einheit in der aktiven vorderen Sitzhaltung

Eine Sitzverhaltensanalyse[35] konnte dies sehr eindrucksvoll herausarbeiten. Unter verschiedenen realistischen (sitzenden) Arbeitsbedingungen und bei entsprechender frei fließender Sitzneigemechanik nimmt die vordere Sitzhaltung demnach eine dominante Rolle ein. Insbesondere trifft dies für Sitzende im Büro- und Seminarbereich zu, welche durchschnittlich die Hälfte ihrer Tätigkeiten – einige davon bis zu 87 Prozent – in der freien vorderen Sitzposition (ohne Lehnenkontakt) mit einer Neigung der Sitzfläche um bis zu 15 Grad nach vorne verbracht haben.

Das zeigt einmal mehr, wie bedeutend eine solche Sitzmechanik ist, damit der Mensch seine unbewussten – da natürlichen – Körperverhaltensweisen auch im Sitzen frei entfalten kann; selbst dort, wo man „bisher gemeint hat, dies vernachlässigen zu können"[36].

Füße und Beine werden unausweichlich in diese komplexen Prozesse mit einbezogen. Beinbewegungen sind besonders gut geeignet, den Kreislauf in Gang zu bringen. Der Rücktransport des Blutes zum Herzen wird hauptsächlich von den tief liegenden Venen erbracht. Sie sind mit Klappen ausgestattet, die das Blut am Rückfluss hindern und die Beförderung gegen die Schwerkraft ermöglichen. Nur im Zusammenspiel einer ständigen Spannung und Entspannung der benachbarten Beinmuskulatur kommt ihre Wirkung (Wadenpumpe) voll-

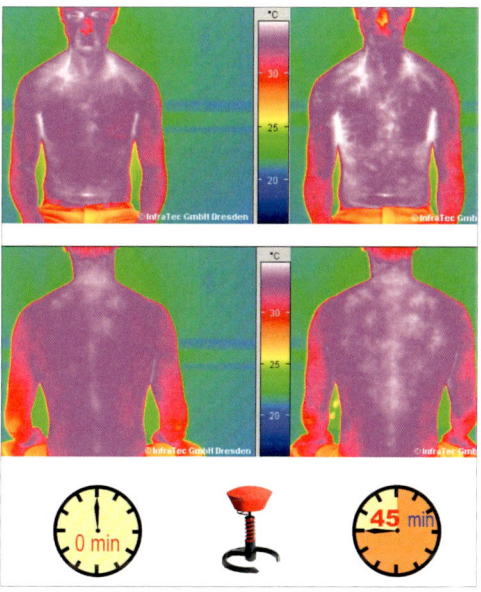

Abb. 3.2.13   Zunahme der Hauttemperatur und damit der Durchblutung von Brust und Rücken nach 45 Minuten beim Sitzen auf dem „swopper"

---

35 Schön 2009

36 Schön 2007, S. 49

ständig zur Geltung. Alle Organe, insbesondere auch das Gehirn, werden als Folge besser durchblutet und mit Sauerstoff versorgt. Dies hat eine Studie zur Untersuchung der Oberkörpertemperatur anhand thermografischer Aufnahmen bestätigt (3.2.13)[37]. Auf der Grundlage der Wirkungskette „Bewegung (Zunahme der Muskelaktivität) - Zunahme der Muskeldurchblutung - Vertiefung der Atmung - Zunahme der Sauerstoffkonzentration im Blut" kommt es zu besseren Aufmerksamkeits- und Konzentrationsleistungen.[38]

Arbeiten im Stehen – die Details sind entscheidend!

Der Wechsel zwischen Sitzen und Stehen, am besten verbunden mit Bewegung (Laufen, Gehen), stellt heute anerkannterweise eine Grundvoraussetzung für nachhaltige gesunde und produktive Arbeit dar. Temporäres Arbeiten im Stehen ist gut für die Funktionsfähigkeit der inneren Organe im Bauchraum sowie des Herz-Kreislauf-Lungen-Systems. Der natürliche Spiel-/Standbeinwechsel im Stehen aktiviert diese und steigert den venösen Rückfluss aus den unteren Extremitäten. Blutzirkulation, Muskelstoffwechsel sowie die Sauerstoffversorgung des Organismus werden dadurch angeregt. Ein positiver Einfluss auf Arbeitsleistung und Motivation konnte ebenfalls nachgewiesen werden. Von nicht zu unterschätzender Bedeutung ist die gefühlte Wertschätzung durch den Mitarbeiter, wenn das Unternehmen in eine gesundheitsfördernde Arbeitsplatzlösung investiert (Belohnungseffekt).

Nun aber die Problemlage im praktischen Alltag, wo viele Mitarbeiter ihr wohlwollend zugedachtes Stehpult unzureichend anwenden: Eigentlich nicht verwunderlich, da unsere Haltungsphysiologie für längeres Stehen an einem Ort nicht ausgelegt ist und unsere Muskulatur schneller ermüdet als beispielsweise beim Gehen. Ein Anschwellen der Beine, Krampfadern, Krämpfe, erhöhte Thrombosegefahr können weitere Begleiterscheinungen sein. „Damit sind die Folgen des Dauerstehens ähnlich denen des Dauersitzens. Insofern beantwortet sich zum Teil auch die Frage nach Lösungsmöglichkeiten für Stehberufe: Es kann nicht darum gehen, aus einem Dauersitzer einen Dauersteher zu machen - wer möchte schon den Teufel mit dem Beelzebub austreiben? Gesucht sind vielmehr Konzepte, die Arbeit bewegender machen und damit die Beschäftigten aus den Zwangshaltungen befreien - sei es Dauerstehen oder auch Dauersitzen", stellt die Bundesanstalt für Arbeitsschutz und Arbeitsmedizin fest.[39]

---

37 Ludwig u. Breithecker 2008

38 Dordel u. Breithecker 2003

39 BAuA 2005, S. 3

Abb. 3.2.14   Bewegung im Büro auf die Spitze getrieben

Die Empfehlungen rund um das Stehen sowie das Angebot entsprechender Produkte sind in der Zwischenzeit so komplex geworden, dass es den Nutzer eher verunsichert als motiviert. Trotzdem gibt es in der Zwischenzeit bestimmte Basiserkenntnisse und Empfehlungen, die einen physiologischen Nutzen abgestimmt auf Arbeitsaufgabe und -organisation unterstützen. Diese sind vom Verein „Integrative Systemergonomie und Gesundheitsmanagement"[40] ausführlich dokumentiert und werden hier auszugsweise verwendet.

Die Effizienz und die Vorteile der Sitz-Steh-Dynamik sind dann am größten, wenn der Steharbeitsplatz direkt im persönlichen Arbeitsbereich und in die Arbeitsorganisation integriert ist. Je näher der Steharbeitsplatz, desto höher ist der Anreiz zum Haltungswechsel und desto häufiger sind Wechsel während der Arbeit. Die Nutzung muss durch einfaches Aufstehen möglich sein. Eine individuelle Höheneinstellung der Arbeitsfläche von 68 bis 125 cm, optional bis 135 cm, sollte gegeben sein. Als Faustregel gilt: Die Arbeitsfläche sollte in Ellbogenhöhe positioniert werden können.

Zu unterscheiden sind bei Sitz-Steh-Arbeitsplätzen zwei grundlegende Konzepte:

40 ISG 2007

Dynamisches Sitz-Steh-Zonenkonzept

Wir wissen mittlerweile, dass es wichtig ist, einzelne Arbeitszonen ganz auf Steharbeits-
plätze zu verlagern, damit Impulse zum Aufstehen gegeben werden (Abb. 3.2.15). Bestimmte Bereiche der Arbeitsfläche werden also gezielt als feste oder variable Sitz-Steh-Zonen
eingerichtet.

Ziel dieses Konzepts ist: Die Arbeitsaufgaben im Stehen sind die Impulsgeber für einen
wiederkehrenden Wechsel. Einzelne Aufgaben müssen dafür mit dem Impuls „Aufstehen"
verknüpft werden. Zeit und momentane Aufgaben passen außerdem nicht immer zwangs-
läufig zusammen. Und allein die Möglichkeit, Stehen zu können, reicht nicht aus. Nur das
Wechseln bringt Nutzen. Aufgaben, die sich besonders gut im Stehen erledigen lassen, sind
regelmäßige Tätigkeiten, die über den Tag verteilt anfallen wie beispielsweise Schreiben
und Lesen, Ablage, Nutzung von Hilfsmitteln, informelle Besprechungen, kurze Teamsitzungen, Post, Telefonate.

Flächenkonzept

Wird die gesamte Arbeitsfläche zum Stehen in die Höhe gebracht, wird die Sitz-Steh-Dynamik nicht mehr im eigentlichen Sinne umgesetzt. Denn bei solchen Arbeitsplätzen wird
eine längere Sitz- von einer längeren Stehphase abgelöst[41]. Der Nutzen der Sitz-Steh-Dynamik wird aber durch einen regelmäßigen Haltungswechsel erzielt.

Sitz-Steh-Tische mit Schnellhöhenverstellung per Gasfeder oder motorischen Antrieben
haben in der Regel einen anderen Einsatzbereich als integrierte oder freistehende Stehpul-
te. Sie eignen sich kaum zur Einführung der Sitz-Steh-Dynamik am Büroarbeitsplatz. Denn
jeder Wechsel zwischen Sitzen und Stehen muss bei solchen Tischen bewusst entschieden
werden. Es existiert keine permanent „erhöhte" Arbeitsfläche, die zum Aufstehen animiert.
Zur Bearbeitung von Vorgängen und Akten im Stehen muss der Tisch jeweils aktiv in die
Stehposition gebracht werden. Bei der bequemen motorischen Verstelltechnik muss der
Nutzer beim Aufstehen auf den Tisch warten und baut sich so eine zusätzliche Nutzungs-
barriere auf. Die Erfahrungen in Schweden und in deutschen Großunternehmen belegen die
geringe Nutzungshäufigkeit von motorisch verstellbaren Sitz-Steh-Tischen. Dagegen ist ein

---

41 Wittig 2000

Abb. 3.2.15 Stehen auf der elastischen Fußmatte fördert das dynamische Stehen

optimal eingestellter Sitz-Steh-Tisch mit Gasfeder so schnell wie der natürliche Bewegungsablauf des Nutzers beim Aufstehen und Hinsetzen.

Die von Herstellern häufig genannte besondere Eignung von Sitz-Steh-Tischen mit motorischem Antrieb für Bildschirmarbeitsplätze ist bei näherer Betrachtung äußerst problematisch. Zunächst erscheint es als Vorteil, dass die gesamte Arbeitsfläche zusammen mit dem Bildschirm und der Tastatur unabhängig vom Gewicht in Stehhöhe gebracht werden kann, da dann die ergonomische Positionierung des Bildschirms auch beim Stehen gewährleistet ist (vorausgesetzt, dass jedes Mal die gleiche Höheneinstellung erreicht wird). Für die Sitz-Steh-Dynamik erweist sich diese Eigenschaft jedoch als Nachteil. Anstelle des geforderten häufigen Wechsels zwischen Sitzen und Stehen treten in der Regel lange Stehphasen. Das ist aus arbeitsmedizinischer Sicht problematisch. Deshalb sollten zusammen mit dem Sitz-Steh-Tisch wenigstens zusätzlich eine Stehhilfe sowie Fußstützen zur Verfügung stehen.

Bei stehenden Tätigkeiten erweist sich außerdem ein harter Fußboden als nicht so angenehm wie ein weicher. Hier kann eine elastische Bodenmatte Abhilfe schaffen. Ihre weiche Struktur vermittelt nicht nur ein angenehmes, wohltuendes Gefühl, sie stimuliert auch die

Füße und damit die Muskulatur der unteren Extremitäten und fördert die Venenaktivität in den Beinen. Dadurch kommt es zu besseren Stoffwechselvorgängen, welche die Ermüdung in den Beinen hinauszögert. Dies ist auch einer der Gründe, warum wir beim Spaziergang weniger Ermüden als beim Schaufensterbummel mit häufigen Stehphasen.

Zwischen Sitzen und Stehen

Schon Goethe äußerte: „Bequeme Sitzmöbel heben mein Denken auf." Um diesen Missstand zu beheben, nutzte er einen eigens in Auftrag gegebenen Sitzbock (Stehsitz). Auch wer heute in der glücklichen Lage ist über ein Sitz-Stehpult zu verfügen – ca. 25 Prozent der deutschen Büroangestellten – sollte sinnvollerweise auch eine Sitz-Stehhilfe bereitstehen haben. Gegen die eben schon beschriebene schnelle Ermüdung während Stehzeiten an einem Ort, bietet die Sitz-Stehhilfe die Möglichkeit, immer wieder die Beine zu entlasten, und ganz grundsätzlich vielseitige Haltungswechsel. Empfehlenswert sind vor allem solche, die Sitzpositionen an Arbeitsplätzen in verschiedenen Höhen zulassen (vielseitige Wechsel der Gelenkwinkel unter anderem in Hüfte und Knie). Eine haltungsphysiologisch wichtige Komponente stellt die ergonomische Vorneigung der Mittelsäule dar. Außerdem ist natürlich auch bei der Sitzstehhilfe die (Bewegungs-) Mechanik zur Förderung des lebendigen Sitzens von zentraler Bedeutung. Sie gewährleistet – die erwähnte – frei fließende Beckendynamik bei guter progressiver Dämpfung (Abb. 3.2.16).

Abb. 3.2.16   Immer in Bewegung – Arbeiten im ACTIVE OFFICE

Mensch, Möbel, Mobilität. Viele Details ergeben das Ganze

Die Räume, in denen wir arbeiten und die Einrichtungskomponenten, die wir dort zur Verfügung haben, können stimulierend wirken, uns beruhigen, mit anderen zusammenbringen und vor allem unseren Bedarf nach *Rhythmisierung* unterstützen. Die komplex aufeinander abgestimmten körperlichen und geistigen Wechselwirkungsfunktionen des menschlichen Systems sind ein Meisterwerk, welches einen Raum zur individuellen und bedarfsgerechten Entfaltung braucht und keinen Käfig; einen Raum, der dem intrinsischen rhythmischen Bedarf von Statik und Dynamik, von Anspannung und Entspannung einen angemessenen Rahmen bietet.

> Der Begriff *Rhythmisierung* orientiert sich an der Forschung zum Biorhythmus. Diesbezüglich sind wir zum einen *tageszeitabhängigen Rhythmen* – Aufmerksamkeits-, Anspannungs- und Entspannungsphasen – unterworfen, zum anderen aber auch *inneren Rhythmen*, das heißt individuellen Leistungsschwankungen, die beispielsweise abhängig sind von Raumbedingungen sowie physischen und mentalen Anforderungen.

Was aber zeichnet eine daran anknüpfende flexible und offene Arbeitsplatzkultur aus?

Grundsätzlich ist sie abhängig vom Beruf, den auszuübenden Tätigkeiten, berücksichtigt die sehr unterschiedlichen Bedürfnisse, die bevorzugten Arbeitsweisen und damit die Diversität von Individuen. Aber sie erstreckt sich auch über das Arbeiten am klassischen Büroarbeitsplatz hinaus. Wir unterscheiden zwischen den sogenannten „Nomaden" und „Residents". Erstere sind nur selten am Arbeitsplatz– sie weisen eine hohe Flexibilität betreffend des Arbeitsortes und der Arbeitsorganisation auf, wie beispielsweise:

- an unterschiedlichen Orten, „multilokal", wie beispielsweise zu Hause, im Zug, im Café, Co-Working-Center, etc.,
- zu unterschiedlichen Zeiten (eine individuelle flexible Arbeitszeitregelung ermöglicht, dass Arbeit und Freizeit, eine gelebte „Work-Life-Balance", erfolgreich und synergetisch verknüpft werden können),

Der eigentliche Arbeitsort, das Büro für die „Residents", sollte eine Vielzahl an Arbeitsplätzen und dem dazugehörigen unterstützenden Mobiliar bieten. Ein gesunder Mix aus gemeinsam und einzeln genutzten Räumen bietet Mitarbeitern die Möglichkeit zu aufgabenangepassten sowie bedarfsgerechten inneren und äußeren Haltungswechseln:

- Offene, gemeinschaftlich genutzte Flächen (Cafeteria; offene Teambereiche) für informelle Gespräche, kleine Teamsitzungen,

Abb. 3.2.17   Offene, gemeinschaftlich genutzte Flächen

- Rückzugsbereiche für vertrauliche Gespräche, zur Entspannung,

Abb. 3.2.18   Rückzugsbereiche

- Besprechungsräume für Teamsitzungen (-stehungen) oder Präsentationen,
- Einzelbüros für konzentriertes Arbeiten,
- wenn gegeben: Außenbereiche (Garten, Balkon, Park) für informellen Austausch oder
  Kleingruppengespräche – „Walk and Talk"

Verhältnisse verführen zu Verhaltensweisen!

Wir kennen das aus dem Alltag. Ob es das Smartphone ist oder die Tafel Schokolade. Liegen die „Signale" im Bereich unseres peripheren Sehvermögens beziehungsweise in unserem Greifraum, nehmen wir sie unbewusst wahr und greifen früher oder später intuitiv danach ohne groß darüber nachzudenken. Diesen Reiz-Reaktions-Mechanismus gilt es nun positiv zur Gestaltung eines zur Bewegung verführenden Büroalltags sinnvoll einsetzen. Wir geben hierzu im Folgenden einige ausgewählte Anregungen ohne Anspruch auf Vollständigkeit.

Es ist nicht das Ziel, dass die hier vorgestellten Produkte nach der Vorgabe eines speziellen methodischen Übungsprogramms verwendet werden. Das Gegenteil ist der Fall. Hier steht die „intelligente", intuitive und bedarfsgerechte Nutzung im Vordergrund. Intelligent deswegen, da unser Körpergefühl (der Bedarf) häufig am besten weiß, welche Bewegungsausführung für diesen Moment unser psycho-somatisches Gleichgewicht am besten wieder herstellt. Dafür braucht es keine externen Vorgaben, keine Fremdorganisation – aber eine intelligente Selbstorganisation, über die ein gesunder Mensch aufgrund seiner Körperwahrnehmung verfügt, soweit sie noch intakt ist.

Holen Sie Schwung!

Ein Trampolin im Büro ist zuerst einmal ungewöhnlich – der körperlich-geistige Nutzen für alle Mitarbeiter allerdings sehr hoch. Spezielle Minitrampoline weisen hochelastische, schwingungsempfindliche Gummibänder auf (Abb. 3.2.19). Diese ermöglichen sehr weiche, gelenkschonende und harmonische Schwingungsamplituden, die elementare Förderreize auf unsere Tiefensensibilität und somit auf unsere Körperwahrnehmung, das Körperbewusstsein sowie unsere Haltungskoordination ausüben. Die Bedeutung solcher Reize ist wissenschaftlich belegt. Sie stellen eine wichtige Basis für die Hirnplastizität (Form- und Anpassungsfähigkeit des Gehirns) dar, verbessern insgesamt das Stoffwechselmilieu und sorgen im Speziellen für ein besseres Anpassungs- und Verarbeitungsniveau im Gehirn.

Das selbstbestimmte Schwingen auf dem Minitrampolin ist darüber hinaus sehr gut geeignet, die „innere Balance" herzustellen. Jedes Lebewesen strebt ständig nach einer solchen „inneren Balance", die sein Wohlbefinden ermöglicht. Wissenschaftler bezeichnen diese Tendenz zum Ausgleich mit dem Begriff „Homöostase". Damit sind nicht nur physiologische Anpassungsvorgänge gemeint wie beispielsweise der Anstieg von Blutdruck und Herzfrequenz beim Treppensteigen, sondern auch eine Selbstregulierung der Balance von

Abb. 3.2.19   Schwingen auf dem Trampolin

Körper und Geist. So genießen es zum Beispiel „gestresste" Kleinkinder, wenn sie durch sanftes Wiegen zur Beruhigung kommen. Solche individuell ausgewogenen vestibulären Reize lösen ein Wohlgefühl aus. Eine besondere Rolle spielt hierbei das limbische System, das unter anderem als „Nahtstelle" zwischen dem psychischen Erleben und vegetativen Regelprozessen fungiert. So können auch viele Menschen mit einem chronischen Schmerz durch das sanfte Schwingen auf einem Trampolin ihr individuelles „Fließgleichgewicht"[42] beeinflussen.

Stehen Sie also immer wieder einmal auf und schwingen Sie! Oder noch besser: Nutzen Sie so ein Trampolin spontan und „unvorsätzlich" auf dem Weg zum Drucker als ein schwingendes „Hindernis" oder hin und wieder während des Telefonierens mit dem mobilen Telefon.

Geraten Sie aus dem Gleichgewicht!

Einen ähnlichen Effekt auf unsere so wichtige Tiefensensibilität haben Kleingeräte (beispielsweise Balancekissen oder Balanceboard), die ein Un-Gleichgewicht und damit kom-

---

42 „Fließgleichgewicht" ist in diesem Kontext als ein offener körperlich-seelischer Zustand zu verstehen, der durch das individuell dosierte Schwingen auf dem Tuch aus der Balance gebracht wird. Dies wiederum führt zu biologischen Reaktionen, die den psychophysischen Zustand verbessern. Es gilt auch hier das Prinzip der Homöostase.

plexe senso-neuro-muskuläre Reaktionen auslösen (Abb. 3.2.20). Diese Geräte, etwa spontan während des Telefonierens, Lesens eines Manuskriptes oder gerade mal so beim Vorbeigehen genutzt, fordern und fördern die Körperwahrnehmung und die Haltungskoordination. Außerdem werden neuroplastische Botenstoffe (Hormone, Proteine) frei, die den Nervenstoffwechsel fördern und das Gehirn stimulieren. Damit können geistige Potentiale besser ausgeschöpft und erweitert werden.

Abb. 3.2.20 In Balance zu bleiben, fördert das Denken

Das kleinste „Fitnessstudio" fürs Büro

Das weltweit bekannte elastische Band hat sich zum Inbegriff für „Widerstandsprodukte" entwickelt, mit denen ein komplettes Muskeltraining möglich ist. Hinsichtlich des Widerstandes (wird nach Farbcodierung eingeteilt) empfehlen wir die Farbe Grün. Auch hier ist für unsere Zwecke kein wissenschaftlich fundiertes Übungsprogramm erforderlich. Platzieren Sie ein Band Ihrer Wahl einfach in Sicht- und Griffweite auf dem Schreibtisch und nutzen Sie es ganz spontan, wenn Ihr Körpergefühl, beziehungsweise Ihre Muskeln Ausgleichsbe-

Abb. 3.2.21   Der Schwingstab ist ein hochelastischer, flexibler Stab

lastungen verlangen. Das können Zugbelastungen in unterschiedlicher Ausführung sein. Wie bei allen anderen Angeboten gilt: Es ist kein Dogma, kein Zwang, es ist immer Ihr hoffentlich noch intaktes Körpergefühl, welches die Übungsanleitung vorgibt.

Auch mit einem Schwingstab können Sie dem Bedarf nach spontanen Ausgleichsbelastungen gerecht werden. Hierbei handelt es sich um einen hochelastischen, flexiblen Stab, an dessen Enden zwei verstellbare Gewichte befestigt sind, die dem individuellen Leistungsstand angepasst werden können. Sobald Sie den schwingenden Stab in der Hand halten, muss der Körper diese Schwingungen durch ein koordiniertes Zusammenspiel aller Muskelschichten ausgleichen. Das stärkt die Rumpfmuskulatur bis in die tiefen Schichten, stabilisiert in kurzer Zeit die Wirbelsäule und verbessert die Körperhaltung. Neben dem komplexen Muskelkoordinationstraining des gesamten Rumpfes, des Schultergürtels und der Arme wird wie bei all den anderen empfohlenen Aktivitäten ein positiver Effekt auf den Stoffwechsel erreicht.

Dass sich solche versteckten und in den Alltag integrierten körperlichen Aktivitäten bereits im Kleinen lohnen fanden Wissenschaftler an der Mayo Klinik Minnesota[43] heraus. Kleine

---

43 Levine et al. 1999, Levine 2002

motorische Handlungsroutinen des täglichen Lebens – etwa bewegtes Sitzen, dynamische Haltungswechsel, Hin- und Hergehen, Treppensteigen – verbrauchen in der Summe bis zu 350 kcal pro Tag mehr als bei einem ausschließlich passiv sitzenden Menschen. Das heißt, dass sich die durch Rahmenbedingungen während der Arbeitszeit generierte Spontan- als auch Alltagsmotorik kalorisch hochgerechnet in einigen Kilo Gewichtsdifferenz pro Jahr auswirkt.

Um ein nachhaltiges gesundes Verhalten sowohl während der Arbeitszeit als auch in der Freizeit sicherzustellen, ist allerdings eine Kompetenzübertragung (Selbstständigkeit, Selbstkompetenz, Bildung) auf die Mitarbeiter erforderlich. Diese müssen Selbst-Verant-wortung übernehmen, Mit-Entscheider werden mit dem Ziel einer positiven Lebensstilän-derung. Gefordert wird in der Tat ein „Haltungswechsel" (mental und physiologisch), der sich in einem Spannungsbogen vom lebendigen Sitzen über das dynamische Stehen bis zum bewegten Denken und Handeln erstreckt. Dafür muss der Mitarbeiter in den Prozess der gesunden Arbeitsplatz- und auch Lebensalltagsgestaltung hineingezogen werden („Sog-Intervention"). Dies verhindert das blinde Vertrauen auf Mythen sowie das bloße Abarbei-ten von Maßnahmen. Der Mitarbeiter *will* mitwirken und er hat auch das Gefühl es zu *können* – Fachleute bezeichnen das als *Compliance* und *Empowerment*.

3.3 Schritt für Schritt zu mehr Gesundheit

Für viele Büroarbeiter ist der Weg vom Frühstückstisch zu dem in der Garage geparkten Auto oder zur S-Bahn der bewegungsreichste Teil des Tages. Die restlichen Stunden sind sie wie mit dem Bürostuhl verwachsen. Dies führt dazu, dass die Alltagsaktivität – ein relevanter Faktor für die Gesundheit des Stoffwechsels – bei vielen unter dem erforderlichen Limit bleibt. Die Verbreitung dieses Phänomens dokumentieren die Zahlen des Robert Koch-Instituts (RKI)[44]. Nur jeder fünfte Erwachsene erreicht demnach die Empfehlung von zweieinhalb Stunden körperlicher Aktivität pro Woche.

Ein objektiver Orientierungswert für ein Mindestmaß an körperlicher Aktivität im Alltag bieten die täglichen Schrittzahlen. Etwa 10.000 Schritte pro Tag, die mit einem Schrittzähler (als App kostenlos für jedes Smartphone erhältlich) dokumentiert werden können, gelten als international anerkannte Schwelle für einen aktiven Lebensstil mit nachweislich positiven gesundheitlichen Veränderungen. Eine Arbeitsgruppe von Wissenschaftlern[45] hat schon vor einigen Jahren unter gesundheitlicher Perspektive Orientierungswerte für einen mehr oder weniger aktiven Alltag entwickelt:

- Als „sitzender Lebensstil" gelten weniger als 5000 Schritte pro Tag,
- 7500–10.000 Schritte pro Tag werden als „mäßig aktiv" angesehen.
- 10.000 Schritte pro Tag und mehr werden als „aktiv" und somit als gesundheitlich erforderlich eingeordnet.

Zwei andere Forschergruppen[46] beobachteten eine Gruppe junger gesunder Männer, die ihr relativ hohes Aktivitätsniveau von 10.000 Schritten pro Tag nur für einen Zeitraum von zwei Wochen auf 1500 Schritte pro Tag reduzierten. Die Folge waren signifikante gesundheitliche Beeinträchtigungen wie eine Störung des Fettstoffwechsels nach Mahlzeiten und ein deutlicher Abfall der Insulinsensitivität. Diese vergleichsweise geringe Phase der Inaktivität verschob das Risikoprofil bereits deutlich und untermauert die Hypothese, dass Inaktivität und Bauchfettmasse eng miteinander korrelieren.

Für unsere Gesundheit sowie ein selbstständiges und sinnerfülltes Leben sind wir also zum großen Teil selbst durch die Gestaltung eines aktiven Lebensstils verantwortlich. Die entscheidenden Säulen sind dabei: Sozialkontakte, ausgewogene Ernährung und vor allem

---

44 Robert Koch-Institut 2015

45 Tudor-Locke und Basset 2004

46 Olsen et al. 2008, Rasmussen et al. 2010

Bewegung. Letztere bedeutet nicht einmal hohe sportliche Herausforderungen. Aber gerade hinsichtlich der „Dosis" und der Qualität der Bewegung herrscht große Unsicherheit.

In unserer Gesellschaft – auch durch Medien und Werbung getragen – ist eine gewisse
Tendenz zu erkennen, inaktivitäts- und sitzbedingten Belastungen oder auch Funktionsstö-
rungen durch geradezu wildwüchsige Fitnessangebote und deren Versprechen zu begeg-
nen. Von „Fit at Work" über „Fit & Vital im Büro" bis zur „Rückenschule am Arbeitsplatz" –
um einige exemplarisch zu nennen – fühlen sich zumindest die angesprochen, die einen
Leidensdruck verspüren oder nicht als „Couch-Potato" enden wollen. Mit Sicherheit tragen
solche Maßnahmen zur Sensibilisierung, zu mehr Fitness und gesundheitlicher Aufklärung
bei. Aber helfen solche „aufgesetzten", kompensatorisch und an Krankheitsbildern orien-
tierten Fitnessangebote mit zuweilen exzessiven Belastungen am Wochenende („Week-
end-Warrior", nach dem Prinzip „Viel hilft viel") zu nachhaltiger Gesundheit? Berücksichti-
gen sie den eigentlichen Kern von gesunden Verhaltenserfordernissen? In diesem Zusammenhang sollten wir eher dem bekannten Lebensmotto folgen: „Der Weg ist das Ziel."

Denn die in den Alltag integrierte körperliche Aktivität stellt die Basis einer ausbalancierten
körperlichen und geistigen Gesundheit dar. Wir sind von der Evolution darauf getrimmt, uns
regelmäßig zu bewegen, das schließt permanente Haltungsänderungen und viele Schritte
ein – nicht erst dann, wenn zu einer bestimmten Uhrzeit ein bestimmtes Programm, ein
Therapeut oder Animateur zu festgelegten Übungen aufrufen.

Abb. 3.3.1   Auf die tägliche
Anzahl der Schritte kommt es an

Um ein solches bewegtes Verhalten beim heute überwiegend sitzenden Menschen zu generieren, bedarf es seiner Mitarbeit, seiner *Compliance*. Allgemein versteht man unter Compliance (im sozialmedizinischen Sinn) den Grad, in dem das Verhalten einer Person – zum Beispiel bei der Einnahme eines Medikaments, dem Befolgen einer Diät oder wie hier der Fall der Veränderung eines Lebensstils – dem ärztlichen oder gesundheitlichen Rat folgt. Gute Compliance basiert auf einem gut aufgeklärten Zustand (Bildung) und einem darauf aufbauenden konsequenten Einhalten der selbst organisierten Veränderung des Lebensstils.

Anders gesagt: Der Mensch macht mit, wenn er von den allgemeinen gesundheitlichen Belastungsfaktoren überzeugt ist, an die Wirksamkeit seines Handelns glaubt, von seinen Vorgesetzten in seinem Befolgungsverhalten unterstützt wird, sich seiner Schwächen bezüglich seiner eigenen Organisation bewusst ist und Unterstützung sucht.

Was bedeutet das für Sie? Um Ihre Fitness unter gesundheitlichen Gesichtspunkten zu steigern, müssen Sie keine Marathonleistung vollbringen. Bauen Sie so viel Bewegung in Ihren Alltag ein wie möglich, etwa durch Gartenarbeit, Hausarbeit oder mit dem Hund spazieren gehen. So bewegen Sie Ihre Muskeln, halten den Stoffwechsel auf Trab und werden erstaunliche Gesundheitseffekte erzielen. Die heute gängigen Empfehlungen zu einem gesunden aktiven Lebensstil fordern zwar 30 Minuten moderate körperliche Aktivität an fünf Tagen pro Woche[47]. Gemeint sind Tätigkeiten wie Laufen oder strammes Gehen – jede Art von Aktivitäten, bei denen man sich warm und ein wenig außer Atem fühlt. Aber was geschieht während der restlichen 15,5 Stunden des Tages – acht Stunden Schlaf vorausgesetzt? Wird diese Zeit sitzend und inaktiv verbracht, können die empfohlenen 30 Minuten körperliche Aktivität das gesundheitliche Risiko der reduzierten Muskelaktivität kaum ausgleichen. Deswegen stellen die durch das „reizende Büro" für eine gesunde Stoffwechselbalance empfohlenen und in den Alltag integrierten leichten körperlichen Aktivitäten erst einmal die Basis für einen gesunden Lebensstil dar.

Hierauf aufbauend gelten dann die Empfehlungen für fünf Mal 30 Minuten moderate körperliche Aktivität in der Woche. Alternativ dazu können auch intensivere, sportliche Aktivitäten mit einem Richtwert von drei Mal 20 Minuten pro Woche zum Einsatz kommen. Eine Studie[48] verglich Personen, die nur die Anforderungen für die moderate körperliche Aktivität befolgten, mit denen, die nur die Anforderungen für die intensiveren körperlichen

---

47 Haskell et al. 2007, WHO 2010

48 Haskell et al. 2009

Aktivitäten erfüllten. Sie kamen zu dem Ergebnis, dass in beiden Gruppen, im Unterschied zu Inaktiven, das Risiko für Zivilisationserkrankungen vergleichbar gesunken war.

Grundsätzlich ist festzuhalten, dass Alltagsbewegungen und moderate tägliche körperliche Aktivität deutlich den Fettstoffwechsel verbessern und entscheidend das Risiko von Herzinfarkt, Diabetes, Osteoporose, Krebs oder Depressionen senken. Auch bei der Vermeidung von Übergewicht ist jeder Schritt ein Kalorienkiller. Um gesund und leistungsfähig zu bleiben, reicht es aus, täglich etwa 300 Kalorien durch körperliche Aktivität zu verbrennen. Fangen Sie am besten im Büroalltag damit an!

Auf die Praxis umgesetzt heißt das zusätzlich zu den bereits gegebenen Empfehlungen: mehr Schritte im Büroalltag. Das Gute dabei ist, dass schon durch kleine arbeitsorganisatorische Veränderungen der Büroalltag bewegter gestaltet werden kann:

- Meetings/Konferenzen im Stehen (mit Stehpulten etwa).
- Besprechungen und Telefonate weitestgehend im Stehen oder Auf- und Abgehen.
- Verzichten Sie auf Aufzüge und Rolltreppen zugunsten der Treppe.
- Holen Sie Dinge selbst, statt sich diese von Kollegen mitbringen zu lassen.
- Überlegen Sie sich einen „bewegten" Weg zur Arbeit (zu Fuß, mit dem Fahrrad, eine U-Bahn-/Bus-Station früher aussteigen, den Parkplatz für das Auto etwa zehn Minuten vom Arbeitsplatz entfernt wählen.
- Praktizieren sie kurze/längere Spaziergänge in der Pause/zu Hause.
- Wenn Sie über etwas Nachdenken müssen, gehen Sie ein paar Schritte. Das hilft!
- Organisieren Sie Ihre Arbeitsabläufe so, dass Wege entstehen, zum Beispiel Verlagerung des Druckers und des Kopierers in einen anderen Raum, Papierkorb weiter weg stellen, Mitarbeiter persönlich aufsuchen, anstatt eine E-Mail zu versenden.
- Führen Sie Besprechungen in Kleingruppen während eines Spazierganges im Freien durch („Walk and Talk).
- Auf dem Weg zur Arbeit in Bussen und Bahnen: Suchen Sie gezielt nach Stehplätzen und „spielen" Sie mit Ihrem Gleichgewicht und der Dynamik des sich bewegenden Verkehrsmittels

Teil IV

Ernährung –
Der Mensch ist, was er isst

Autor: Josef Glöckl

4.1 Ernährung im Arbeitsalltag

Was hat Ernährung mit dem aktiven Büro zu tun? Viel! Wer sich falsch ernährt, kann auch mit noch so viel Bewegung sein Potenzial an Lebensqualität nicht ausschöpfen. Also kann ich Ihnen hier einige vielleicht unangenehme Tatsachen über unser Essen nicht ersparen. Welche Schlüsse Sie aus den Fakten ziehen oder ob Sie die neuen Erkenntnisse überhaupt in die weitere Gestaltung Ihres Lebens mit einbeziehen oder nicht, entscheiden Sie selbst.

Ernährung ist ein sehr sensibles Thema. Jeder von uns hat sein eigenes Rezept dafür gefunden, wie er sich ernährt und seinen Körper damit im Gleichgewicht hält oder auch nicht. Dann kommen noch die persönlichen Erfahrungen mit verschiedenen Nahrungsmitteln hinzu, die unterschiedlichen Geschmäcker und die individuellen weltanschaulichen oder religiösen Überzeugungen darüber, welche Nahrungsmittel gegessen werden sollen und welche nicht.

Über Ernährung so zu schreiben, dass alle Leser damit einverstanden sind, ist wohl nicht möglich. Aber auch in diesem Punkt gilt, genau wie für Bewegung, dass unsere Gene sich über Jahrmillionen durch die natürliche Selektion so entwickelt haben, dass wir für die uns zur Verfügung stehenden Nahrungsquellen am besten angepasst sind. Auch in diesem Teil werden wir also wieder einen Blick zurück in die Steinzeit werfen.

Wir müssen uns, um langfristig gesund und leistungsfähig zu bleiben, nicht nur entsprechend unseren Genen bewegen, sondern auch ernähren. Jedes Verhalten gegen die Natur und unsere genetische Disposition rächt sich auf Dauer.

Essen im Büro

Vor Jahren hatten wir einen Vertriebsleiter, der ein eigenartiges Verhalten zeigte: Regelmäßig wenn er morgens ins Büro kam, plumpste er in seinen Bürostuhl (er war ziemlich übergewichtig), ließ sich vornüber auf den Schreibtisch fallen und war erst einmal völlig erschöpft. Erstaunt betrachtete ich immer wieder den noch relativ jungen Menschen und fragte mich: Wie kann es sein, dass man schon morgens so fertig ist? Und wie soll es denn dann tagsüber weitergehen? Kann dieser Mitarbeiter in seinem körperlichen Erschöpfungszustand die nötigen Leistungen bringen? Was hat der Mensch für eine Lebensqualität?

Jetzt trank er die erste Tasse starken Kaffee. Das half. Nach kurzer Zeit fühlte er sich aber trotzdem wieder unerklärlich schlaff und erschöpft. Obwohl er am Abend zuvor gar nicht so spät zu Bett gegangen war und auch nur ein Glas Wein getrunken hatte. Aber er hatte zum Frühstück zwei Brötchen mit Marmelade, Honig oder Nutella verspeist. Nun war es an der Zeit für ihn, eine Zwischenmahlzeit einzunehmen – er brauchte Energie! Natürlich musste es schnell gehen, es lag noch viel Arbeit an, so griff er zum süßen Snack. Doch schon wenig später, trotz einer weiteren Tasse Kaffee, war er wieder ohne Energie.

Es dauerte einige Zeit, bis ich begriffen hatte, was physiologisch in diesem Menschen vorging. Er war voll motiviert und ehrlich bestrebt, sein Bestes zu geben. Es ging aber nicht. Nicht die Arbeit hatte ihn fertig gemacht, sondern seine falsche Ernährung!

Unterzuckerung und Erschöpfung als Folge des Konsums schneller Kohlenhydrate

Unterzuckerung ist ein für den Menschen kritischer Zustand, denn sein Gehirn ist auf Glukose angewiesen, um zu arbeiten. Deshalb kann sie zu einer verminderten Leistung des Gehirns, zu zittrigen Händen, Krampfanfällen, Schweißausbrüchen und vermehrter Adrenalinausschüttung führen, im Extremfall sogar zu einem Schockzustand.

Unterzuckerung entsteht durch das schnelle Absinken des Blutzuckerspiegels, meist durch eine Überdosis an Insulin als Folge des Konsums von „schnellen Kohlenhydrate"[1], wie im Weiteren ausgeführt, oder beim Ausdauersport durch den reichlichen Verbrauch von Glukose in der Muskulatur. Sportler bekommen den gefürchteten „Hungerast", besonders bekannt beim Radfahren, Marathon oder Langlauf. Das in der Leber und der Muskulatur gespeicherte Glykogen ist aufgebraucht, und ohne Nahrungsmittelzufuhr kann Energie nur durch Verbrennung des in den Fettzellen gespeicherten Fettes zur Verfügung gestellt werden. Dies benötigt eine gewisse Zeitspanne und bedeutet für den Körper eine wesentlich höhere Belastung mit einem gesteigerten Sauerstoffbedarf.

Bei Erschöpfungszuständen im Büro gilt es, schnell Abhilfe zu schaffen, man möchte ja Leistung erbringen. Ein Energieriegel muss her, mit viel Zucker. Sie haben es ja heute früh in der Werbung gehört: „Dieses Produkt bringt verbrauchte Energie zurück!" Allerdings mit

---

1   Das sind industriell hergestellte Kohlenhydrate wie raffinierter Zucker (Saccharose), Weißmehl, Maissirup, Fruktose-/Glukosesirup und andere hochverarbeitete Zuckerkonzentrate, die schnell ins Blut übergehen.

dem Unterschied, dass Sie Ihre Energie nicht wie der Sportler durch körperliche Belastung verbraucht haben, denn Sie sind ja nur im Büro gesessen.

Funktioniert der Zuckerstoffwechsel normal, schüttet die Bauchspeicheldrüse nach einem Anstieg des Blutzuckerspiegels das Hormon Insulin aus. Das führt dazu, dass diejenigen Zellen, die Energie benötigen, Glukose aus dem Blut aufnehmen können. Das Insulin dockt an den Insulinrezeptoren der Zellwände an und macht sie für Glukose durchlässig. So wird die Glukose in die Zellen eingeschleust. Der Blutzuckerspiegel sinkt wieder ab, und der Zuckerstoffwechsel ist im Gleichgewicht.

Haben Sie sich jedoch nicht bewegt, weil Sie im Büro an Ihrem Schreibtisch gesessen haben, wurde die Glukose in Ihren Zellen auch nicht verbraucht. Die Glukosespeicher sind prall gefüllt. Kommt jetzt der nächste Zuckerschock durch einen süßen Energieriegel, produziert die Bauspeicheldrüse erneut Insulin. Sie arbeitet auf Hochtouren, um dieser Überzuckerung entgegenzuwirken. Die Insulinrezeptoren an den Zellwänden lassen das Insulin aber vorübergehend nicht mehr andocken, weil die Zellen keine Glukose mehr aufnehmen können.

Das Insulin und die Glukose strömen weiter im Blut, das inzwischen einen gefährlich hohen Blutzuckerspiegel erreicht hat. Nun wandelt die Leber Glukose um in Fett, das sich in den Arterien und zum Beispiel an den Hüften anlagert (Hüftgold). Das Hormon Insulin unterstützt diesen Prozess. So findet der Energieriegel seinen Weg auf die Hüfte.

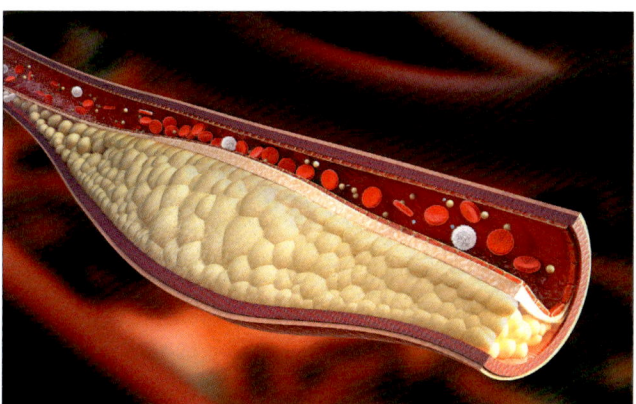

Abb. 4.1.1 Fett in einer verstopften Ader. Blut kann nicht mehr zirkulieren, es kommt zum Infarkt

Liegt zudem eine sogenannte Insulinresistenz[2] vor, verringert sich die Insulinproduktion der Bauchspeicheldrüse – der Blutzuckerspiegel steigt dauerhaft an. Mit schwerwiegenden gesundheitlichen Folgen: Aus der Insulinresistenz kann sich ein manifester Diabetes melli-

---

2 Hierbei sprechen die Körperzellen vor allem der Muskulatur, der Leber und des Fettgewebes weniger stark auf das Hormon Insulin an.

tus Typ II entwickeln, der eng mit Übergewicht und Bewegungsmangel assoziiert ist. Als Ursache wird neben erblichen Faktoren auch eine veränderte Freisetzung von Botenstoffen aus dem Fettgewebe diskutiert[3]. Bei Übergewichtigen, deren Fettzellen sowohl eine veränderte Größe wie auch Funktion aufweisen, kann die Insulinwirkung weiter abgeschwächt werden. Da Insulin außerdem den Fettaufbau fördert, verstärkt sich das Gewichtsproblem.

Fällt auch beim gesunden Menschen nach dem ersten morgendlichen Konsum schneller Kohlenhydrate der Blutzuckerspiegel durch die massive Ausschüttung von Insulin dramatisch ab, fühlen wir uns erschöpft und müde – und greifen wieder zu schnell verfügbaren Kohlenhydraten! Das im Büro übliche „Insulin-Jo-Jo" beginnt.

In Abb. 4.1.2 sind die Schwankungen des Blutzuckers (rot) und des den Blutzucker kontrollierenden Hormons Insulin (blau) beim gesunden Menschen über den Tagesverlauf mit drei Mahlzeiten aufgezeigt.

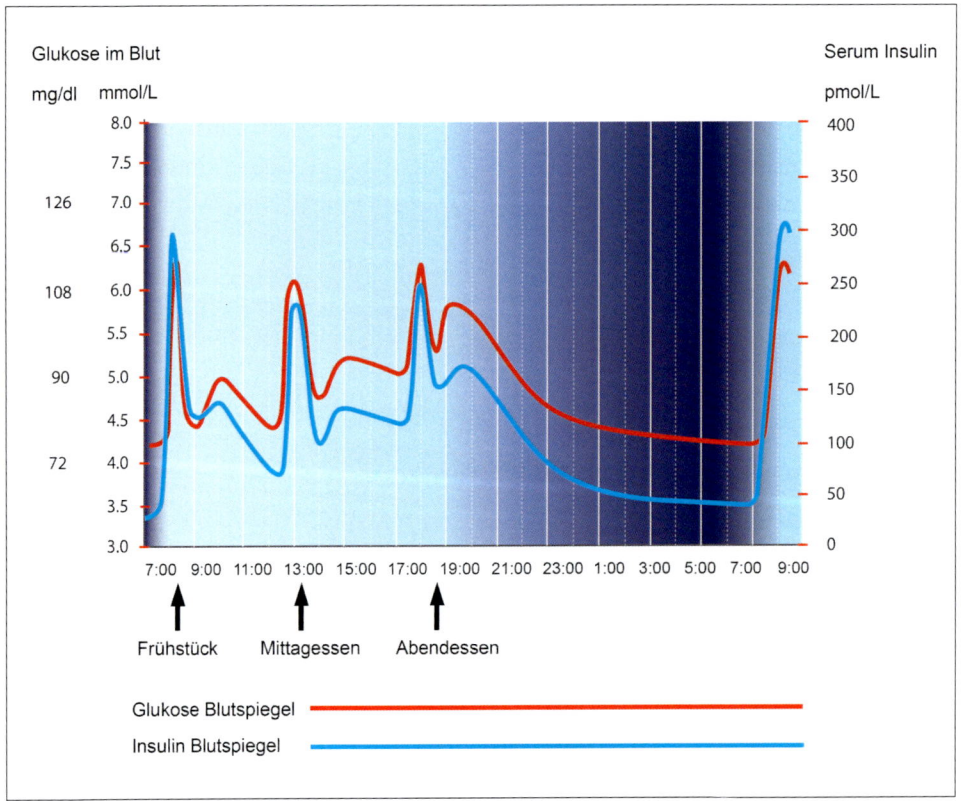

Abb. 4.1.2   Insulin-Jo-Jo

---

3   Kellerer 2001

Deutlich zu erkennen ist der Einfluss einer zuckerhaltigen (saccharosehaltigen) Mahlzeit (gepunktete Linie) gegenüber einer stärkehaltigen Mahlzeit (durchgezogene Linie): Bei der Zufuhr von Zucker steigt der Blutzuckerspiegel sehr rasch und ausgeprägter an als bei dem Verzehr von Stärke und fällt schneller wieder ab. Stärke gehört zu den komplexen Kohlenhydraten, die erst in Glukose „zerlegt" werden müssen, bevor sie der Körper verwerten kann und der Blutzuckerspiegel ansteigt. Daher gehen Glukose und Fruktose schneller ins Blut über und sind dort messbar.

Dieser „Jo-Jo-Effekt", also der rasche Anstieg und Fall des Insulinspiegels, wird noch verstärkt durch den „Zwischendurchgenuss" schneller Kohlenhydrate: ein Powerriegel, ein Stück Schokolade, Kekse, eine Cola – die üblichen Begleiter eines Büroarbeiters.

Nach dem Mittagessen mit massiven Kohlenhydraten folgt dann das gefürchtete Verdauungskoma, mit dem sich Besprechungen endlos hinziehen und ohne Ergebnis enden. Dies ist der normale Büroalltag von Millionen Menschen:

- Eine Überdosis an schnellen Kohlenhydraten und
- keine Bewegung, um diese abzubauen.

Gefördert wird dieses Essverhalten noch durch den Druck der Nahrungsmittelindustrie, die mit ihrer Werbung dem Konsumenten genau suggeriert, was zum Frühstück gegessen werden muss (Brötchen, Vollkornbrot, süßer Brotaufstrich, Honig und Marmelade) und dass er zwischendurch auch noch schnelle Kohlenhydrate benötigt. Dadurch werden gleichbleibende Leistungsfähigkeit und Lebensfreude im Büro drastisch reduziert.

Essen nach der Uhr

Der modern getrimmte Büromensch isst nicht dann, wenn er Hunger hat oder wenn ein Tier erlegt wurde, wie dies unsere Vorfahren getan haben, sondern nach der Uhr. Dies führt automatisch dazu, dass er zu viel isst.

Hungergefühl stellt sich dann ein, wenn der Blutzuckerspiegel unter ein bestimmtes Niveau sinkt. Wenn Sie zum Frühstück schon Brötchen mit Marmelade gegessen haben oder andere schnelle Kohlenhydrate, wird es nicht lange dauern, bis der Blutzuckerspiegel wieder unter sein Normalniveau gesunken ist, wie zuvor veranschaulicht.

Verzichtet ein Mensch hingegen auf die Zufuhr schneller Kohlenhydrate, finden diese drastischen Schwankungen nicht statt, da seine Leber ihren Glykogenspeicher anzapft und regelmäßig aus den Fettdepots, durch den Prozess der Glukoneogenese[4], Glukose produziert. Dies findet aber nur dann statt, wenn kein Glukoseüberschuss vorhanden ist. Damit hält die Leber den Blutzuckerspiegel auf seinem natürlichen Niveau stabil, und der Mensch besitzt eine ungeheure Ausdauer. Er wird keine Heißhungerattacken erleiden, keinen plötzlichen Leistungsabfall verspüren und auch nicht dann essen wollen, wenn es zwölf Uhr läutet. Dank der Glukoneogenese besitzt der Mensch heute noch dieselbe Ausdauer wie seine Vorfahren in der Steinzeit, die ihre Beutetiere so lange verfolgten, bis diese erschöpft zusammenbrachen. Viele unglaublich scheinende Rekorde, wie etwa das Laufen einer Strecke von 1500 Kilometern in zwölf Tagen, den eine Sportlerin aus Würzburg aufgestellt hat, oder die Durchquerung der Antarktis zu Fuß durch Reinhold Messner und Arved Fuchs, wären sonst gar nicht möglich.

Betrachtet man aber seine Mitmenschen im Büroalltag, so stellt man fest, dass die festgelegten Essenszeiten oft schon ungeduldig herbeigesehnt werden. Das sind oft diejenigen, die sich vor allem von schnellen Kohlenhydraten ernähren und deren Blutzuckerspiegel somit rascher wieder abfällt. Häufig wird die Essenspause aber auch herbeigesehnt, um eine von der Allgemeinheit akzeptierte Unterbrechung der Arbeit zu rechtfertigen.

Arbeitsunterbrechungen sind oft gut und sinnvoll – man kann sich neu orientieren, Abstand gewinnen, überlegen, ob der eingeschlagene Weg bei der Problemlösung der richtige ist, Informationen mit Kollegen austauschen etc. Ob aber dabei immer gegessen oder geraucht werden muss, um sich zu beschäftigen oder um eine Ausrede dafür zu haben, dass man nicht an seinem Arbeitsplatz sitzt, wage ich zu bezweifeln. Ein selbstbewusster Mitarbeiter hat dies nicht nötig. Er kann auch so entscheiden, wann er an seinem Arbeitsplatz anwesend ist und wann nicht.

Metabolisches Syndrom

Eine in der Büroumgebung weit verbreitete Kombination fataler Symptome ist das sogenannte Metabolische Syndrom[5] (Abb. 4.1.3). Es setzt sich zusammen aus

- einem Übermaß an viszeralem (Bauch-)Fett,
- Bluthochdruck,

---

4   In Hungersituationen ohne Kohlenhydratzufuhr wird unter Mitwirkung von Enzymen der Prozess der Glukoneogenese von der Leber in Gang gesetzt. Dabei wird aus Aminosäuren, Laktat und Glycerin Glukose gebildet. Es kommt also zum Abbau von Körperfett.

5   Manchmal auch als tödliches Quartett, Raven-Syndrom oder Syndrom X bezeichnet.

- veränderten Blutfettwerten und
- Insulinresistenz.

Diese vier Symptome werden in ihrem Zusammenwirken heute als entscheidendes Risiko für *koronare Herzkrankheiten* angesehen. Die Erkrankung entwickelt sich aus einem Lebensstil, der durch permanente Überernährung und Bewegungsmangel[6] gekennzeichnet ist und betrifft einen hohen Anteil der in Industriestaaten lebenden Bevölkerung[7].

Abb. 4.1.3 Das personifizierte Metabolische Syndrom

Die einzig gute Nachricht dabei ist, dass der teuflische Zusammenhang, der mit einer Insulinresistenz beginnt, reversibel ist. Sie kann durch eine Ernährungsumstellung und den Verzicht auf Kohlenhydrate (vor allem auf schnelle Kohlenhydrate) sowie regelmäßige Bewegung (um die Glukosespeicher der Zellen zu leeren) im Allgemeinen innerhalb von relativ kurzer Zeit wieder rückgängig gemacht werden. Professor Leo Pruinboom spricht von etwa acht bis neun Monaten[8], wobei die Insulinrezeptoren schon nach sieben Wochen wieder aktiv sind, sofern man sich an die „Ernährungs- und Verhaltensregeln nach Leo Pruinboom und Prof. Bram van Dam" hält.[9]

---

6   Ein besonderes Ungleichgewicht hat sich seit dem Zweiten Weltkrieg im Verhältnis zwischen körperlicher Beanspruchung (z. B. gemessen als Metabolisches Äquivalent oder MET, „metabolic equivalent of task") und dem Nahrungskonsum ergeben: So hat sich die körperliche Beanspruchung seither fast halbiert, während sich der Konsum konzentrierter Nahrungsmittel fast verdoppelt hat.

7   Pruinboom 2010

8   Pruinboom 2010

9   www.physio-center-roding.de/files/25/.../18/Ernaehrungs-_und_Verhaltensregeln.pdf (*Stand 8.5.2017*)

4.2 Warum wir uns krank essen

Das Erbe der Steinzeit

Um die heutige Ernährungsweise und ihre Auswirkungen auf unsere Gesundheit verstehen zu können, blicken wir zurück auf die Evolution des Menschen.

Evolution und Ernährung oder: Wie das Fleisch uns schlau machte

Unsere frühen Vorfahren, die Australopithecinen, die vor etwa fünf Millionen Jahren das erste Mal in Erscheinung traten und deren letzter Vertreter, der Australopithecus robustus vor etwa einer Million Jahren ausstarb, waren Herbivoren. Sie ernährten sich vorwiegend von Pflanzen, wie aus der mikroskopischen Untersuchung ihrer Gebisse festgestellt werden konnte. Vermutlich bereicherten sie ihren Speiseplan mit Larven, Würmern und Insekten sowie mit Aas. Um zu jagen, waren sie nicht schnell und geschickt genug, außerdem fehlten ihnen noch die dazu notwendigen kognitiven Fähigkeiten wie das Vorausdenken. Die Entwicklung ihrer Gehirne, vor allem der frontalen Gehirnlappen, in denen Vorausdenken und Planen stattfindet, hatte gerade erst eingesetzt. Karies und Parodontitis waren nicht bekannt, wie die gut erhaltenen Funde von Kiefern und Zähnen belegen (Abb. 4.2.1).

Als dann, vermutlich aufgrund einer Eiszeit, das Angebot an Nahrungsmitteln zurückging und die Bäume, der natürliche Lebensraum unserer Vorfahren, einer Savanne wich, war es nötig, sich neue Nahrungsquellen zu erschließen. Die frühen Menschen wurden zu Aasfressern. An Knochen, die etwa zwei Millionen Jahre zurückdatiert werden, fand man Schnittspuren, die offenbar von Steinwerkzeugen herrühren, mit denen der Homo habilis größere Wirbeltiere zerlegt hatte. Außer Wild standen offenbar auch zahlreiche im Wasser lebende Tiere wie Krebse, Fische, Krokodile, ja sogar Schildkröten auf dem Speiseplan.

Vom Homo erectus, der sich vermutlich vor 1,7 Millionen Jahren entwickelte, vermutet man, dass durch die zunehmende Ernährung mit Proteinen sein enormes Gehirnwachstum beschleunigt wurde und ihn gleichzeitig die zunehmenden kognitiven Fähigkeiten in die Lage versetzten, effizienter zu jagen. Der bewusste Gebrauch des Feuers für die Nahrungszubereitung vermutlich ab etwa 750.000 v.Chr., nachgewiesen aber erst ab 300.000 v.Chr. trug noch dazu bei, das oft zähe Fleisch der erbeuteten Tiere bekömmlicher zu machen.

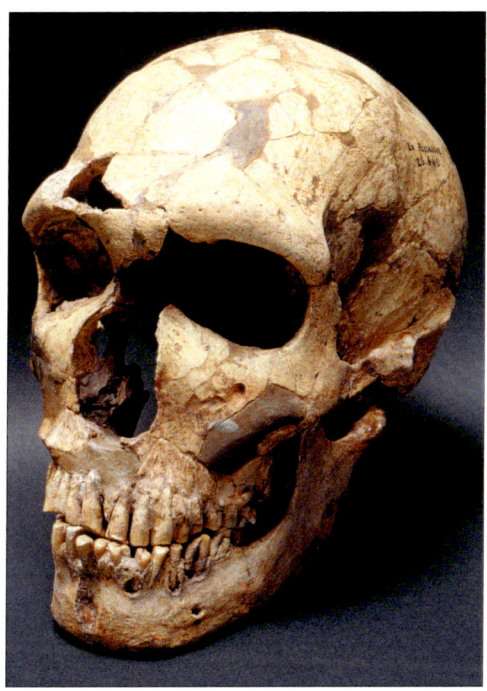

Abb. 4.2.1   Gut erhaltener Ober- und Unterkiefer

Die ersten Funde von Jagdwaffen aus der Zeit vor etwa 450.000 Jahren werden dem Homo heidelbergensis zugeschrieben. Als er vor etwa 800.000 Jahren auftrat, war er schon mit einem merklich größeren Gehirn ausgestattet, was auch mit dem deutlich höheren Anteil an tierischen Proteinen auf seinem Speiseplan in Verbindung gebracht wird. Dennoch stellten Knollen, Wurzeln, Früchte, Nüsse, Würmer und Insekten nach wie vor einen großen Beitrag zur Ernährung.

Der Homo sapiens sapiens, der „moderne" Mensch, entwickelte sich in Afrika vor etwa 150.000 bis 180.000 Jahren und hat dann von dort aus die Welt erobert. Vor etwa 40.000 bis 50.000 Jahren kam er in Mitteleuropa an. Er hatte einen wesentlich geringeren Kalorienbedarf als seine Vorfahren und ist, betrachtet man die Länge seines Darms, ein Omnivore, ein Allesfresser.

Dies erleichterte es ihm beträchtlich, alle Lebensräume auf der Erde zu besetzen, solche mit einem ausschließlichen Angebot von tierischen Proteinen wie in Sibirien, im nördlichen Teil von Kanada und auf Grönland und solche mit vorwiegend oder sogar ausschließlichem vegetarischem Nahrungsangebot wie zum Teil in Südostasien oder in den Anden.

Die Evolution unserer Vorfahren von reinen Herbivoren zu Carnivoren und schließlich zu Omnivoren war entscheidend für die weitere Entwicklung des Menschen, vor allem für die

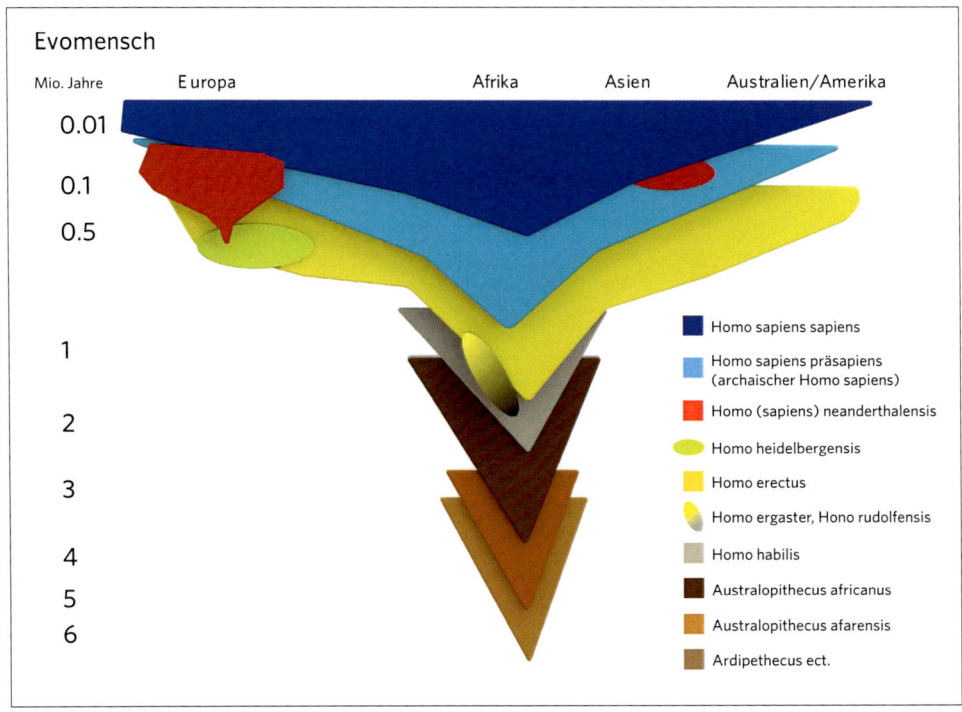

Abb. 4.2.2   Die Evolution des Menschen und seine Verbreitung in den einzelnen Regionen der Erde

Entwicklung seines Gehirns. Detlev Ganten schreibt in seinem Buch *Die Steinzeit steckt uns in den Knochen* [10]:

- „Ohne Fleisch kein Mensch ... Der wichtigste Eiweißlieferant ist und bleibt Fleisch."
- „Ohne Fleisch wären wir wahrscheinlich nie Menschen geworden. Wissenschaftler gehen davon aus, dass das Gehirnwachstum in engem Zusammenhang sowohl mit der Beschaffung als auch mit dem Verzehr von Fleisch zu sehen ist."
- „Wären wir Vegetarier geblieben, hätten wir unser Gehirnvolumen wohl niemals verdreifachen können."

So haben die Nutzung des Feuers, die Entwicklung von Werkzeugen, die Perfektionierung der Jagd und die Möglichkeit zu Kochen die Evolution des Menschen richtungsweisend geprägt. All diese Entwicklungen gingen Hand in Hand mit der Vergrößerung des Gehirns und der großartigen Zunahme kognitiver Leistungen. Gleichzeitig verringerte sich die Länge und das Gewicht der Verdauungsorgane.

---

10 Ganten et al. 2009, S. 150 f.

Die Länge des Darms lässt Rückschlüsse auf die Art der Ernährung zu. So haben zum Beispiel Carnivoren (Fleischfresser) wie die Katze eine Darmlänge, die dem dreifachen ihrer Körperlänge entspricht. Bei Herbivoren (Pflanzenfresser) wie etwa Schafen ist der Darm 24 Mal so lang wie der Körper. Omnivoren (Allesfresser) kommen auf eine Darmlänge, die etwa das Siebenfache ihrer Körperlänge beträgt. So gehört der Mensch mit seiner Darmlänge von 5,5 bis 7,5 Metern zwar zu den Omnivoren, hat aber eine deutliche Tendenz zu Carnivoren mit seiner Darmlänge, die etwa 4 Mal seiner Körperlänge entspricht.

Die Aufnahme von Getreide in den Speiseplan forderte ihren Tribut

Unsere Vorfahren lebten in Mitteleuropa noch bis in die Mittelsteinzeit als Jäger und Sammler, und ihre Ernährung änderte sich kaum. Erst der Wandel zur Landwirtschaft und Viehzucht durch die neolithische Revolution[11], die nach und nach ab dem 5. Jahrtausend v. Chr. auch in unseren Breiten Einzug hielt, hatte auf den Speiseplan unserer Ahnen dramatische Auswirkungen.

Getreide konnte gut gelagert werden und war deshalb für eine Vorratshaltung bestens geeignet. Tiere konnte der Mensch jetzt schlachten, wenn er Nahrung brauchte; er war nicht mehr auf Jagdglück angewiesen. Damit war ein bisher nie gekanntes Maß an Versorgungssicherheit gegeben. Der ständige Kampf gegen den Hunger, der bisher die gesamte Evolution des Menschen begleitet und ein Ansteigen der Bevölkerungszahlen verhindert hatte, war in eine neue Ära getreten.

Der Mensch war durch die natürliche Selektion auf Fleisch und Fisch als Nahrungsquellen programmiert, auf Insekten (Larven, Käfer und Würmer) sowie Pflanzen (Früchte, Beeren, Nüsse, Blätter, Wurzeln, Knollen). Getreide gehörte nicht dazu. Deshalb verwundert es auch nicht, dass den Menschen die Nahrungsumstellung auf „unser täglich Brot" gar nicht bekam, wie die Auswertung von Funden beweist:

- Die Körpergröße war stark rückläufig.
- Die Lebenserwartung nahm deutlich ab gegenüber der Altsteinzeit.

Viele Menschen litten zwar keinen Hunger mehr, aber sie wurden durch den zunehmenden Konsum von Getreide krank (die ersten Formen von Zivilisationskrankheiten).

---

11 Der Wandel zur sesshaften Lebensweise mit Ackerbau und Viehzucht kam nicht plötzlich, wie man noch Mitte des 20. Jahrhunderts annahm, sondern fand im Laufe mehrerer Jahrtausende unterschiedlich schnell in den verschiedenen Regionen der Erde statt.

Das hängt unter anderem damit zusammen, dass sich Getreidepflanzen – wie viele andere Pflanzen auch – gegen Bakterien und Schädlinge schützen. Sie produzieren Saponine, die wie ein Antibiotikum wirken, Pilze und Bakterien abtöten und die Pflanze gegen Insektenbefall schützen. Für die Pflanze ist das gut, aber nicht für den Menschen, der die Saponine mit den Getreideprodukten konsumiert. Die Darmschleimhaut des erwachsenen Menschen besteht aus etwa 80 Billionen Bakterien (etwa ein Kilogramm), die unter anderem auch darüber entscheiden, was durch die Darmwand in den Blutkreislauf passieren darf und was nicht (Abb. 4.2.3). Saponine, die Bakterien abtöten, schädigen nun auch die Bakterien der Darmschleimhaut. Bei einem entzündeten Darm kann es zu einem Leaky-Gut-Symdrom[12] kommen, bei dem die Darmwand durchlässig wird (Abb. 4.2.3). Die Folge: Krankheitskeime, Darmgifte und Nahrungspartikel dringen in den Blutkreislauf ein, gegen die unser Immunsystem ankämpfen muss. Dies raubt Energie, die dann für andere Organe, zum Beispiel für das Gehirn und die Muskulatur, nicht mehr zur Verfügung steht. Wir fühlen uns ständig müde und erschöpft.

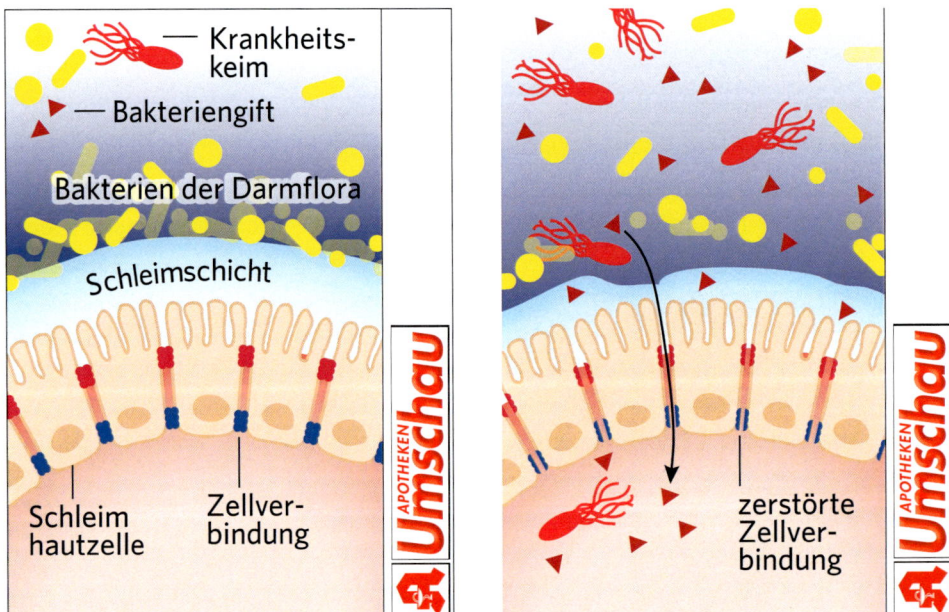

Abb. 4.2.3   Gesunde (links) und geschädigte (rechts) Darmschleimhaut mit Leaky-Gut-Syndrom

---

12   Die Proteinbarrieren, sogenannte „Tight junctions", zwischen den Zellen der Darmschleimhaut können durch Lektine oder das Weizenprotein Gliadin geöffnet werden, was zu einem Leaky-Gut-Syndrom führen kann.

So gehört Getreide erst seit höchstens 7000 Jahren zu den Nahrungsmitteln in Mitteleuropa. In den Dimensionen der Evolution gesehen ein sehr kurzer Zeitraum, in dem eine Anpassung unserer Gene nicht erfolgen konnte. Trotzdem hat sich Getreide als Hauptnahrungsmittel durchgesetzt, mit den entsprechenden negativen Folgen für die Bevölkerung:

- Loren Cordain kommt in seiner Doktorarbeit über „Dietary Mechanisms of Autoimmunity" an der Colorado State University in den USA zu dem Schluss, dass mindestens 33 Prozent aller gängigen Autoimmunkrankheiten verbunden sind mit einem Leaky-Gut-Syndrom – die meisten Autoimmunkrankheiten wurden jedoch noch nicht daraufhin getestet.

- Bis heute leidet ein großer Teil der Bevölkerung darunter, dass er Getreide nicht gut verträgt, ohne dass es den Betroffenen bewusst ist. Die Symptome treten oft nicht prägnant in Erscheinung und sind allgemein üblich: aufgeblähte Bäuche, Flatulenz, Verdauungsstörungen, Durchfall, Verstopfung, niedriggradige Entzündungen („low grade inflammation"), Antriebslosigkeit, Erschöpfungszustände, Anfälligkeit für Infekte etc. gehören ja zum Durchschnittsdeutschen, also meint man, das müsse so sein und bringt diese Symptome gar nicht mehr in Verbindung mit einer Unverträglichkeit (wie beim Sitzen!).

Beachten Sie die Abbildung 4.2.4 aus dem Buch des berühmten Kurarztes Franz Xaver Mayr. Wo finden Sie sich wieder?

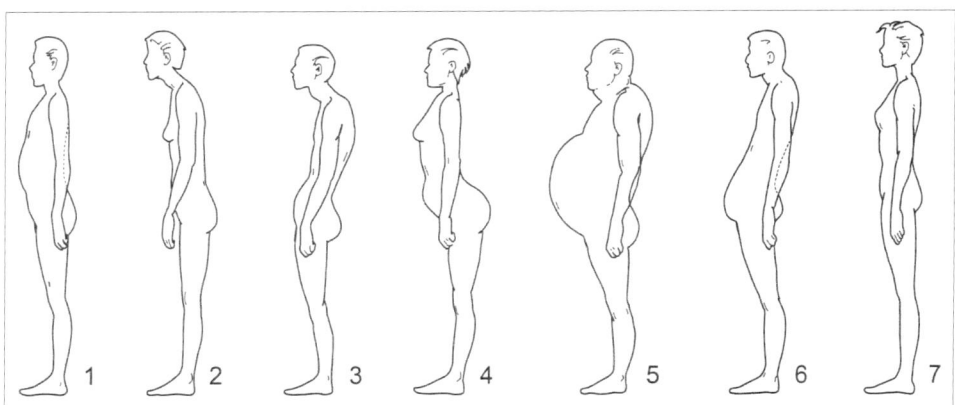

Abb. 4.2.4 Körperformen nach F. X. Mayr

Oft wird Krankheit zum Normalzustand erklärt, weil ja der überwiegende Teil der Bevölkerung die gleichen Probleme hat. Dies darf aber nicht darüber hinwegtäuschen, dass nur eine der abgebildeten sieben Personen vermutlich wirklich gesund ist. Alle anderen haben mehr oder weniger schwere Probleme, meist mit dem Darm.

„Im Darm liegt die Heilung!", wusste schon Paracelus im 16. Jahrhundert. Darmerkrankungen haben weitreichende Auswirkungen auf den gesamten Organismus. So besitzen Menschen mit Reizdarm, Morbus Crohn, Übergewicht, Rheuma, Arthritis, Morbus Bechterew und verschiedenen chronischen degenerativen Erkrankungen eine andere Darmflora als Menschen mit gesundem Darm.

70 bis 80 Prozent unseres Immunsystems sind im Darm lokalisiert. Er besitzt auf seiner Innenseite viele feine Darmzotten, etwa 30 pro Quadratmillimeter, die man mit bloßem Auge nicht mehr unterscheiden kann. Auf jeder Darmzotte befinden sich weitere Ausstülpungen, die Mikrovilli, auf denen sich die Glykokalyx befindet, die aus Oligosacchariden besteht, wodurch sich die Oberfläche des Darms immens vergrößert. Würde man alle Falten und Ausstülpungen in die Länge ziehen, wäre unser Darm fast sieben Kilometer lang. Damit ist er das größte Kontaktorgan des Menschen zu seiner Umwelt. Auf und zwischen den Darmzotten befinden sich die Bakterien der Darmschleimhaut, der Mukosa. Manche Schätzungen gehen davon aus, dass bei 80 Prozent der Bevölkerung in Deutschland die Darmflora und damit die Darmschleimhaut krankhaft verändert sind.

Getreidekonsum kann den Darm schädigen. Ob dies der Fall ist oder nicht, hängt von vielen Faktoren ab, vor allem von der Menge und Häufigkeit und natürlich auch davon, ob man

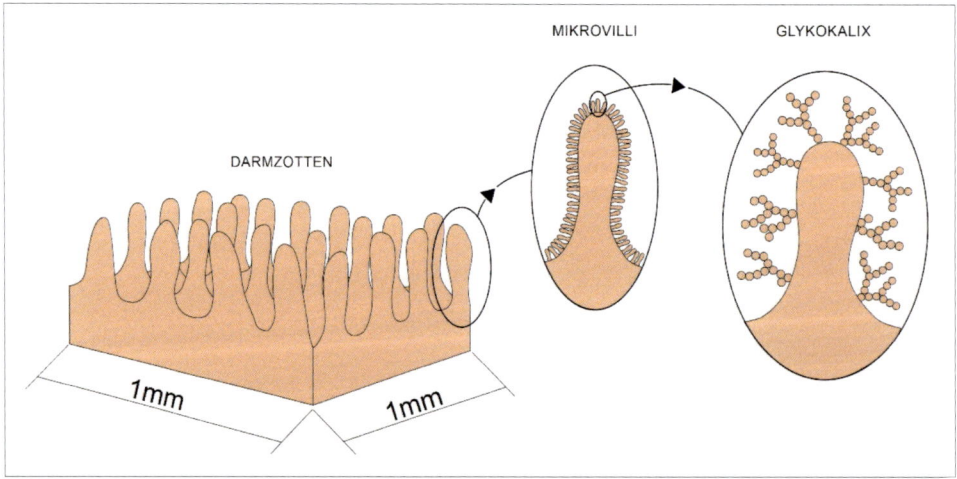

Abb. 4.2.5   Darmzotten, Mikrovilli und Glykokalyx

andere darmschädigende Nahrungsmittel, Getränke und Medikamente zu sich nimmt oder Verhaltensweisen praktiziert.

Menschen mit einer gesunden Darmflora, die in Maßen Getreideprodukte verzehren, werden im Allgemeinen keine Probleme damit haben. Denn die von den Saponinen abgetöteten Darmbakterien werden durch die Neuproduktion von gesunden Darmbakterien wieder vollständig ersetzt. Leider sind Menschen mit einer gesunden Darmflora aber inzwischen selten geworden. Ab und zu ein Toastbrot wird niemandem schaden. Aber jeden Tag Pizza, Burger, Riegel und Bier zu verzehren, kann den gesündesten Darm nachhaltig beeinträchtigen – vor allem wenn dies noch mit Softdrinks, hohem Zuckerkonsum und darmschädigenden Antibiotika kombiniert wird.

Kohlenhydrate – Fluch und Segen der Menschheit

Kohlenhydrate kamen im Speiseplan unserer Vorfahren in Mitteleuropa vor 7.000 Jahren nicht vor, abgesehen vom Fruchtzucker reifer Früchte und Honig als seltener Delikatesse. Unser Stoffwechsel ist deshalb von der Natur so entwickelt worden, dass er die zur Versorgung des Gehirns und der Muskeln nötige Energie zuerst aus dem Blutkreislauf, dann aus den Gykogenspeichern der Leber und der Muskulatur und, wenn diese aufgebraucht sind, durch den Abbau unserer Fettreserven freisetzt. Das tut er aber nur, wenn kein Überschuss an Glukose in unseren Adern zirkuliert, das heißt vereinfacht ausgedrückt, wenn Sie keine schnell ins Blut übergehenden Kohlenhydrate verspeist haben.

Dieser kontinuierliche, komplexe Prozess, die Glukoneogenese, versorgt unseren Körper über den ganzen Tag hinweg gleichmäßig mit der nötigen Energie. Dies war überlebenswichtig, denn sonst hätten unsere Vorfahren Perioden mit geringem, unregelmäßigem Nahrungsmittelangebot nicht überlebt. Das Resultat: Unser Körperfett und die Fette in den Blutbahnen werden abgebaut. Da der Blutzuckerspiegel durch diesen Prozess auf etwa dem gleichen Niveau gehalten wird, verspüren wir auch keine ständig wiederkehrenden Heißhungerattacken.

Dies wäre seinerzeit auch fatal gewesen. Stellen Sie sich vor, ein schon hoch entwickelter Steinzeitmensch wacht vor 7000 Jahren in seiner Höhle auf und es gibt kein Frühstück – keine frischen Brötchen mit Marmelade und Kaffee. Muss er jetzt geschwächt und mit knurrendem Magen auf die Jagd gehen? Hätte er dann gute Chancen, etwas zu erlegen? Wohl kaum.

Sie kennen alle das Phänomen, dass nach einem opulenten Mittagessen mit schnellen Kohlenhydraten und viel Fett das „Verdauungskoma" einsetzt (außer bei jenen, die Salat mit Putenstreifen gegessen haben). Dann wird der Parasympathikus[13] des vegetativen Nervensystems aktiv, der sogenannte „Ruhenerv", der die Verdauung fördert. Das ist von der Natur so vorgesehen. Denn nach dem Essen soll man ruhen und keine stressigen Besprechungen abhalten.

Bei Kohlenhydraten, die langsamer ins Blut übergehen, sogenannten „langsamen Kohlenhydraten", mit einem niedrigen glykämischen Index[14] tritt der beschriebene Effekt nicht auf. Trotzdem müssen wir uns bewusst sein, dass Kohlenhydrate nicht zu der ursprünglichen Ernährung des Menschen zählen. Wir sollten sie deshalb entweder meiden oder nur in geringen Mengen und dann nur als „langsame Kohlenhydrate" konsumieren, wenn uns unsere Gesundheit und Leistungsfähigkeit wichtig ist.

Bei einer solchen Ernährungsweise werden Sie sich wundern, wie schnell Ihre Pfunde purzeln, ohne dass Sie eine bestimmte Diät einhalten oder sich mit Hungern quälen müssen. Die Umstellung können Sie sofort beginnen:

- Wenn Sie Hunger verspüren, dann essen Sie Gemüse und Obst, Fleisch und Fisch und trinken klares Wasser, sonst nichts.
- Bewegung fördert den Prozess des Abnehmens. Wer es aber nicht gewöhnt ist, sich zu bewegen, sollte zuerst Pfunde abbauen und dann mit gemäßigtem Sport beginnen, sonst können eine Überbelastung der Gelenke, des Herzens und der sonstigen Strukturen die Freude an der Bewegung vereiteln.

In Abb. 4.2.6 zeigt Loren Cordain in seiner Doktorarbeit die prozentuale Zusammensetzung der Nahrungsmittel, für die der Mensch im Laufe der Evolution geschaffen wurde. Sie entspricht dem Nahrungsangebot der Jäger-und-Sammler-Populationen. Außer Fruchtzucker, der nicht sehr insulinwirksam ist, gab es keine Kohlenhydrate auf dem Speisezettel. Und das ist „erst" 7000 Jahre her.

---

13 Der Parasympathikus aktiviert im Verdauungstrakt die Sekretion von Verdauungsenzymen, erhöht den Tonus der glatten Muskulatur und führt indirekt zu einer Entspannung des Schließmuskels. Der Verdauungstrakt besitzt ein eigenes Nervensystem, das enterische Nervensystem, dessen Wirkung durch das vegetative Nervensystem nur modulierend beeinflusst wird.

14 Der glykämische Index (GI) ist das Maß der blutzuckersteigernden Wirkung von Lebensmitteln, bei dem Traubenzucker den Referenzwert 100 erhält. Nahrungsmittel mit einem hohen GI führen zu einem hohen, Nahrungsmittel mit einem niedrigen GI zu einem geringen Anstieg des Blutzuckerspiegels.

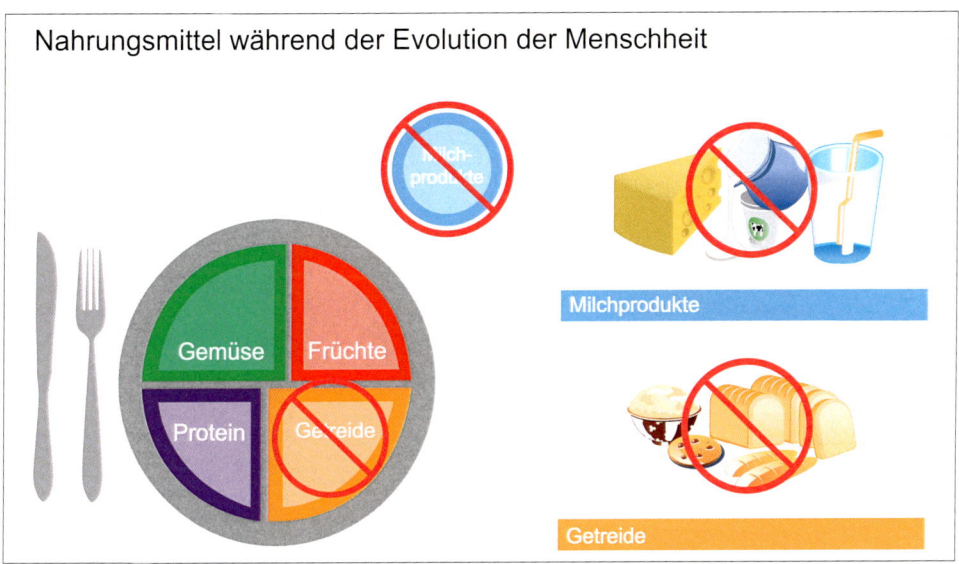

Abb. 4.2.6 Nahrungsangebot der Jäger und Sammler

Da sich viele Menschen ein Leben ohne „moderne" Kohlenhydrate gar nicht vorstellen können, ist das Ergebnis einer Studie interessant, die untersuchte, wie sich das Fehlen von Kohlenhydraten in der Ernährung auf die menschliche Gesundheit auswirkt. Das Ergebnis: Eine Erkrankung des Menschen durch den Verzicht auf Kohlenhydrate ist unbekannt beziehungsweise konnte bei Versuchen nicht nachgewiesen werden.

Das ist auch kein Wunder, denn unser Darm enthält Bakterien, die Proteine in Kohlenhydrate umwandeln. Die Versorgung des Gehirns und der Muskulatur mit Kohlenhydraten ist deshalb auch gesichert, wenn Sie nur wenige oder keine Kohlenhydrate auf Ihrem Speisezettel haben. Sonst hätten unsere Vorfahren wohl auch nicht überlebt. Der Vorteil einer kohlenhydratarmen Ernährung ist: Sie bleiben schlank und energiegeladen, haben keine Probleme mit Unterzuckerung und Heißhungerattacken und setzen keine Fettpölsterchen an. Kein Wunder, denn die Ernährung ohne Kohlenhydrate ist Millionen Jahre alt, die mit erst 7000 Jahre.

Zucker – unsere Lieblingsdroge

Seit wann gibt es Zucker? Fruchtzucker gab es schon immer in reifen Früchten, sofern keine Eiszeit das verhinderte. Sonst gab es nur Honig, der schwer zu besorgen war und nur selten zur Nahrung der Menschen gehörte. Zucker aus Zuckerrohr konnte in der Spätantike bei reichen Patriziern in Rom nachgewiesen werden. Er wurde aus Südostasien über Persien importiert. Sonst verwendeten die Römer zum Süßen eingekochten Traubensaft. Nach Mitteleuropa kam Zucker erst durch die Kreuzfahrer, ab etwa 1100 n. Chr. Er blieb ein begehrtes Luxusgut für die Reichen.

Erst 1747 wurde der Zuckergehalt der Zuckerrübe entdeckt. Es dauerte jedoch noch bis zur Mitte des 19. Jahrhunderts, bis Zucker in so großen Mengen und so kostengünstig hergestellt werden konnte, dass er auch für den Normalbürger erschwinglich war. Um 1900 wurden weltweit schon etwa elf Millionen Tonnen Zucker produziert. Im Jahr 2015 waren es 177 Millionen Tonnen.[15]

Zucker wird heute vielen Fertigprodukten beigegeben und findet sich sogar in Brot, Nudelsalat, Wurst und Chips. Dabei kann regelmäßiger, übermäßiger Zuckerkonsum eine Reihe negativer Symptome auslösen oder zumindest fördern: An erster Stelle stehen Erschöpfung und Müdigkeit als Folge eines Konsums schneller Kohlenhydrate und dem nachfolgend raschen Abfall des Blutzuckerspiegels, daneben Adipositas, Diabetes Typ 2, Hautprobleme, Zahnkrankheiten (Karies, Parodontitis), Pilzbefall im Darm, Blähungen, Durchfall und eine erhöhte Neigung zu Infektionskrankheiten.

Warum essen wir dann überhaupt Zucker?

Die Antwort ist einfach: Zucker wirkt wie eine Droge. Studien haben herausgefunden, dass er im Gehirn ähnliche Reaktionen auslöst wie Morphine, Kokain und Nikotin. Menschen mit Zuckersucht kommen davon nicht los, auch wenn ihnen bewusst ist, dass Zucker schadet – ein typisches Suchtproblem.

Auch wenn es weh tut: Am besten leben Sie, wenn Sie, wie unsere Vorfahren vor 7000 Jahren, auf täglichen Zuckerkonsum verzichten. Dann bleibt Ihre Leistungskurve während des ganzen Tages gleichmäßig hoch und Ihre Gesundheit erhalten. Wenn Sie dann zu seltenen Gelegenheiten einmal etwas Honig naschen, so wird dies Ihrer Gesundheit nicht schaden.

---

15 http://www.zuckerverbaende.de/zuckermarkt/zahlen-und-fakten/weltzuckermarkt/erzeugung-verbrauch.html
    (Stand: 8.5.2017)

Salz – selbstverständlich, aber unnötig

Die Verwendung von Speisesalz ist für uns selbstverständlich. Viele Speisen in Restaurants sind versalzen, um den Durst der Gäste zu steigern. Auch Fertiggerichte sind meist zu stark gesalzen. Bei unseren Vorfahren war dies aber nicht so. Sie hatten weder Salz noch Gewürze, um ihre Speisen schmackhaft zu machen, und haben Hunderttausende von Jahren ohne diese gelebt.

Die erste nachgewiesene Verwendung von Salz stammt von den Babyloniern und Sumerern, die Salz zum Konservieren von Lebensmitteln verwendeten. Die älteste Salzgewinnung in Mitteleuropa wurde vermutlich um etwa 5.000 v. Chr. in Hallstatt und Hallein von den Kelten betrieben. In der Folge wurde Salz zu einem wertvollen Handelsgut, sodass die Römer ihre Legionäre sogar zeitweise damit bezahlten.

Salz war für den Normalbürger immer ein teures Luxusgut und kam deshalb auch in seiner Ernährung kaum vor. Erst als man Mitte des 19. Jahrhunderts begann, die mehrere hundert Meter dicken, 250 Millionen Jahre alten Salzschichten des Zechsteinmeers abzubauen, wurde Salz auch für die Bevölkerung in Deutschland erschwinglich.

So gehört auch Salz erst seit etwa 150 Jahren zu unserem regelmäßigen Speiseplan. Nachdem es wenig kostet, wird es reichlich verwendet, woran wir von unseren Genen her nicht angepasst sind und was dem menschlichen Organismus folglich auch nicht bekommt. Man schätzt, dass der Salzkonsum in Deutschland mehr als doppelt so hoch ist wie für den Menschen zuträglich.

Hoher Salzkonsum wird für Bluthochdruck verantwortlich gemacht sowie für Wasseransammlungen im Körper. Mit Salz konservierte Lebensmittel stehen im Verdacht Magenkrebs hervorzurufen. Wenn möglich sollten Sie auf die bewusste Verwendung von Salz ganz verzichten. Üblicherweise ist vielen Lebensmitteln Salz zugesetzt, sodass Sie es ausreichend durch den Konsum von Fleisch- und anderen Produkten zu sich nehmen, wenn Sie zum Beispiel essen gehen oder eingeladen sind sowie durch Fertiggerichte und -soßen.

Milch – gut für Säuglinge

Mit der neolithischen Revolution kam auch die Stallhaltung von Tieren und damit stand anfänglich die Milch der Schafe und Ziegen, später auch von Kühen, als Nahrungsmittel zur Verfügung. Man kann davon ausgehen, dass den ersten erwachsenen Menschen die Milch tranken, diese nicht bekam. Vermutlich wurde ihnen übel, sie bekamen Blähungen und Durchfall. Denn das Enzym Laktase, das den Milchzucker aufspaltet, wird nur von Säuglingen gebildet. Nach dem Abstillen wird die Produktion eingestellt beziehungsweise stark reduziert. Dieses Enzym wird dann ja nicht mehr gebraucht; die Natur arbeitet nach dem Effizienzprinzip und schaltet alles ab, was nicht benötigt wird. So vertragen auch heute etwa drei Viertel der erwachsenen Menschen auf unserem Planeten keine Milch.

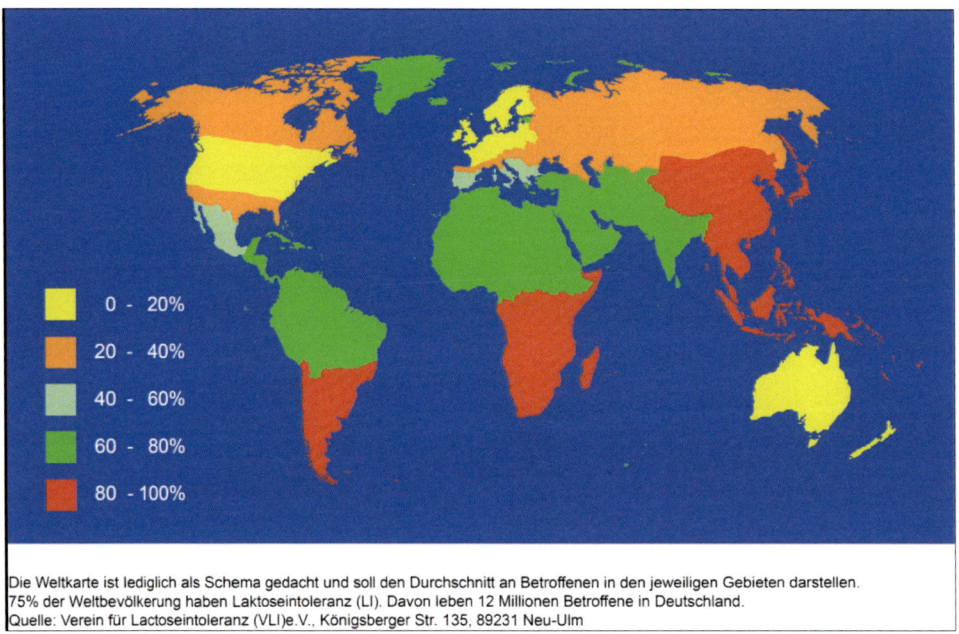

0 - 20%

20 - 40%

40 - 60%

60 - 80%

80 - 100%

Die Weltkarte ist lediglich als Schema gedacht und soll den Durchschnitt an Betroffenen in den jeweiligen Gebieten darstellen. 75% der Weltbevölkerung haben Laktoseintoleranz (LI). Davon leben 12 Millionen Betroffene in Deutschland. Quelle: Verein für Lactoseintoleranz (VLI)e.V., Königsberger Str. 135, 89231 Neu-Ulm

Abb. 4.2.7   Weltweite Verteilung der Laktoseintoleranz

Außer in Nordeuropa, von wo aus sich diese genetische Anpassung in die restliche Welt verbreitet hat, trat die Laktosetoleranz noch an drei Stellen in Afrika auf. Am bekanntesten ist der Stamm der Massai, der Milch problemlos verdauen kann. Die Massai leben seit vielen Generationen ausschließlich von den Produkten ihrer Herden. Das Blut der Rinder, vermischt mit Kuhmilch, ist neben dem Fleisch der Ziegen und Schafe ihre Hauptnahrung.

Vor allem in den dicht besiedelten Gebieten Südostasiens und generell auf der Südhalbkugel unseres Planeten besteht jedoch eine fast hundertprozentige Laktoseintoleranz, das heißt, Erwachsene vertragen Milchprodukte nicht mehr. Bei einigen Menschen betrifft das nicht nur den Milchzucker, sondern auch das Milcheiweiß.

Doch auch in unseren Breiten sind viele Menschen, vor allem Kleinkinder, von Milchallergien betroffen. Das Bundesinstitut für Risikobewertung (BfR) sieht in Kuhmilch eines der wichtigsten allergieauslösenden Lebensmittel im Kindesalter (neben Hühnerei, Fisch, Soja, Weizen und Erdnüssen/Nüssen). Die Folgen sind oft Neurodermitis, Heuschnupfen und Bronchialasthma. Die auftretenden Symptome können sich jedoch mit dem Heranwachsen der Kinder wieder verlieren[16].

Milch wird sogar mit dem Auftreten von Parkinson und Prostatakrebs in Zusammenhang gebracht. Studien dazu laufen noch. Es konnte bis jetzt auch noch nicht nachgewiesen werden, dass der Konsum von Milch den Knochenaufbau stärkt. Knochenaufbau findet nach wie vor in erster Linie durch Belastung des Knochens, also durch Bewegung, statt und nicht durch das Trinken von Milch.

Ständiges Essen und Trinken – eine gefährliche Angewohnheit

Unsere Zähne sind von einem Biofilm (Plaque) umgeben, der zahlreiche Mikroorganismen enthält. Sie verstoffwechseln Kohlenhydrate aus der Nahrung zu Säuren. Diese greifen den Zahnschmelz an und können daraus Kalziumphosphate lösen, was, nach einer gewissen Zeitspanne, den Zahnschmelz entmineralisiert. Dies wiederum fördert den Beginn einer Karies (Zahnfäule).

Karies geht also eine Veränderung des Biofilms voraus, verursacht durch – einmal mehr – Kohlenhydrate in der Ernährung. Je öfter Kohlenhydrate in Kontakt mit dem Biofilm kommen, desto schneller und nachhaltiger ändert sich seine Zusammensetzung in Richtung säurehaltiger Substanzen und desto höher ist das Risiko für Karies.

Eine Regeneration des Biofilms erfolgt durch den Kontakt mit Speichel, der die Säuren neutralisiert und auch zu einer Remineralisierung der Zahnsubstanz beiträgt. Dieser Prozess benötigt aber Zeit. Dafür sind die Pausen zwischen dem Verzehr von Kohlenhydraten entscheidend.

Dies gilt auch schon für Kleinkinder. Je öfter sie mit Leckereien gefüttert werden, desto schneller entwickelt sich Karies. Keine Angst, auch Kleinkinder verhungern nicht so schnell. Ebenso wenig wie der durchschnittliche Büroarbeiter. Auch für Erwachsene sind ausreichend lange Intervalle zwischen den Nahrungsaufnahmen nötig, damit sich Biofilm und

---

16 BfR 2006

Zahnschmelz regenerieren können. Der kleine Snack zwischendurch, vor allem wenn er auch noch Kohlenhydrate enthält, ist deshalb besonders schädlich.

Auch im Sinne der „Metabolic Balance" sollten die Intervalle zwischen Nahrungsaufnahmen mindestens fünf Stunden betragen. Nur dann werden die Glukosespeicher in den Zellen geleert und die Bildung von Körperfett vermieden. Snacks zwischendurch schaden also nicht nur den Zähnen, sondern auch dem Fetthaushalt in unserem Körper.

Nicht zu vergessen: Zur Nahrungsaufnahme zählen auch die Getränke. Zuckerhaltige Getränke für Kleinkinder sind unbedingt zu vermeiden. Dazu gehören auch unverdünnte Fruchtsäfte und gesüßte (Fertig-)Tees. Auch für Erwachsene gilt: Zucker in Kaffee und Tee fördert Karies genauso wie zuckerhaltige Limonade, die über den Tag verteilt getrunken wird. Dabei kommt es für die Bildung von Karies nicht auf die Menge an, sondern auf die Häufigkeit des Konsums.

Im Büro findet man oft Mitarbeiter, die ständig etwas zu essen oder zu trinken benötigen. Dies ist eine üble Angewohnheit. Der Mensch braucht weder das eine noch das andere. Den Wirkungsmechanismus, mit dem der Mensch auch während längerer Perioden ohne Nahrungsaufnahme leistungsfähig ist und bleibt, haben wir schon kennengelernt – wir sind von Natur aus Ausdauerjäger. Das gilt auch für die Flüssigkeitsaufnahme.

Im Laufe der Evolution haben sich bei den Säugetieren (und Vögeln) in den Nieren die sogenannten Henle'schen Schleifen entwickelt, die 90 Prozent des Wassers aus dem Primärharn zurückgewinnen und dem Blutkreislauf wieder zuführen können. Dadurch reicht es aus, dass der Mensch in großen Abständen trinkt, dann aber entsprechend reichlich.

Dies entspricht auch der Verhaltensweise unserer Vorfahren. Oder können Sie sich vorstellen, dass ein Jäger, während er eine Beute verfolgt, zwischendurch an seiner Wasserflasche genibbelt hat, wie man das häufig bei Joggern, ja sogar bei Wanderern und Spaziergängern sieht?

Die Werbung will uns weismachen, dass wir ständig trinken müssen. Ein weiteres Ammenmärchen. Es stimmt zwar, dass wir etwa zwei bis drei Liter Flüssigkeit pro Tag benötigen. Etwa ein Liter davon wird mit der Nahrung aufgenommen. Die restlichen ein bis zwei Liter sollten wir trinken. Dies sollten wir aber in großen Zügen tun, so wie der Jäger, der nach langer Jagd zu einer Quelle findet.

Die von der Werbung kräftig unterstützte, schlechte Angewohnheit im Büro, ständig eine Kleinigkeit essen oder gar naschen zu müssen, schädigt den Organismus also auf doppelte Weise:

- Die Glukosespeicher in unseren Zellen werden nicht geleert, weil ständig Nachschub angeliefert wird. Dadurch erhält die Leber keinen Impuls, die Enzyme zu produzieren, die Körperfett abbauen. Triglyzeride und Cholesterin kreisen munter weiter in unseren Adern und werden schließlich abgelagert – Triglyzeride in erster Linie, je nach Typus, um den Bauch oder um das Gesäß, Cholesterin in den Adern.
- Die nach einer Mahlzeit im Biofilm unserer Zähne gebildeten Säuren können nicht neutralisiert und Zahnschmelz nicht regeneriert werden.

4.3   Essen und Trinken so, wie die Natur uns geschaffen hat – auch im Büro

Was liegt näher, als auch so zu essen und zu trinken, wie es unseren Genen entspricht? Das ist die beste Versicherung, um langfristig gesund und leistungsfähig zu bleiben. Und keine

Abb. 4.3.1   Empfehlung für eine neuzeitliche Ernährung basierend auf einem steinzeitlichen Nahrungsmittelangebot

Angst: Sie müssen sich dafür nicht wieder mit dem Speer auf die Jagd begeben. Mit den folgenden Tipps gelingt Ihnen auch ein moderner „Steinzeit-Speiseplan":

- Verzichten Sie auf den Konsum von schnellen Kohlenhydraten, vor allem auf Zucker und Glucose-Fructose-Sirup (englisch „high fructose corn syrup" oder HFCS abgekürzt).
- Reduzieren Sie ganz allgemein den Konsum von Kohlenhydraten so weit wie möglich. Wenn dann essen Sie langsame Kohlenhydrate, also solche mit niedrigem Glykämischem Index.

- Salzen Sie das Essen nicht nach, der Salzstreuer am Tisch gehört in die Verbannung.
- Verzehren Sie reichlich Obst und Gemüse – wenn Sie die fünf Stunden Pause zwischen den Mahlzeiten nicht durchhalten, auch als Snack zwischendurch.
- Konsumieren Sie Milchprodukte nur dann, wenn Sie sicher sind, zu dem Phänotyp zu gehören, der auch nach dem Abstillen noch Laktase produziert.
- Nüsse und Samen haben schon unsere Vorfahren in der Steinzeit gegessen. Sie haben einen hohen Nährwert.
- Fisch und Krustentiere sowie mageres Fleisch sind gute Proteinquellen, die unser Körper dringend braucht.
- Pflanzliche Öle sind wertvolle Energieträger, vor allem Kokos- und Palmöl.
- Verzichten Sie weitgehend auf Fertigprodukte, entdecken Sie die Lust am Kochen.
- Essen und trinken Sie in ausreichend großen Abständen, auch Ihr Körper braucht seine Pausen zwischen den Mahlzeiten.

Und nicht zuletzt: Genießen Sie Ihr Essen und die positiven Auswirkungen, die eine unseren Genen entsprechende Ernährung auf Ihre Gesundheit hat!

Nachwort

Die letzten Jahrzehnte haben gezeigt, dass die Art und Weise wie in Büros, gleichgültig ob zu Hause oder in der Firma, gearbeitet wird, zu immer mehr Zivilisationskrankheiten führt. Wir drohen in einer Sackgasse der menschlichen Entwicklung zu landen, denn dieses Verhalten steht im Widerspruch zu unseren Genen. Veränderung ist deshalb dringend nötig, denn Zivilisationskrankheiten kann man nicht mit Pillen heilen, sondern nur durch anderes Verhalten vermeiden. Es muss uns klar sein, dass:

„Wer immer den gleichen Weg geht, auch immer am gleichen Ziel ankommen wird."[1]

Wenn wir also unser Verhalten nicht ändern, werden die Zivilisationskrankheiten weiter zunehmen. Veränderung braucht immer Kraft! Zuerst für die Einsicht, dann für die konsequente Umsetzung des neuen Verhaltens. Diese Energie bringt man im Allgemeinen nur dann auf, wenn einen entweder eine tief greifende Erkenntnis („deep learning") dazu gebracht hat, sein Fehlverhalten einzusehen, oder wenn man durch Schmerzen dazu getrieben wird. Mein Wunsch war es, Ihnen durch dieses Buch das zweite Schicksal zu ersparen.

„Jeder ist seines Glückes Schmied."

Welchen Weg Sie wählen, entscheiden Sie selbst. Sie können auch weitermachen wie bisher mit allen negativen Auswirkungen auf Ihre Gesundheit und auf Ihre Lebensqualität. Aber das hoffe ich natürlich nicht. Werden Sie Teil dieser neuen Bewegung – es lohnt sich bei den Ersten zu sein, die dies erkannt haben!

Weil jede Veränderung Widerstand hervorruft, ist auch beim Konzept des ACTIVE OFFICE zu erwarten, dass zahlreiche Stimmen sich erheben werden und lauthals verkünden: „Das kann nicht funktionieren", „Das haben wir noch nie so gemacht", „Wo kommen wir denn hin, wenn das jeder macht" oder „Was soll sich denn mein Arbeitskollege denken, wenn ich am Boden herumkrame" … Jedoch, seien Sie sich bewusst:

„Nichts ist so mächtig wie eine Idee, deren Zeit gekommen ist!"[2]

Sie lässt sich durch nichts aufhalten. Die Zeit ist reif für das ACTIVE OFFICE!

Und ich freue mich, wenn dieses Ihr Leben verbessert!

---

1   Der amerikanische Coach Anthony Robbins in seinem Seminar „Unleach the Power within", im Juni 1998 in Frankfurt am Main

2   Schrieb der französische Schriftsteller Victor Hugo.

Volkswirtschaftliche Betrachtung:

Zum Nachdenken

Weltweit wird das Prinzip der „Freien Marktwirtschaft" hoch gehalten. Nach der betriebs-wirtschaftlichen Theorie ist es die beste Möglichkeit, auf freien Märkten, das Gleichgewicht zwischen Angebot und Nachfrage aufrecht zu erhalten und über den Wettbewerb die güns-tigsten Preise für Güter und Dienstleistungen zu erzielen.

Gemäß dem Prinzip der „Freien Marktwirtschaft" können Konzerne international tätig sein, ohne dass eine übergeordnete Instanz prüft, welche Auswirkungen die Tätigkeit dieser Konzerne auf die Gesundheit und Lebensqualität der Bevölkerung hat.

Eine der letzten Populationen von Jägern und Sammlern, die Hazda, ernähren sich vorwie-gend vegetarisch, angereichert durch die erbeuteten Tiere, die sie meist mit Pfeil und Bogen erlegen. Die Hazda kennen keine Herz- Kreislauferkrankungen, keinen Bluthochdruck, keine Diabetes Typ II, kein Übergewicht, keine Muskelschwäche, Osteoporose, verklebte Faszien, Gelenkbeschwerden, Alzheimer und keinen Krebs (nur in sehr späten Phasen ihrs Lebens. Sie sterben aber im Allgemeinen nicht an Krebs).

Die Hazda die auf ihre ursprüngliche Art und Weise leben werden aber immer weniger und die westliche Zivilisation hält auch bei ihnen Einzug. So wird Pfeil und Bogen durch Schuss-waffen ersetzt und die westliche Ernährung mit Cola und Burger ersetzt die traditionelle. Mit der Folge, dass die westlichen Zivilisationskrankheiten, die Folge der westlichen Ver-haltensweise, immer mehr um sich greifen.

Bis zum Ende des zweiten Weltkrieges lebten die ältesten Menschen auf der ganzen Welt in Okinawa, einer Insel im Süden Japans. Sie erreichten teilweise ein Alter von 120 Jahren und man nannte die Alten „Pin Pin Pin", weil sie so lebendig und agil waren wie Gummibäl-le. Sie kannten keine Zivilisationskrankheiten, da die „Zivilisation" dort noch keinen Einzug gefunden hatte.

Nach dem Ende des zweiten Weltkrieges errichteten die Amerikaner eine Militärbasis auf Okinawa und brachten ihre westliche Kultur mit. Heute befindet sich in Okinawa eine große

Zahl übergewichtiger Menschen, mit einer hohen Rate an Zivilisationskrankheiten und stark reduzierten Lebenserwartung.

Da stellt sich mir die Frage, ob es ethisch zu vertreten ist die freie Verfolgung der wirtschaftlichen Interessen internationaler Konzerne höher einzustufen, als die Gesundheit und Lebensqualität indigener Gesellschaften. Verdienen diese nicht geschützt zu werden? Im Allgemeinen besitzen sie nicht die Möglichkeit sich umfassend darüber zu informieren, bevor sie ihre Lebensgewohnheiten zugunsten von Cola und Burger aufgeben. Die frei agierende Werbung an jeder Ecke, auch in Entwicklungsländern, tut noch das Ihre dazu, um gutgläubige Menschen zu verführen ihr zu folgen. Westliches Verhalten wird als fortschrittlich angesehen, einschließlich der damit verbundenen Zivilisationskrankheiten, von denen natürlich niemand spricht und über die die arglose Bevölkerung auch nicht informiert wird.

Ähnliches unsinniges Verhalten kann man in den westlichen, zivilisierten Ländern beobachten. Internationale Konzerne können frei ihre Produkte anpreisen, obwohl inzwischen längst nachgewiesen ist, dass sie schon mittelfristig Zivilisationskrankheiten verursachen. Die Ärzte verschreiben dagegen „Pillen", um die Symptome zu mildern, oder zu verschleiern, statt Verhaltensänderung. Die Kosten unseres Gesundheitswesens explodieren, Pflegeheime müssen gebaut werden und Pflegekräfte aus dem Ausland angeheuert werden, da es bei uns zu wenige gibt.

Eine ganze Industrie steht dahinter diesen Prozess zu beschleunigen und die Mediziner spielen eifrig mit, anstatt „Bewegung, gesunde Ernährung und Selbstverantwortung" statt Pillen zu verschreiben. Mittlerweile ist der größte Teil der Krankheiten in Deutschland „selbst verursacht" durch unser Verhalten. Das exzessive Sitzen gehört auch dazu.

All dies ist zur Genüge bekannt, trotzdem ist kein Umdenken in Sicht. Die Regierung lässt weiterhin Werbung für ungesunde Produkte zu, für Bequemlichkeit statt Bewegung, für falsche Ernährung und lässt internationale Konzerne uneingeschränkt agieren, obwohl zur Genüge bekannt ist, dass die Bevölkerung dadurch krank wird. Ist das nicht in höchstem Maße verantwortungslos?

Dieses Buch soll Sie anregen darüber nachzudenken und zu erkennen, dass man etwas dazu beitragen kann das Leben und die Lebensqualität im Büro und auf der ganzen Welt zu verbessern. Nachdem die Regierung nicht schützend für die Bevölkerung eintritt, muss man es selbst tun. Glücklicherweise haben wir die Möglichkeiten uns umfassend zu informieren und müssen nicht blind dem Marketing der internationalen Konzerne folgen. Eine Möglichkeit die die Hazda nicht haben und auch die Bevölkerung in Okinawa nicht hatte. Es liegt an uns zu entscheiden was wir tun und was nicht. Wobei etwas nicht zu tun genauso verantwortungslos sein kann, wie etwas zu tun, sobald man erkannt hat, was für einen persönlich richtig und gut ist. Deshalb fangen Sie an die persönliche Verantwortung für Ihre Lebensqualität und Gesundheit wahrzunehmen. Wenn Sie darauf warten wollen bis andere es für Sie tun, können Sie lange warten – vermutlich so lange, bis es zu spät ist.

Cabarete, 03.08.2017

Index

Bildnachweis

Teil I: Die Arbeit in einem konventionellen Büro

Der vorschriftsmäßig eingerichtete Arbeitsplatz

Abb. 1.1.1	Konventioneller Arbeitsplatz	© Josef Glöckl
Abb. 1.1.2	Großraumbüro bei Devex, Manila	© Nicolas Glöckl
Abb. 1.1.3	Bench System	© Shutterstock
Abb. 1.1.4	Ein-Etagen-System bei der Legehennenhaltung – Eierproduktion auf einer Ebene	© Shutterstock
Abb. 1.1.5	Der Mensch als Maß der Dinge	© Tobias Caratiola
Abb. 1.1.6	Schematische Darstellung eines normgerechten Arbeitsplatzes (schematisch nachempfunden nach DIN EN 527-1: 11/2011-08, Beuth Verlag, Berlin 2011)	© Tobias Caratiola

Was passiert mit unserem Körper bei konventioneller Büroarbeit?

Abb. 1.2.1	Knochenbälkchen – die innere Struktur eines Knochens	© SciencePhotoLibrary.com
Abb. 1.2.2	Die Synovia (Gelenkschmiere, Gelenkflüssigkeit)	© Stephan Winkler
Abb. 1.2.3	Aufbau einer Bandscheibe mit Faserring (anulus fibrosus) und galertartigem Kern (nucleus pulposus)	© Stephan Winkler
Abb. 1.2.4	Konventionelle, vorgebeugte Sitzhaltung	© Josef Glöckl
Abb. 1.2.5	Belastung der Bandscheiben bei vorgebeugtem Sitzen auf einem konventionellen Bürostuhl (schematische Darstellung)	© Stephan Winkler
Abb. 1.2.6	Brustkorbansicht von vorne	© Zilles, Karl, Tillmann, Bernhard (Hrsg.): Anatomie, Springer Heidelberg 2010, S. VI
Abb. 1.2.7	Funktion der Beinmuskelpumpe, auch Venen- oder Wadenpumpe genannt	© Stephan Winkler
Abb. 1.2.8	Oberflächlichen Venen können zu Krampfadern werden. Der Rücktransport des venösen Blutes zum Herz erfolgt jedoch zum größten Teil über die Venen des tiefen Systems (tiefe Venen)	© Istock.com

Abb. 1.2.9	Ohne eine gut funktionierende Mikrozirkulation kann unser Immunsystem nicht an entfernte Entzündungsherde gelangen, Antigene auffinden und seine lebenswichtigen Aufgaben erfüllen	© Tobias Caratiola
Abb. 1.2.10	Organisation der Mikrozirkulation	© Faller A, Schünke M (1999) Der Körper des Menschen. 13. Aufl. Thieme, Stuttgart, S.318
Abb. 1.2.11	Schema der Versorgung der Organzellen mit Nährstoffen und Abtransport der Zellausscheidungen über das Bindegewebe	© Stephan Winkler
Abb. 1.2.12	Organisation der Mikrozirkulation	© Stephan Winkler
Abb. 1.2.13	Der große Lendenmuskel 1 (M. psoas major) und Darmbeinmuskel 2 (M. iliacus) vereinigen sich auf Höhe des Leistenbandes zum Lenden-Darmbein-Muskel 3 (M. iliopsoas)	© Schünke M, Schulte E, Schumacher U (2011), Prometheus: Lernatlas der Anatomie Allgemeine Anatomie und Bewegungssystem. 3. Aufl. Thieme, Stuttgart, S. 423
Abb. 1.2.14	Versorgung mit Lebensmitteln früher	© Istock.com
Abb. 1.2.15	Versorgung mit Lebensmitteln heute	© Istock.com
Abb. 1.2.16	Schematische Darstellung des vestibulären Systems	© Tillmann, Bernhard: Atlas der Anatomie, Springer Heidelberg, 2., überarb. Aufl. 2009, S.107

Die Folgen – Sitzen gefährdet Ihre Gesundheit

Abb. 1.3.1	Mensch mit Adipositas	© Thinkstock
Abb. 1.3.2	Relatives Sterblichkeitsrisiko in Abhängigkeit vom BMI	© Tobias Caratiola
Abb. 1.3.3	Der Manager von heute verbraucht 600 Kilokalorien pro Tag weniger als vor 70 Jahren.	© Tobias Caratiola
Abb. 1.3.4	Histone und ihre Rolle bei der epigenetischen Fixierung	© https://de.wikipedia.org/wiki/Epigenetik (29.08.2016)
Abb. 1.3.5	The Sedentary Death	© Stephan Winkler

Teil II: ACTIVE OFFICE – Arbeiten im Bewegungsraum

Die Anforderungen

Abb. 2.1.1	Faustkeil	© SciencePhotoLibrary.com
Abb. 2.1.2	Straßenverkehr um 1900	© Fotolia.com
Abb. 2.1.3	Stuhl von Michael Thonet 1859	© Thonet GmbH, Frankenberg
Abb. 2.1.4	Paul Mitterhofer	© Technisches Museum Wien
Abb. 2.1.5	Holz Schreibmaschine	© Technisches Museum Wien
Abb. 2.1.6	So kommt immerhin der Hund zu seinem Laufpensum	© Josef Glöckl
Abb. 2.1.7	Gesundheitsrisiko bei verschiedenen Arten von Bewegung	© Tobias Caratiola
Abb. 2.1.8	Bewegung fördern in der Schule und zu Hause	© aeris

Die Umsetzung – Das ACTIVE OFFICE Konzept

Abb. 2.2.1	Mögliche Anordnung der Elemente eines ACTIVE OFFICE	© active office

Organisation der Arbeit im Bewegungsraum

Abb. 2.3.1	Extended Screen	© Kathrin Probst, Media Interaction Lab
Abb. 2.3.2	Duplicated Screen	© Kathrin Probst, Media Interaction Lab
Abb. 2.3.3	Naturvölker arbeiten „bodennah"	© SciencePhotoLibrary.com
Abb. 2.3.4	Hockarbeitsplatz	© active office
Abb. 2.3.5	„Bodennahes" Arbeiten im ACTIVE OFFICE	© active office

Die einzelnen Elemente des ACTIVE OFFICE

Abb. 2.4.1	„ACTIVE OFFICE DESK" Set	© active office
Abb. 2.4.2	„ACTIVE OFFICE FLOOR" Bodenmatte mit 3-Zonen-Technologie	© active office
Abb. 2.4.3	Einsatz der „ACTIVE OFFICE FLOOR" Bodenmatte am Stehpult	© active office
Abb. 2.4.4	Form der Wirbelsäule beim Stehen und beim vorgebeugten Sitzen	© Tobias Caratiola
Abb. 2.4.5	Idealisierte Sitzhaltung nach DIN	© Tobias Caratiola
Abb. 2.4.6	Tatsächliche Sitzhaltung	© Tobias Caratiola
Abb. 2.4.7	Konventionelles Sitzen – aktiv-dynamisches Sitzen	© Josef Glöckl

Wo steht was im ACTIVE OFFICE?

The Workplace Revolution

Teil III: Enriched Environment – Büroräume als heimliche Bewegungsverführer

Warum Körper und Geist nur in Bewegung funktionieren

Abb. 3.1.1	Ergonomisch falsch oder eine temporär „intelligente" Selbstorganisation	© Dieter Breithecker
Abb. 3.1.2	Erfolgreich das „Un-Gleichgewicht" zu beherrschen, erfordert ein komplexes, sich autonom organisierendes senso-neuro-muskuläres Zusammenspiel	© Dieter Breithecker
Abb. 3.1.3	Mehrwehrt durch Bewegung im Alltag	© Thinkstock
Abb. 3.1.4	Räumliche Verhältnisse und kollaboratives Verhalten in der Gruppe bestimmen psycho-physisches Wohlbefinden und Leistungsfähigkeit	© aeris
Abb. 3.1.5	Einseitige Sinneskost	© Thinkstock
Abb. 3.1.6	Erfolgreich im Gleichgewicht zu bleiben, erfordert ein sich ständig selbst organisierendes, fein abgestimmtes Zusammenspiel von sensorischer Verarbeitung und angepassten muskulären Reaktionen	© Dieter Breithecker
Abb. 3.1.7	Innere und äußere Haltungskontrolle	© Thinkstock
Abb. 3.1.8	Reifungsprozesse suchen ständig nach „Nahrung"	© Dieter Breithecker
Abb. 3.1.9	Bewegung als integrativer Bestandteil alltäglicher Arbeitsprozesse	© VS Möbel GmbH & Co. KG
Abb. 3.1.10	Lern- und Arbeitsräume sind auch Bewegungsräume 1 (Fridtjof-Nansen-Grundschule, Hannover)	© VS Möbel GmbH & Co. KG
Abb. 3.1.11	Lern- und Arbeitsräume sind auch Bewegungsräume 2 (Fridtjof-Nansen-Grundschule, Hannover)	© VS Möbel GmbH & Co. KG
Abb. 3.1.12	Telefonieren mit Bewegung im Raum	© Thinkstock

Das „reizende Büro"

Abb. 3.2.1	Konservatives Arbeitsplatzangebot	© Thinkstock
Abb. 3.2.2	Verhältnisse beeinflussen Verhalten	© VS Möbel GmbH & Co. KG
Abb. 3.2.3	Der Raum als dritter Pädagoge	© VS Möbel GmbH & Co. KG
Abb. 3.2.4	Biologische Systeme sind auf Reize der Natur angewiesen	© Thinkstock
Abb. 3.2.5	Artgerechte Lebensräume?	© Thinkstock
Abb. 3.2.6	In Umgebungen, die positive Emotionen auslösen, können Menschen produktiv, kollaborativ und kreativ sein	© active office

Schritt für Schritt zu mehr Gesundheit

Teil IV: Ernährung – Der Mensch ist, was er isst

Ernährung im Arbeitsalltag

Abb. 4.1.1	Fett in einer verstopften Ader. Blut kann nicht mehr zirkulieren, es kommt zum Infarkt	© iStock
Abb. 4.1.2	Insulin-Jo-Jo	© aeris, Tobias Caratiola, nach: Jakob Suckale/Michele Solimena
Abb. 4.1.3	Das personifizierte Metabolische Syndrom	© Thinkstock

Warum wir uns krank essen

Abb. 4.2.1	Gut erhaltener Ober- und Unterkiefer	© SciencePhotoLibrary.com
Abb. 4.2.2	Die Evolution des Menschen und seine Verbreitung in den einzelnen Regionen der Erde	© Tobias Caratiola, nach: Ulrich Fuchs
Abb. 4.2.3	Gesunde (links) und geschädigte (rechts) Darmschleimhaut mit Leaky-Gut-Syndrom	© Apotheken Umschau
Abb. 4.2.4	Körperformen nach F. X. Mayr	Quelle: Leider konnten nicht alle Rechteinhaber erreicht werden. Bestehende Rechte werden abgegolten.
Abb. 4.2.5	Darmzotten, Mikrovilli und Glykokalyx	© Tobias Caratiola nach: G. Enders, Darm mit Charme, Ullstein, 2014, S. 46
Abb. 4.2.6	Nahrungsangebot der Jäger und Sammler	© Tobias Caratiola nach: Cordain L, Miller JB, Eaton SB, Mann N, Holt SH & Speth JD (2000)
Abb. 4.2.7	Weltweite Verteilung der Laktoseintoleranz	© Verein für Laktoseintoleranz

Essen und Trinken so, wie die Natur uns geschaffen hat – auch im Büro

Abb. 4.3.1	Empfehlung für eine neuzeitliche Ernährung basierend auf einem Steinzeitlichen Nahrungsmittelangebot	© Tobias Caratiola nach: Cordain L. „Origins and Evolution of The Western Diet: Health Implications for the 21st Century."

Literaturverzeichnis

Abbott RD, White LR, Ross GW, Masaki KH, Curb JD, Petrovitch H (2004) Walking and dementia in physically capable elderly men. JAMA 292: 1447-1453

Ameri A (2001) Neue Nervenzellen in alten Gehirnen. Eine mögliche Rolle bei Reparatur- und Lernprozessen. Extracta Psychiatrica / Neurologica 15(1/2): 12-16

Banzer W (2011) Körperliche Inaktivität, Alltagsaktivitäten und Gesundheit. Gesundheit durch Bewegung fördern. Empfehlungen für Wissenschaft und Praxis. Landesinstitut für Gesundheit und Arbeit des Landes Nordrhein-Westfalen (LIGA.NRW), 13-17

BAuA – Bundesanstalt für Arbeitsschutz und Arbeitsmedizin (Hrsg) (2005) Stehend K. O. Wenn Arbeit durchgestanden werden muss. BAuA, Dortmund

Bays HE (2009) „Sick fat," metabolic disease, and atherosclerosis. Am J Med 122(1 Suppl): 6-37

Bennet, E.L., Rosenzweig, M.R.& Diamond, M.C (1969) „Ratbrain; effects of environmental enrichment on wet and dry weights", Science V. 163, 1969, S. 825 f.

Berrington de Gonzalez A, Hartge P, Cerhan JR, Flint AJ, Hannan L, MacInnis RJ, Moore SC, Tobias GS, Anton-Culver H, Freeman LB, Beeson WL, Clipp SL, English DR, Folsom AR, Freedman DM, Giles G, Hakansson N, Henderson KD, Hoffman-Bolton J, Hoppin JA, Koenig KL, Lee IM, Linet MS, Park Y, Pocobelli G, Schatzkin A, Sesso HD, Weiderpass E, Willcox BJ, Wolk A, Zeleniuch-Jacquotte A, Willett WC, Thun MJ (2010) Body-mass index and mortality among 1.46 million white adults. N Engl J Med 363(23): 2211-2219

Bey L, Hamilton MT (2003) Suppression of skeletal muscle lipoprotein lipase activity during physical inactivity: a molecular reason to maintain daily low-intensity activity. Journal Physiol 551: 673-682

Bohulskyy Y, Erlinghagen M, Scheller F (2011) IAQ Report 2011/03: Aktuelle Forschungsergebnisse aus dem Institut Arbeit und Qualifikation. Arbeitszufriedenheit in Deutschland sinkt langfristig. Universität Duisburg Essen. http://www.iaq.uni-due.de/iaq-report/2011/report2011-03.pdf. (Stand: 8.5.2017)

Booth JN, Leary SD, Joinson C, Ness AR, Tomporowski PD, Boyle JM, Reilly JJ (2014) Association between objectively measure physical activity and academic attainment in adolescents from UK cohort. Br J Sports Med 48(3): 265-270

Breithecker D (2009) Häufiger Haltungswechsel, Körperliche und Geistige Gesundheit brauchen Bewegung. Das Büro Healty Office, Sonderausgabe: 28-29

Breithecker D (2014) Büroräume als heimliche Bewegungsverführer. Neue Perspektiven einer bewegenden Büroarbeitswelt. Die Säule, 6-13

Breithecker D (2013) Verhaltensverführungen im Büro zur Unterstützung körperlicher und mentaler Haltungswechsel. Die Säule 3, 30-33

Buchner A, Brandt M (2002) Gedächtniskonzeptionen und Wissenspräsentationen. In: Müsseler J, Prinz W (Hrsg) Allgemeine Psychologie. Spektrum, Heidelberg, S 495-543

Buckley JP et al. (2015) The sedentary office: a growing case for change towards better health and productivity. Expert statement commissioned by Public Health England and the Active Working Community Interest Company. Br J Sports Med, 1-6

Budde H, Voelcker-Rehage C, Pietrabyk-Kendziorra S, Ribeiro P, Tidow G (2008) Acute coordinative exercise improves attentional performance in adolescents. Neurosci Lett 441(2): 219-223

Bundesinstitut für Risikobewertung (BfR) (2006) Allergien in Deutschland. Presseinformation vom 15. August 2006, BfR, Berlin

Burger K (2013). Bewegung statt Brille. Artikel vom 26. Februar 2013, Süddeutsche Zeitung: 48

Burzynska AZ, Chaddock-Heyman L, Voss MW, Wong CN, Gothe NP, Olson EA, et al. (2014) Physical Activity and Cardiorespiratory Fitness Are Beneficial for White Matter in Low-Fit Older Adults. PLoS ONE 9(9): e107413. https://doi.org/10.1371/journal.pone.0107413

Chastin SF, Ferriolli E, Stephens NA, Fearon KC, Greig C (2012) Relationship between sedentary behavior, physical activity, muscle quality and body composition in healthy older adults. Age Ageing 41(1): 111–114

Cordain L (o. J.) Dietary Mechanisms of autoimmunity. Ph. D. Thesis. Colorado State University, Fort Collins, CO, USA

Davis, W (2013) Warum Weizen dick und krank macht – WEIZENWAMPE. 13. Aufl. Goldmann, München

Deffeyes JE, Harbourne RT, Kyvelidou A, Stuberg WA, Stergiou N (2009) Nonlinear analysis of sitting postural sway indicates developmental delay in infants. Clin Biomech (Bristol, Avon) 24(7): 564–570

Diamond, J (2014) Der dritte Schimpanse- Evolution und Zukunft des Menschen. 7. Aufl. FISCHER Taschenbuch, Frankfurt am Main

Dietz V (1996) Interaction between central programs and afferent input in the control of posture and locomotion. J Biomech 29(7): 841–844

Dordel S, Breithecker D (2003) Bewegte Schule als Chance einer Förderung der Lern- und Leistungsfähigkeit. Haltung und Bewegung 2: 5–15

Dunstan DW, Kingwell BA, Larsen R, Healy GN, Cerin E, Hamilton MT, Shaw JE, Bertovic DA, Zimmet PZ, Salmon J, Owen N (2012) Breaking up prolonged sitting reduces postprandial glucose and insulin responses. Diabetes Care 35(5): 976–983

Duysens J, Clarac F, Cruse H (2000) Load-regulation mechanism in gait and posture:comparative aspects. Physiol Rev 80(1): 83–133

Ekblom-Bak E, Hellénius ML, Ekblom B (2010) Are we facing a new paradigm of inactivity physiology? Br J Sports Med 44(12): 834–835

Enders, G (2015) Darm mit Charme – Alles über ein unterschätztes Organ. 37. Aufl. Ullstein, Berlin

Eriksson PS, Perfilieva E, Björk-Eriksson T, Alborn AM, Nordborg C, Peterson DA, Gage FH (1998) Neurogenesis in the adult human hippocampus. Nat Med 4(11): 1313–1317

Faller A, Schünke M (2012) Der Körper des Menschen: Einführung in Bau und Funktion. 16. Aufl. Thieme, Stuttgart

Fenety A, Walker JM (2002) Short-term effects of workstation exercises on musculoskeletal discomfort and postural changes in seated video display unit workers. Phys Ther 82(6): 578–589

Fröböse I, Wallmann-Sperlich B (2016) Der DKV Report: Wie gesund lebt Deutschland? 2016. Düsseldorf

Ganten, D (2010) Naturwissenschaften – Alles, was man wissen muss. 4. Aufl. Deutscher Taschenbuch Verlag, München

Ganten D, Spahl T, Deichmann T (2009) Die Steinzeit steckt uns in den Knochen. Gesundheit als Erbe der Evolution. Piper, München

Garland T Jr, Schutz H, Chappell MA, Keeney BK, Meek TH, Copes LE, Acosta W, Drenowatz C, Maciel RC, van Dijk G, Kotz CM, Eisenmann JC (2011) The biological control of voluntary exercise, spontaneous physical activity and daily energy expenditure in relation to obesity: human and rodent perspectives. J Exp Biol 214(Pt 2): 206–229

GEO kompakt (2013) Sport und Gesundheit. Die Heilkraft der Bewegung, Heft Nr. 34. Gruner + Jahr, Hamburg

Haas C, Holzinger S, Schubert P, Kirchner M (2012) Komplexe Analyse kinematischer Merkmale des Sitzverhaltens auf unterschiedlichen Sitzmöbeln. Unveröffentlichter Projektbericht. Hochschule Fresenius, Idstein

Haffner SM (2007) Abdominal adiposity and cardiometabolic risk: do we have all the answers? Am J Med 120(9 Suppl 1): 10-16

Haller M, Leitner J, Seifried T, Wallace JR, Scott SD, Richter C, Brandl P, Gokcezade A, Hunter S (2010) The NiCE Discussion Room: Integrating Paper and Digital Media to Support Co-Located Group Meetings. CHI '10 Proceedings of the SIGCHI Conference on Human Factors in Computing Systems Pages. ACM New York, NY, USA: 609-618

Haskell WL, Lee IM, Pate RR, Powell KE, Blair SN, Franklin BA, Macera CA, Heath GW, Thompson PD, Bauman A (2007) Physical activity and public health: updated recommendation for adults from the American College of Sports Medicine and the American Heart Association. Med Sci Sports Exerc 39(8): 1423-1434

Haskell WL, Blair SN, Hill JO (2009) Physical activity: health outcomes and importance for public health policy. Prev Med 49(4): 280-282

Healy GN, Dunstan DW, Salmon J, Cerin E, Shaw JE, Zimmet PZ, Owen N (2008a) Breaks in sedentary time: beneficial associations with metabolic risk. Diabetes Care 31(4): 661-666

Healy GN, Wijndaele K, Dunstan DW, Shaw JE, Salmon J, Zimmet PZ, Owen N (2008b) Objectively measured sedentary time, physical activity, and metabolic risk: the Australian Diabetes, Obesity and Lifestyle Study (AusDiab). Diabetes Care 31 (2): 369-371

Healy GN, Dunstan DW, Salmon J, Shaw JE, Zimmet PZ, Owen N (2008c) Television time and continuous metabolic risk in physically active adults. Med Sci Sports Exerc 40(4): 639-645

Hollmann W, Strüder HK, Kagarakis CVM (2005) Gehirn und körperliche Aktivität. Sportwiss 35(1): 3-14

Ickes BR, Pham TM, Sanders LA, Albeck DS, Mohammed AH, Granholm AC (2000) Long-term environmental enrichment leads to regional increases in neurotrophin levels in rat brain. Exp Neurol 164(1): 45-52

Imhof M (1995) Mit Bewegung zu Konzentration? Waxmann, Münster

ISG – Integrative Systemergonomie und Gesundheitsmanagement e.V. (2007) Innovative Systemergonomie und Gesundheit. Steh-Sitz-Dynamik. http://www.isg-systemergonomie.de. (Stand: 8.5.2017)

Johannsen DL, Ravussin E (2008) Spontaneous physical activity: relationship between fidgeting and body weight control. Curr Opin Endocrinol Diabetes Obes 15(5): 409-415

Johnson Controls (2010) Oxygenz, Country Report Germany, Understanding the Generation Y, How would they like to work? http://www.der-flurfunk.de/wp-content/uploads/2011/05/Oxygenz_report_Germany.pdf. (Stand: 8.5.2017)

Katzmarzyk, P.T., Church, T.S., Craig, C.L. & Bouchard, C. (2009). Sitting time and mortality from all causes, cardiovascular disease, and cancer. Medicine and Science in Sports and Exercise, 41 (5), 998-1005

Kellerer M (2001) Insulinresistenz bei Typ 2 Diabetes. Diabetes heute – ein Service des Deutschen Diabetes Zentrum (DZZ). http://www.diabetes-heute.uni-duesseldorf.de/fachthemen/insulinresistenz/index.html?TextID=969. (Stand: 8.5.2017)

Kirchner et al. (2012) Evaluation of the temporal structure of postural sway fluctuations based on a comprehensive set of analysis tools, Physica A, 4692-4703

KKH – Kaufmännische Krankenkasse (Hrsg) (2006) Weißbuch Prävention 2005/2006. Stress? Ursachen, Erklärungsmodelle und präventive Ansätze. Springer Medizin, Heidelberg

Kubesch S (2008) Das bewegte Gehirn. Körperliche Aktivität und exekutive Funktionen. Hofmann, Schorndorf

Kultusministerium Hessen (2013) Projekt Schnecke: Bildung braucht Gesundheit II. http://www.bildung-kommt-ins-gleichgewicht.de/index_htm_files/EvaSchneckeII.pdf. (Stand: 8.5.2017)

Kwak L, Kremers SP, Bergman P, Ruiz JR, Rizzo NS, Sjöström M (2009) Associations between physical activity, fitness and academic achievement. J Pediatr 155(6): 914–918

Lauenstein C (2011) Gefahr im Büro: Wer länger sitzt, ist früher tot., http://www.stern.de/gesundheit/ruecken/aktuelles/gefahr-im-buero-wer-laenger-sitzt-ist-frueher-tot-1704749.html. (Stand: 8.5.2017)

Leiserson C E; Rivest R, Stein C (2011) Algorithmen – Eine Einführung. Oldenbourg Verlag, München

Levine JA (2002) Non-exercise activity thermogenesis (NEAT). Best Pract Res Clin Endocrinol Metab 16(4): 679–702

Levine JA, Eberhardt NL, Jensen MD (1999) Role of nonexercise activity thermogenesis in resistance to fat gain in humans. Science 283(5399): 212–214

Lopes L, Santos R, Pereira B, Lopes VP (2013) Associations between gross motor coordination and academic achievement in elementary school children. Hum Mov Sci 32(1): 9–20

Ludwig O, Breithecker D (2008) Untersuchung zur Änderung der Oberkörperdurchblutung während des Sitzens auf Stühlen mit beweglicher Sitzfläche. Haltung und Bewegung 3: 5–12

Ludwig O, Schmitt E (2006) Neurokybernetik der Körperhaltung. Haltung und Bewegung 1: 5–14

Mahlke W, Schwarte N (1997) Raum für Kinder. Ein Arbeitsbuch zur Raumgestaltung in Kindergärten. Weinheim und Basel. Beltz, 4. Aufl.

Morris JN, Heady JA, Raffle PA, Roberts CG, Parks JW (1953) Coronary heart-disease and physical activity of work. Lancet, 265 (6796), 11111120.

Niemelä K, Väänänen I, Leinonen R, Laukkanen P (2011) Benefits of home-based rocking-chair exercise for physical performance in community-dwelling elderly women: a randomized controlled trial. Aging Clin Exp Res 23(4): 279–287

Olsen RH, Krogh-Madsen R, Thomsen C, Booth FW, Pedersen BK (2008) Metabolic responses to reduced daily steps in healthy nonexercising men. JAMA 299(11): 1261–1263

Owen N, Healy GN, Matthews CE, Dunstan DW (2010) Too much sitting: the population health science of sedentary behavior. Exerc Sport Sci Rev 38(3): 105–113

Paraschiv-Ionescu et al. (2008) Nonlinear analysis of human physical activity patterns in health and disease, Phys. Rev. E 77, 10 pages

Pate RR, O'Neill JR, Lobelo F (2008) The evolving definition of "sedentary". Exerc Sport Sci Rev 36(4): 173–178

Patla AE, Adkin A, Ballard T (1999) Online steering: coordination and control of body center of mass, head and body orientation. Exp Brain Res 129(4): 629–634

Petry S (2009) Arbeiten in Zwangshaltung. Informationsdienst des hessischen RKW-Arbeitskreises „Gesundheit im Betrieb". VMBG: 3: 16–20

Pruinboom L (2010) The Psychoneuroimmunology of Human Being, The Origin and the Future. Seminarunterlagen KPNI 1. Januar 2010, University of Gerona/Graz. Vortrag im November 2010 in Neutraubling

Rasmussen P, Nielsen J, Overgaard M, Krogh-Madsen R, Gjedde A, Secher NH, Petersen NC (2010) Reduced muscle activation during exercise related to brain oxygenation and metabolism in humans. J Physiol 588(Pt 11): 1985–1995

Ravussin E (2005) A NEAT way to control weight? Science 307(5709): 530–531

Reichel HS, Schuk M, Seibert W (2000) Die Wirbelsäule. Prävention und Rehabilitation durch Bewegung und Entspannung. Gesundh.-Dialog, Oberhaching

Robert Koch-Institut (Hrsg) (2015) Gesundheit in Deutschland. Gesundheitsberichterstattung des Bundes. Gemeinsam getragen von RKI und Destatis, BerlinScheppe, W (2006) Growing a chair. 1. Aufl. Vitra Design Museum, Weil am Rhein

Schmid D et al (2014) Sedentary behavior increases the risk of certain cancers. Journal of national Cancer Institute, Regensburg

Schön F (2009) Feldstudie zum dynamischen Sitzen unter verschiedenen Arbeitsplatzbedingungen. Zentralblatt für Arbeitsmedizin, Arbeitsschutz und Ergonomie 2: 44–55

Schulte-Merker S, Sabine A, Tetrova TV (2011) Lymphatic vascular morphogenesis in development, physiology, and disease. J Cell Biol 193(4): 607–618

Schuster N (2009) Entzündungen führen zum Diabetes. Pharmazeutische Zeitung 35. http://www.pharmazeutische-zeitung.de/index.php?id=30767, (Stand: 8.5.2017)

Søndergaard KH, Olesen CG, Søndergaard EK, de Zee M, Madeleine P (2010) The variability and complexity of sitting postural control are associated with discomfort. J Biomech 43(10): 1997–2001

Spitzbart, MI (2000) Fit Forever – 3 Säulen für Ihre Leistungsfähigkeit. 2. Aufl. WESSP, Nürnberg

Starrett, K; Starrett, J; Cordoza, G (2016) Sitzen ist das neue Rauchen. 1. Aufl. Riva, München

Statistisches Bundesamt (2012) Jahresbericht 2012. Wiesbaden

StepStone (2011) StepStone Employer Report 2011. http://www.stepstone.de/b2b/stellenanbieter/jobboerse-stepstone/upload/Employer-Branding-Report.pdf?cid=B2C_CLC_SYS19. (Stand: 8.5.2017)

Stergiou et al. (2006) Optimal movement variability: a new theoretical perspective for neurologic physical therapy, 120–129

Still AT (2010) Das große Still-Kompendium. Autobiographie, Philosophie der Osteopathie, Philosophie und mechanische Prinzipien der Osteopathie, Forschung und Praxis. 3. Aufl. Jolandos, Pähl

Strunz U (2000) forever young: Das Leicht-Lauf-Programm. 1. Aufl. Gräfe und Unzer Verlag, München

Sung PS, Zurcher U, Kaufman M (2007) Comparison of spectral and entropic measures for surface electromyography time series: A pilot study. J Rehabil Res Dev 44(4): 599–609

Tate R (2013) In Silicon Valley, Sitting Is the New Smoking. http://www.wired.com/2013/02/sitting-is-the-new-smoking. (Stand: 8.5.2017)

Tudor-Locke C, Bassett DR Jr (2004) How many steps/day are enough? Preliminary pedometer indices for public health. Sports Med 34(1): 1–8

Ulich E (1992) Arbeitspsychologie. Poeschel, Stuttgart

Veerman JL, Healy GN, Cobiac LJ, Vos T, Winkler EA, Owen N, Dunstan DW (2012) Television viewing time and reduced life expectancy: a life table analysis. Br J Sports Med 46(13): 927–930

Voelcker-Rehage C (2005) Der Zusammenhang zwischen motorischer und kognitiver Entwicklung im frühen Kindesalter – Ein Teilergebnis der MODALIS-Studie. Deutsche Zeitschrift für Sportmedizin 56(10): 358–363

WHO – Word Health Organization (2010) Global Recommendations on Physical Activity for Health. http://www.who.int/dietphysicalactivity/global-PA-recs-2010.pdf. (Stand: 8.5.2017)

Wilmot EG, Edwardson CL, Achana FA, Davies MJ, Gorely T, Gray LJ, Khunti K, Yates T, Biddle SJ (2012) Sedentary time in adults and the association with diabetes, cardiovascular disease and death: systematic review and meta-analysis. Diabetologia (2012) 55: 2895. doi:10.1007/s00125-012-2677-z

Wittig T (2000) Ergonomische Untersuchung alternativer Büro- und Bildschirmarbeitsplatzkonzepte. Schriftenreihe der Bundesanstalt für Arbeitsschutz und Arbeitsmedizin: Forschungsbericht, Fb 878. Wirtschaftsverlag NW Verlag für neue Wissenschaft GmbH, Bremerhaven

Zukunfsinstitut (2014) Sportivity. Die Arbeit der Zukunft? Sport! https://www.zukunftsinstitut.de/artikel/sport/die-arbeit-der-zukunft-sport (Stand 8.5.2017)

Zeitfracht Medien GmbH
Ferdinand-Jühlke-Straße 7
99095 Erfurt, Deutschland
produktsicherheit@kolibri360.de